economics as a philosophy

철학으로서의 경제학

• 조준현 •

PnC publishing and culture
피앤씨 미디어

이 저서는 2017년 대한민국 정부(교육부)의 재원으로 한국연구재단의 지원을 받아 수행된 연구임(NRF-2017S1A6A4A01019774).

머리말

이 책은 흔히 보는 경제학 교과서들처럼 경제이론을 설명하지는 않는다. 경제이론에 관심을 가진 독자라면 그런 교과서들을 찾아보는 편이 옳다. 다만 대부분의 경제학 교과서들은 혼자 공부하기에는 좀 어렵기도 하다. 그러다보니 서점에는 이런저런 경제학이라는 제목을 단 책들이 적지 않은데, 정작 독자들의 욕구에 찰 만한 책들은 그리 많지 않다. 아무튼 이 책은 그런 류의 경제학 책도 아니다. 수식도 없고 그래프도 없지만 어떤 독자들에게는 이 책이 경제학 교과서들보다 더 어려울 수도 있다. 이렇게 소개하면 이 책의 정체에 대해 궁금해질지 모르겠다. 이 책은 경제학이란 무엇인가라는 질문에 대한 나의 고민의 흔적이다.

우스개소리지만 아마 경제학자들만큼 비난받는 직업도 드물 것이다. 사람들은 경제학자들이 경제현상을 예측하지 못하거나 제대로 설명하지 못한다고 비판한다. 그러나 굳이 경제학을 위해 변명하자면 다른 분야의 학문들, 가령 물리학자들이나 인류학자들과 마찬가지로 경제학자라고 해서 세상일을 모두 알 수도 모두 설명할 수도 없다. 그런데도 물리학자나 인류학자는 비난을 받지 않는데 유달리 경제학자만 비난받아야 한다면 적이 억울한 일이다. 경제학자들은 마치 자신들끼리만 이해할 수 있는 언어로 말하는 것 같아서 알아들을 수 없다는 불만도 마찬가지다. 경제학을 비롯해 모든 학문들은 자신만의 언어를 가지고 있다. 솔직히 보통사람들에게 경제학의 언어는 물리학의 언어보다는 쉽다. 물론 그렇다고 해서 경제학에, 또는 경제학자들에게도 책임이 없다고 말할 수는 없을 터이다. 나도 경제학을 직업으로 삼고 있지만, 실은 경제학자들끼리도 서로 다른 경제학자들의 언어를 제대로 이해하지 못할 때가 많다. 더 큰 문제는, 나 자신이 경제학을 가르치면서도 정작 경제학이 우리의 삶에 어떤 의미를 가지는지 모르겠다는 것이다. 대개 보통사람들이 생각하는 경제학은 복잡한 수식들과 그래프와 통계숫자들로 가득한 비밀문서 같은 것이어서, 무슨 뜻인지 이해하기도 어렵거니와 세상을 살아가는 데 무엇에 소용되는지는 더더욱 알지 못할 학문이다. 경제학에 대한 이런 생각은 대학에서 경제학을 전공하는 학생들에게도 그리 다르지 않다. 학생들은 열심히 어려운 수식들을 외우고 그래프를 독해하지만, 정작 자신이 공부하는 경제이론들이 무슨 의미인지는 이해하지 못하거나 이해하려 하지 않는 경우가 많다. 그런데 문득 돌이켜보면 경제학을 평생의 직업으로 삼고 있는 나 자신은 과연 어떤가 하는 반성이 든다.

처음 대학에서 경제학이라는 학문을 접한 것이 어느새 40년 전의 일이다. 그 이후로 대학원에서 학위를 받고 학생들에게 경제학을 가르치면서 여기저기 경제학에 관한 글들을 쓰고 또 여러 권의 책을 내기도 했지만, 나 또한 경제학이란 무엇인가 하는 고민을 진지하게 해 본 적은 없는 듯해서다. 근대 경제학의 체계를 완성한 마셜은 경제학을 일상의 삶에 관한 학문이라고 말했다. 물론 비단 경제학만이 아니라 모든 학문이 우리의 삶과 무관할 수 없겠지만, 다른 한편 인간존재의 가장 기본적인 조건이 자기자신을 물질적으로 재생산하는 일이라고 한다면, 경제학이야말로 우리의 삶과 가장 밀접한 학문이라고 해도 틀리지 않을 터이다. 그렇다면 경제학을 공부하고 또 가르치는 사람들은 당연히 내가 공부하고 또 내가 가르치는 경제이론들이 우리의 삶에 어떤 의미를 가지는가를 고민해 보아야 옳다. 그런데도 경제학을 접한 지 40년, 학생들에게 경제학을 가르친 지 20년이 훨씬 넘도록 그런 고민을 해 본 적이 없다는 일이 부끄럽기도 하지만, 이제라도 그런 고민에 다다랐다는 일이 다행스럽기도 하다. 그런 의미에서 경제학이란 무엇인가라는 질문은 경제학의 처음이 아니라 경제학의 끝에서야 만나야 옳은 것인지도 모르겠다.

솔직히 경제학이란 무엇인가라는 질문에 대한 답은 아직도 모르겠다. 다만 하나하나 질문을 던져 가면서 고민하다보니 조금씩 다가가는 듯싶기는 하다. 경제학이란 무엇인가를 찾아 내가 한 걸음씩 나아가는 질문들은 이렇다. 인간에 관한 학문으로서 경제학은 어떤 학문이어야 하는가? 평범한 사람들의 삶에 관한 학문으로서 경제학은 또 어떤 학문이어야 하는가? 그리고 경제학은 우리의 삶을 더 나아지게 할 수 있는가? 물질적인 측면에서가 아니라 윤리적인 측면에서 말이다. 경제학에 관한 가장 흔하면서 또 가장 심각한 오해 가운데 하나는 바로 경제학이 인간의 물질적 삶에만 관심을 둔다는 것이다. 그러나 나는 경제학이 진정으로 관심을 두어야 할 문제는 어떻게 하면 보통사람들의 삶이 더 윤리적일 수 있는가 하는 것이어야 한다고 믿는다. 그리고 애덤 스미스를 비롯해 경제학의 아버지들은 실제로 평생을 두고 그런 문제들을 고민했다. 오늘의 대학 강의실에서는 찾아보기 어려운 일인 것도 아니라고 말하기는 어렵지만 말이다. 아무튼 이 책을 읽는 모든 분들과 같은 고민을 나눠보고 싶은 마음이다.

돌아보면 그동안 나도 제법 여러 권의 책을 썼다. 그 가운데 언론과 독자들의 관심을 받아 제목이 오르내린 책도 있고, 좋은 평가를 받아 이런저런 상을 받은 책들도 있다. 하지만 단 한 권의 책만을 내 이름으로 남긴다면 바로 이 책일 것이라고 믿는다. 하지만 그다지 재미있는 책이 아니어서 책을 내기까지 망설임이 많았다. 아마 선뜻 출판을 맡아 주신 피앤씨미디어 박노일 대표님의 용기가 아니었다면 이 책은 세상에 나오지 못했을지도 모를 일이다. 고생하신 심성보 이사님과 편집부 여러분들께도 감사의 말씀을 드린다. 마지막으로 이 책을 집필하는 동안 연구비를 지원해 주신 한국연구재단에도 깊은 감사를 드린다.

2020년 초 겨울
지은이 드림

차 례

제 1 장 경제학은 철학인가 과학인가?

제 2 장 경제학은 어떻게 인간을 발견했는가?
— 존재론으로서의 경제학 —

제 3 장 경제학은 진리를 인식할 수 있는가?
— 인식론으로서의 경제학 —

제1장

경제학은 철학인가 과학인가?

제1장

경제학은 철학인가 과학인가?

경제학은 과학인가?

근대 과학의 새로운 지평을 연 갈릴레이(Galileo Galilei, 1564~1642)는 "자연은 수학의 언어로 쓰여 있다."는 말을 남겼다. 얼핏 자연은 불규칙적인 변화를 하는 것처럼 보이지만 그 배후에는 규칙적이고 법칙적인 운동이 있고, 그런 자연법칙은 수학적 언어로 표현할 수 있다는 뜻이다. 이런 견해는 근대 과학자들에게는 이미 보편적인 상식이어서 논란의 여지가 없다. 물론 이런 생각을 근대 자연과학자들이 처음 밝힌 것은 아니다. 고대 그리스의 철학자로 흔히 수학의 아버지로 불리는 피타고라스(Pytagoras, BC580~500)는 근대 과학이 시작되기 2천 년 전에 이미 "자연은 숫자로 구성되어 있다."고 말했다. 우리가 잘 아는 피타고라스의 정리는 삼각형의 세 변 사이의 수학적 질서를 보여준다. 피타고라스뿐 아니라 그 시대의 철학자들과 음악가들은 대부분 음계 사이에 수학적 질서가 있다는 사실을 잘 알고 있었다. 그러나 코페르니쿠스(Nicolaus Copernicus, 1473~1543)가 자연과 우주에 대한 인식을 전환하기 이전의 철학자들과 과학자들은 아직 신이 자연에 존재할 목적을 부여했다는 아리스토텔레스(Aristoteles, BC384~BC322)의 목적론적 자연관을 넘어서지 못했다.

인간과 사회에 대해서도 마찬가지다. 목적론적 세계관에 따르면 인간의 행위는 궁극적으로 자신의 목적이 아니라 자신에게 주어진 목적을 이루기 위한 수단에 지나지 않는다. 비록 인간이 자신의 신념과 이상에 따라 행동한다 하더라도 그것은 보다 거시적인 목적이 이루어지는 방식으로 전개되는 사건일 뿐이다. 따라서 만일 목적론적 세계관이 옳다면 인간은 참다운 의미에서의 주체성과 자율성을 박탈당하게 된다. 자신이 선택하지 않은 목적이 실현되는 과정으로서의 행위를 자신의 결단에 따라 이루어진 것으로 본다면 착각에 불과한 것이다(철학문화연구소 엮음, 『철학강의 — 철학의 근본문제』, 철학과현실사, 1998). 과학자들이 자연의 법칙성을 합리적으로 이해하게 된 것은 코페르니쿠스와 갈릴레이에 의해 전개된 과학혁명에 의해서이다. 그리고 자연은 수학적 법칙에 의해 스스로 존재한다는 새로운 자연관은 뉴턴(Sir Isac Newton, 1642~1727)의 『자연철학의 수학적 원리(*Philosophiae Naturalis Principia Mathematica*, 1687)』에 의해 완성된다(뉴턴, 이무현 옮김, 『프린키피아』, 교우사, 2009). 근대 과학혁명의 핵심은 이러저런 과학적 사실들의 발견과 단순한 지식의 확장이 아니라 자연현상의 법칙성에 대한 새로운 인식에 있다. 우리가 살고 있는 자연과 우주 전체는 인과적으로 연결된 하나의 존재이며, 합리적 질서에 따라 운동한다는 인식이 보편화되면서 비로소 우리는 자연을 합리적으로 이해하게 된 것이다.

그렇다면 인간사회에도 자연법칙과 같은 규칙적이고 수학적인 법칙이 있을까? 독일의 철학자이자 역사학자인 하인리히 리케르트(Heinrich Rickert, 1863~1936)는 모든 대상을 보편적 법칙으로 일반화시켜 설명하는 자연과학의 방법론으로는 다양한 가치가 복잡하게 얽힌 인간의 삶을 인식하는 데 한계가 있다고 주장했다(리케르트, 이상엽 옮김, 『문화과학과 자연과학』, 책세상, 2004). 독일어권에서는 인문과학이라는 표현보다 문화과학(Kulturwissenschaft)이라는 표현이 더 일반적이다. 리케르트는 인간 행위와 사유의 토대인 문화를 탐구하는 문화과학은 대상의 독특한 가치와 의의에 주목해야 한다고 주장했다. 하지만 근대 과학의 합리적 자연관에 대응하는 합리적 사회관이 보편화되지 못했다면 어떻게 근대 경제학이 탄생할 수 있었을까? 볼테르(Francois-Marie Arouet Voltaire, 1694~1778)를 비롯해 근대 사회사상의 토대를 만든 계몽사상가들에게 지식인의 표준은 바로 뉴턴이었다. 왜냐하면 뉴턴이 자연 속에서 법칙을 발견했듯이 계몽사상가들은 사회에서 법칙을 발견하고자 했기 때문이다.[1]

"경제학은 과학인가?"라는 질문은 최근까지도 잊을 만하면 반복되는 논쟁 주제이기도 하다. 물론 여기서 과학이란 자연과학 특히 수리적 방법의 과학을 의미한다. 일상적으로 사회과학(social science)이나 인문과학(human science)이라는 말을 사용하기도 하지만, 이 책에서 다른 단서나 설명 없이 과학이라는 용어를 사용할 때는 반드시 자연과학을 의미한다. 영국의 경제학자이자 평화운동가로도 유명한 볼딩(Kenneth E. Boulding)은 『과학으로서의 경제학(*Economics as a Science*, 1970)』이라는 책에서 경제학의 논리구조가 어떻게 구성되는가를 체계적으로 설명한 바 있다. 과학으로서의 경제학은 바로 자연과학과 같은 엄밀한 과학적 분석방법과 수학적 논리구조를 가지고 있다는 의미이다. 경제학을 둘러싼 논란은 특히 매년 10월 노벨상이 발표될 때마다 더 자주 나오는데, 2013년 노벨경제학상 수상자인 쉴러(Robert Schiller) 교수는 이런 비판에 대해 「경제학은 과학인가?(Is Economics a Science?)」라는 칼럼을 통해 자신과 노벨상을 둘러싼 비판에 대해 경제학이 과학임을 스스로 주장했다. 노벨경제학상의 정식 명칭이 '노벨경제학상(Nobel Prize in Economics)'이 아니라 '노벨경제과학상(Nobel Prize in Economic Science)'인 이유도 실은 경제학을 향한 비판자들의 주장에 대응하기 위해서가 아닌지 모르겠다. 요컨대 다른 사회과학 분

1 계몽사상(enlightenment) : 17세기 후반 영국에서 시작되어 18세기 프랑스에서 전성기를 이룬 사상운동. 독일의 철학자 임마누엘 칸트(Immanuel Kant, 1724~1804)가 「계몽이란 무엇인가라는 질문에 대한 답변(Beantwortung der Frage: Was ist Aufklärung?, 1784)」이라는 글에서 "계몽이란 자신의 이성을 공개적으로 사용할 용기를 의미한다."고 말한 이후로 사회경제사상사의 용어로 널리 사용된다. 신이 아닌 인간의 이성에 의해 의식이 형성되어야 한다는 사상으로, 18세기 유럽의 모든 문학운동과 사상활동의 토대를 이루었다고 할 수 있다. 유럽 각국에서 싹트기 시작한 시민정신의 형성에도 주요한 매개자의 역할을 했다.

야에서는 모르겠지만 아마 대다수의 경제학자들은 그런 견해에 동의할 듯싶다. 인간의 경제활동이나 경제현상은 수학의 언어로 쓰여 있다는 뜻이다. 물론 모든 경제학자가 그렇다는 의미는 아니다.

근대 경제학, 특히 제번스(William Stanley Jevons, 1835~1882)와 레옹 왈라(Leon Walras, 1834~1910) 이후로 경제학의 눈부신 발전은 솔직히 수학적 방법론의 발전 덕분이라고 해도 지나치지 않다. 공리주의자였던 제번스에게 경제학이란 '쾌락과 고통의 계산(calculus of pleasure and pain)'이었다. 따라서 경제학은 수량적으로 다루어져야 하며, 경제학의 방법은 언어가 아니라 수학이라는 것이 제번스의 주장이다. 제번스의 「정치경제학의 일반수리이론(A General Mathematical Theory of Political Economy, 1862)」은 불과 두 페이지도 안 되는 분량의 짧은 논문이지만, 수리경제학의 기념비적인 논문으로 평가받는다. 물론 모든 경제학자들이 제번스에 동의하는 것은 아니다. 제번스 이전의 경제학으로 거슬러 올라가 보면, 경제학의 아버지로 불리는 애덤 스미스(Adam Smith, 1723~1790)의 『국부론(*An Inquiry into the Nature and Causes of the Wealth of Nations*, 1776)』은 거의 수학적 언어를 사용하지 않는다(스미스, 김수행 옮김, 『국부론』, 동아출판사, 1992). 수학이라는 표현 대신 수학적 언어라고 쓴 이유는, 굳이 복잡한 수식을 직접 사용하지 않더라도 논리전개의 방법을 수학적 사고에 의존할 수 있기 때문이다. 스미스의 계승자이자 고전학파의 완성자라 불리는 데이빗 리카도(David Ricardo, 1772~1823)가 바로 그렇다. 리카도의 『정치경제학과 과세의 원리(*On the Principles of Political Economy and Taxation*, 1817)』에는 어려운 수식이 전혀 나오지 않지만, 리카도가 자신의 이론을 전개하는 논리구조는 매우 수학적이다(리카도, 정윤형 옮김, 『정치경제학 및 과세의 원리』, 비봉출판사, 1991).

경제학을 어떻게 연구하고 서술할 것인가에 대한 이런 차이는 제번스의 동시대인들 사이에서도 마찬가지였다. 제번스, 왈라와 함께 신고전학파의 선구자 가운데 한 사람으로 불리는 칼 멩거(Carl Menger, 1840~1921)는 수학적 언어를 거의 사용하지 않았다.[2] 멩거가 그 당시 유럽의 사회과학계를 지배하던 역사학파의 대가 슈몰러(Gustav von Schmoller, 1838~1917)와 10여 년에 걸친 '방법론 논쟁(Methodenstreit)'을 통해 신고전학파의 방법론을 정립하는 데 가장 중요한 역할을 했다는 점에서 보면 이는 적잖이 뜻밖의 일이기도 하다. 신고전학파의 경제이론을 종합한 앨프레드 마셜(Alfred Marshall, 1842~1924)은, 제번스의 책에 대해 이론은 탁월하며 방법은 독창적이지만 새로운 내용은 없다고 비판했다. 그러나 제번스가 경제학의 발전에 기여한 공헌은 바로 이 새로운 방법이었다. 이런 차이는 마셜이 수학적 논리를 잘 이해하지 못했기 때문이 아니다. 마셜은 경제학에서 수학적 도구의 유용함을 잘 알고 있었으며, 리카도를 깊이 연구하면서 추상적 모델의 구축을 통해 얻을 수 있는 통찰력을 이해했다. 그럼에도 마셜은 수학을 단지 분석의 도구로만 생각했을 뿐 서술의 도구로는 생각하지 않았다. 마셜은 수학적 방법을 이용하여 이론을 증명한 다음에는 수학을 모두 버리고 오직 논리적으로만 경제이론을 서술하라고 주장했다.

제번스는 당시에는 영국의 식민지였던 오스트레일리아의 조폐국 관리로 근무하다가 독학으로 경제학을 연구해 대학교수가 된 특이한 이력을 가지고 있다. 그런데 정작 강의에는 적성이 맞지 않았던지 아직 젊은 나이에 스스로 교수직을 사임하고 세상일에서 벗어난 채 연구에만 매진했다. 제번스와 마셜은 동시대의 경제학자들이다. 그런데 마셜은 제번스가 『정치경제학이론(*The Theory of Political Economy*, 1871)』을 발표한 것과 비슷한 시기에 이미 고전학파의 이론을 대체할 만한 자신의 경제이론과 방법을 거의 완성하고 있었다고 한다(제번스, 김진방 옮김, 『정치경제학이론』, 나남, 2013). 그러나 마셜의 『경제학원리(*Principles of Economics*, 1890)』는 제번스보다 거의 20년이나 지나서 발표

2 신고전학파(neo-Classical School) : 고전학파 경제학의 전통을 계승하면서 근대적 한계원리 등을 포섭하여 양자의 조화적 발전을 추구한 경제학파. 원래는 마셜의 케임브리지학파를 지칭하는 이름이었으나 요즘은 멩거의 오스트리아학파와 왈라의 로잔느학파 등을 모두 포괄하는 이름으로 사용하는 경우가 많다. 신고전학파 경제이론의 주요한 내용은 마셜의 비교정학, 제번스의 수리경제학, 멩거의 한계효용이론, 왈라의 일반균형이론 등을 포괄한 체계로 구성된다.

되었다(마셜, 백영현 옮김, 『경제학원리』, 한길사, 2010). 자신의 독창성을 인정받기 위해 출판을 서둘렀던 제번스와는 달리 신중한 성격의 마셜은 자신의 이론에 오류가 없는지를 몇 번이고 다시 숙고하고 검토했기 때문이다. 마셜의 제자인 케인스(John Maynard Keynes, 1883~1946)가 적절히 비유했듯이, 제번스가 끓는 주전자를 보고 어린아이처럼 기쁨에 차 소리쳤다면 마셜은 끓는 주전자를 보고 조용히 앉아서 경제학이라는 엔진을 고안했다. 제번스가 마셜에게 "당신이 더 일찍 책을 출판했다면 내가 굳이 그렇게 고생하지 않아도 되었을 텐데…" 하고 푸념했다는 일화도 있다. 하지만 마셜의 책이 20년 일찍 출판되었다 하더라도 과연 제번스가 명성을 포기했을는지는 모를 일이다.

제번스는 자신의 학문이 독창적이라는 데 특별한 자부심을 가지고 있었다고 한다. 그래서 왈라의 『순수경제학의 구성요소와 사회적 부의 이론(*Éléments d'économie politique pure, ou théorie de la richesse sociale*, 1874)』을 읽고는 직접 편지를 보내 자신이 몇 년 전에 이미 동일한 결론을 먼저 발표했음을 주장하기도 했다(왈라, 신상필 옮김, 『순수경제학』, 민음사, 1996). 이에 겸손한 성품의 왈라는 제번스가 자신보다 먼저 동일한 이론을 발표했을 인정하고 그런 사실을 다음 판본에서 명확히 밝히겠노라 답변했다고 전해진다. 그러나 다른 전언에 의하면 왈라 또한 제번스 못지않은 경쟁심을 가지고 자신이 새로운 경제이론의 발견자임을 주장했다고도 한다. 이 새로운 경제이론이란 바로 지금은 경제학의 가장 기본적인 분석방법이 된 '한계원리'이다.[3] 두 사람 사이의 논쟁이 격해지자 여러 경제학자들이 과연 한계 원리의 진정한 발견자가 누구인가를 탐색하게 되었는데, 이 논쟁의 결론은 독일의 경제학자 고센(Hermann Heinrich Gossen, 1810~1858)이 이들보다 거의 30년 전에 이미 한계효용의 이론을 발표했다는 것이다. 그런데 왜 고센의 업적은 30년 동안이나 묻혀 있었

---

3 한계원리(marginal principle) : 경제주체의 의사결정은 한계적으로 이루어진다는 원리. 가령 소비자는 재화를 소비함으로써 얻는 효용(utility)의 총량, 즉 총효용이 아니라 마지막 한 단위의 소비로 얻어지는 한계효용(marginal utility)에 의해 더 소비할 것인지 말 것인지를 결정한다. 한계원리는 한계이윤, 한계비용, 한계편익, 한계생산물 등 여러 경제분석에서 가장 기본적인 분석도구로 사용된다.

을까? 비유가 좀 극단적이기는 하지만, 그 이유는 바로 마르틴 루터(Martin Luther, 1483~1546)나 칼뱅(John Calvin, 1509~1564) 이전의 종교개혁가들이 모두 화형에 처해졌던 것처럼 고센이 시대를 너무 앞서 갔기 때문이다. 리카도에서 존 스튜어트 밀(John Stuart Mill, 1806~1873)로 이어진 고전학파 경제학의 사고방식에서 아직 벗어나지 못했던 그 당시의 경제학자들은 고센의 아이디어를 제대로 이해할 수도 없었던 것이다. 물론 경제학자들이 아직 수학적 방법에 익숙하지 못했던 것도 한 이유였을 터이다.

제번스와 마셜은 경제학 연구에 대해서만이 아니라 많은 점에서 대조적인 성격이었다. 철저한 개인주의자였던 제번스는 권위를 매우 싫어했는데, 존 스튜어트 밀의 권위 때문에 경제학의 오류가 영속화되고 진리가 억압당한다고 생각하여 밀과 그 추종자들을 매우 신랄하게 비판했다. 하지만 다른 한편 정치적 태도에서는 영국의 군주정치와 귀족정치의 장점을 인정하여 급진적 사상과 혁명운동을 반대하고, 사회문제에 대해서도 대중의 요구를 모두 들어주게 되면 근로와 자기 향상의 의욕을 저해할 가능성이 있다는 이유로 사회보장제도의 실시를 반대했다. 반면에 마셜은 자신의 연구실 문에 "런던의 빈민가에 가 보지 않은 자는 이 방에 들어오지 말라."고 써 놓았을 정도로 빈곤과 복지 문제에 관심이 많았다. 마셜 스스로 "나는 빈곤 문제를 해결하는 데 온 생애를 바쳤다."고 말할 정도이다. 처음 대학에 진학했을 때 마셜이 성직자가 되려 했다는 사실은 잘 알려진 일이다. 마셜은 경제학을 마치 중세의 기사도가 여성과 약자들을 보호하듯이 사회적 약자를 위한 '경제 기사도(economic chivalry)'가 되어야 한다고 생각했다. 케임브리지대학의 교수 취임 강연에서 남겼던 '차가운 머리와 뜨거운 가슴(cool head, warm heart)'이라는 유명한 말은 경제학에 대한 마셜의 태도를 잘 보여 준다.

마셜은 경제학이 수학적 언어 이상의 그 무엇을 담아야 한다고 생각했다. 마셜이 탐구했던 그 무엇이 바로 '철학으로서의 경제학'이었다고 주장한다면 아무래도 지나칠 듯싶다. 다만 마셜이 고전학파 특히 리카도의 경제학이 지닌 중요한 결점은 바로 사회가 변화한다는 점을 인식하지 못한 데 있다고 생각했던 것은 분명하다. 마셜은 애덤 스미스가 그러했던 것처럼 추상적 이론과 역사적 분석을 결합함으로써 고전학파와 그 비판자들이 가진 결점들을 동시에 극복할 수 있을 것으로 생각했다. 그래서 마셜은 역사학파의 방법이 가진 의의와 고전학파에 대한 그들의 비판에 대해서도 인정했다. 그러나 방법론적인 갈등을 화해시키려 한 마셜의 노력은 오히려 그가 양쪽의 경제학자들 모두로부터 비판받게 되는 이유가 되기도 했다. 어떤 이들은 오늘날 경제학이 수학에 오염된 결정적인 책임이 마셜에게 있다고 비난하기도 한다. 반면에 다른 경제학자들은 마셜이 수학적 방법을 더 적극적으로 사용하지 않았다고 비판한다. 가령 노벨 경제학상 수상자인 케네스 애로우(Kenneth Arrow)는 "우리는 마셜이 가르쳐 준 길을 따라왔지만, 그 길은 너무 꾸불꾸불했다."고 평하기도 했다. 역설적이지만 양쪽으로부터 모두 비난받는다는 사실이야 말로 마셜의 올바름을 증명해 주는 반증일까?

경제학 방법론

애덤 스미스와 그 뒤를 이은 경제학자들을 흔히 '고전학파(Classical School)'라고 부른다. 고전학파라는 용어를 가장 먼저 쓴 사람은 카를 마르크스(Karl Heinrich Marx, 1818~1883)다(마르크스, 편집부 옮김, 『잉여가치학설사』, 아침, 1991). 오늘날에는 마르크스의 경제학을 '정치경제학'이라고 부르는 것이 보통이지만, 마르크스의 시대까지만 해도 경제학은 아직 독립된 학문이 아니었기 때문에 정치경제학이라는 용어가 보편적으로 사용되고 있었다. 그래서 마르크스는 자신의 경제학을 '정치경제학'이 아니라 '정치경제학비판(Kritik der Politischen Ökonomie)'이라고 불렀다. 마르크스는 자신보다 앞서 활동한 여러 정치경제학자들의 이론을 두 가지로 구분했다. 마르크스에 따르면 자본주의적 체제와 질서를 옹호한다는 점에서는 동일하더라도, 어떤 경제학자들은 이론의 일관성과 분석의 정교함을 갖추고 있는 반면에 다른 경제학자들은 그렇지 못했다. 마르크스는 전자를 고전학파, 즉 '고전적 정치경제학(classical political economics)', 후자를 '속류 정치경제학(vulgar political economics)'이라고 불렀다. 마르크스가 고전학파라고 부른 것은 윌리엄 페티(William Petty, 1623~1687)에서 리카도까지의 경제학자들이다. 마르크스는 페티에 대해 영국 고전학파 정치경제학의 선구자라고 높이 평가했다. 이는 페티가 노동가치론을 처음 주장했으며, 리카도가 사용한 것과 유사한 분석적 방법을 제안했기 때문이다.[4] 반면에 마르크스는 리카도의 후원자였던 제임스 밀(James Mill, 1773~1836)에 대해서는 리카도의 이론을 속류화시켰다고 비판했으며, 존 스튜어트 밀에 대해서도 고전학파 이론의 아류에 불과하다고 비판했다. 그런데 마르크스와 달리 오스트리아 출신의 경제학자인 조세프 슘페터(Joseph Alois Schumpeter, 1883~1950)는 애덤 스미스로부터 존 스튜어트 밀까지를 고전학파로 정의했고, 여기에 케인스는 자신의 스승인 마셜을 비롯한 신고전학파 경제학자들까지도 고전학파라고 불렀다. 오늘날에는 스미스로부터 밀까지를 고전학파로 부르는 것이 일반적이다.

역사학파는 독일을 중심으로 고전학파의 방법론을 비판하면서 나타났다.[5]

---

4 노동가치론(theory of labour value) : 상품의 가치는 그것의 생산에 소요된 노동량에 의해 결정된다는 이론. 페티에 의해 처음 주장된 이후 스미스와 리카도를 거쳐 마르크스에 의해 완성되었다. 이 경우 가치의 크기는 사회적인 가치의 크기이며, 개개의 기업 혹은 생산자가 상품의 생산에 실제로 투하한 개별적인 노동량 혹은 노동시간은 아니다.

5 역사학파(Historical School) : 1840년대에 프리드리히 리스트에 의해 창시된 이후 20세기 초반까지 독일을 중심으로 발전한 경제학파. 국민경제학파라고 부르기도 한다. 영국 고전학파의 연역적 방법에 의해 얻어진 보편타당하고 추상적인 경제법칙의 존재를 부정하고, 경제현상은 시대와 민족에 따라 달라지는 상대적이고 개별적인 것이므로 역사적 방법에 의해 연구되어야 한다고 주장했다. 고전학파의 자유무역주의에 반대해 보호무역주의를 주장하기도 했다. 리스트에 이어 19세기 중반에 활동한 로셔(Wilhelm Georg Friedrich Ro´scher, 1817~1894), 크니스(Karl Gustav Adolf Knies, 1821~1898), 힐데브란트(Bruno Hildebrand, 1812~1878) 등을 구역사학파라 부르고, 슈몰러를 비롯해 19세기 후반에 활동한 브렌타노(Lujo Brentano, 1844~1931), 바그너(Adolph Heinrich Gotthilf Wagner, 1835~1917) 등을 신역사학파라고 부른다.

물론 나중의 일이지만 여기에는 신고전학파의 방법론 역시 당연히 포함시킬 수 있다. 역사학파의 경제이론과 방법론이 처음 나타난 것은 독일의 경제학자 프리드리히 리스트(Georg Friedrich List, 1789~1846)의 『정치경제학의 국민적 체계(*Das Nationale System der Politischen Ökonomie*, 1841)』에서이다(리스트, 이주성 옮김, 『국민경제학』, 단국대학교 출판부, 1979). 존 스튜어트 밀을 마지막으로 고전학파가 해체된 이후 19세기 중후반 유럽의 사회과학계는 역사학파의 방법론이 강력한 영향력을 발휘하고 있었다. '방법론 논쟁'은 비엔나대학의 신진 경제학자이자 신고전학파의 선구자 가운데 한 사람인 멩거가 자신의 저서인 『사회과학 특히 경제학의 방법론에 관한 연구(*Untersuchungen über die Methode der Sozialwissenschaften und der Politischen Ökonomie insbesondere*, 1883)』에서 경제학 연구의 목적은 보편적 원리를 규명하는 데 있으며, 따라서 경제학 연구의 가장 좋은 방법은 이성적 방법이라고 역사학파의 방법론을 비판한 데서 시작된다. 이에 대해 후기 역사학파의 대가인 슈몰러가 「정치사회과학의 방법에 대하여(Zur Methodologie der Staats-und Sozialwissenschaften)」라는 글에서 반박했고, 이를 멩거가 다시 비판함으로써 논쟁이 본격화되었다.

슈몰러는 국민경제의 유기적 연계와 역사적 방법을 강조함으로써 역사학파의 방법론을 체계화했다. 슈몰러는 역사적 방법이 이론적 명제를 설명하고 확증할 뿐만 아니라, 어떤 이론이 타당성을 유지할 수 있는 범위와 한계를 밝혀주고 또 그 위에 새로운 진리를 귀납적으로 얻게 해 주는 가장 중요한 방법이라고 생각했다. 역사학파 경제학의 다른 선구자들처럼 슈몰러 역시 경제생활은 정신적·사회적 측면을 동시에 포함하기 때문에 경제행위의 동인은 심리적·역사적으로 분석되어야 한다고 주장했다. 추상적인 방법에 의해서는 도덕, 법, 문화 등의 일반적 요인을 광범하게 규명할 수 없으므로 이를 위해서는 역사적 방법이 중심이 되지 않으면 안 된다는 것이다. 슈몰러는 "독일의 모든 대학에서 저 어리석은 로빈슨 크루소(Robinson Crusoe) 이야기나 가르치는 영국식 경제학을 추방해야 한다."는 말로 신고전학파와 그 기원이 된 고전학파 경제학의 방법론을 비판했다. 로빈슨 크루소의 학문이란 흔히 근대 경제학 특히 신고전학파 경제학을 조롱할 때 쓰는 표현이다. 무인도에 고립된 채 생활한 크루소처럼 경제학은 고립된 개인들을 가정하고 이론을 전개하지만, 현실의 인간은 언제나 타인들과 또 다양한 사회적 관계들 속에서 생활하기 때문이다. 그러나 정작 신고전학파 경제학자들은 이런 종류의 비난에 대해 전혀 개의치 않는 것은 물론이거니와 오히려 자랑스러워한다. 물리학이 원자로부터 물질의 운동을 설명하듯이 경제학이 개인의 욕구로부터 출발하는 것은 너무도 당연한 일이기 때문이다. 다만 왈라가 베를린대학의 교수식당에서 슈몰러를 만나서는 "교수님도 이제 공짜 점심은 없다는 사실을 이해하셨군요." 하고 말했다는 이야기는 있을 수 없는 일이다. 가끔 경제학자들을 지나치게 희화화함으로써 자기만족을 얻는 이들도 있다.

슈몰러의 방법론은 사회현상의 상호관련성이라는 개념에 기본적인 토대를 두고 있다. 이에 대해 흔히 '방법론적 개인주의(methodological individualism)'라고 불리는 멩거의 방법론은 슈몰러와는 반대로 경제현상을 고립화시키고 분리시켜서 분석하고자 했다. 멩거는 과학이나 이론이 현상에 대한 정밀법칙을 규명하기 위해서는 실재(Sein)를 가장 단순한 요소로 분해해야 한다고 생각했다. 그런데 사회현상에서 가장 단순한 요소에 해당하는 것은 바로 개인이므로, 화학에서 순수한 수소를 추출하여 그 법칙을 밝히는 것과 마찬가지로 사회과학에서도 순수한 이기심에 따라 합리적으로 행동하는 개인의 행위를 분석함으로써만 그 법칙을 규명할 수 있다는 것이다. 멩거는 사회를 자유로운 개인들 간의 교환관계의 집합으로 간주했으며, 경제현상은 어떤 사회적 힘의 표현이 아니라 개인행위의 결과라고 보았다. 따라서 전체 경제과정을 이해하기 위해서는 개인의 경제행위를 분석해야 한다는 것이 멩거의 방법론적 개인주의다. 슈몰러와 멩거의 논쟁은 굳이 그 근원을 찾아 올라가 보자면, 인간행동의 배경이 내재주의적인 내심성에 있는가 아니면 외재주의적인 외심성에 있는가 하는 데카르트 이후 서양사상사에서 끊임없이 진행되어 온 논쟁의 경제학적 번역이라고 할 수 있다. 과연 개인의 정체성은 그의 내면에서부터 나오는가 아니면 그의 사회적 존재로부터 나오는가?

경제사상사적으로 보면 슈몰러(왼쪽)와 멩거(오른쪽) 사이의 방법론 논쟁에서 첨예하게 대립한 두 사람의 사상과 이론의 차이는, 역사학파의 슈몰러가 낭만주의에서 발전한 객관적 관념론에 입각해 있었던 반면에 멩거는 합리주의에서 발전한 주관적 관념론에 입각해 있었던 데서 비롯되었다고 할 수 있다. 그러나 보다 근본적인 측면에서 보면 양자의 대립은 그들의 국민적, 역사적 배경에서 기인한 것이기도 하다. 슈몰러는 독일 국민국가의 확립과 산업자본주의의 급속한 발전과정에서 발생한 계급대립을 사회정책에 의해 완화하고자 했기 때문에 사회경제적 문제들에 대한 국가권력의 간섭을 이론적으로 합리화하지 않으면 안 되었고, 결국에는 경제학을 도덕화하고 정치화하는 윤리적 진화주의로 나아가게 되었다. 이에 반해 멩거가 활동한 오스트리아는 단일한 민족국가가 아니라 중세 이래로 다양한 민족들의 결합으로 구성되어 있었다. 따라서 역사학파가 주장하는 국민주의나 역사주의는 멩거의 개인주의적이면서 세계주의적인 정서와 대립할 수밖에 없었다.

경제학은 무엇인가?

자본주의를 적극적으로 옹호한 스미스나 리카도와 자본주의를 근원적으로 비판하고자 했던 마르크스가 똑같이 자신들의 경제이론을 노동가치론에서부터 시작한다는 점은 매우 흥미롭다. 마르크스가 독일의 철학자 프리드리히 헤겔(Georg Wilhelm Friedrich Hegel, 1770~1831)에게서 많은 영향을 받았다는 사실은 잘 알려져 있다. 헤겔의 사후에 그에 대한 비판이 유행하자 마르크스는 "시대가 헤겔을 죽은 개뼈다귀처럼 취급하지만 나는 이 위대한 철학자의 제자임을 감히 단언한다."고 말하기도 했다. 그런데 헤겔의 논리학을 이해하는 데 가장 중요한 저서인 『대논리학(*Wissenschaft der Logik*, 1812)』은 현상-본질-개념이라는 세 부분으로 구성되어 있다(헤겔, 임석진 옮김, 『대논리학』, 지학사, 1988). 헤겔에게 개념은 단순한 추상물이 아니라 현상과 본질의 통일을 의미한다. 철학은 현상의 탐구로부터 본질의 탐구로 나아가 양자를 통일인 개념에 이른다는 뜻이다. 고전학파 경제학자들과 마르크스는 헤겔의 논리학이 그랬듯이 똑같이 자본주의라는 현상의 탐구로부터 그 본질의 탐구로 나아가 경제이론으로 개념화하고자 했다. 그들은 여전히 과학의 근저에는 철학이 있어야 한다고 생각했던 것이다. 그런데 노동가치론에 근거할 경우 이윤이나 지대는 어디서 나오는가 하는 의문이 제기될 수 있다. 자본주의를 가장 진보적이고 조화로운 사회제도라고 믿었던 스미스나 리카도는 당연히 노동자에게 임금이 정당한 대가이듯이 자본가에는 이윤이 정당한 대가라고 생각했다. 하지만 이는 노동가치론과 모순에 빠진다. 스미스는 이런 모순을 인식하지 못했고, 리카도는 모순을 인식하기는 했으나 진지하게 고민하지는 않았다. 이들과 반대로 마르크스는 이 모순을 명료하게 인식했으며, 노동자가 생산한 잉여가치(surplus value)를 자본가가 이윤이라는 이름으로 가져가는 것이야말로 자본주의적 착취의 핵심이라고 주장했다. 그런데 신고전학파 경제학자들은 고전학파 경제학들을 고민하게 만들었던 가치이론의 모순을 매우 쉬운 방법으로 해결했다.

노동가치론을 포기해 버린 것이다.

마르크스와 신고전학파 경제학자들 사이에는 매우 먼 시간적 거리가 있는 것처럼 생각하기 쉽지만 사실 이들은 거의 같은 시대에 활동했다. 마르크스의 『자본: 정치경제학비판(*Das Kapital: Kritik der politischen Ökonomie*, 1867)』 제1권과 멩거의 『국민경제학원리(*Grundsätze der Volkswirtschaftslehre*, 1871)』는 불과 몇 년 사이를 두고 출판되었다. 신고전학파 경제학자들은 고전학파의 노동가치론과 마르크스의 노동가치론을 모두 비판했다. 오늘날과는 조금 다르게 그 시대에는 신고전학파라는 이름이 고전학파의 계승자들이라는 의미보다 고전학파의 비판자들이자라는 뉘앙스가 더 강했는데, 특히 멩거가 그랬다. 이미 본 것처럼 경제학의 역사에서 멩거의 특별한 지위는 그가 확립한 경제학 방법론에 있다. 멩거에게 있어 방법론의 의미는 제번스의 수리적 방법론과는 다른 차원의 문제의식에 기초한다. 제번스의 방법론은 경제학을 '어떻게' 할 것인가의 문제지만, 멩거에게 방법론은 경제학이란 '무엇'인가의 문제이기 때문이다. 멩거의 방법론은 '내재적 주관주의(internal subjectivism)'라는 말로 요약된다. 고전학파의 노동가치론은 사회질서의 근저에는 신의 섭리에 따라 만들어진 자연적 질서가 존재한다는 형이상학적 관점에 의지하고 있다.[6] 이에 대해 멩거는 고전학파의 가치이론은 형이상학적 객관성에 머무를 뿐 인간의 내면성에 기초한 주관주의적인 경험세계를 무시하는 오류를 저질렀다고 비판했다.

멩거는 재화의 가치는 그 재화의 생산에 투하된 노동량과 같은 객관적이고 절대적인 기준이 아니라 개인의 주관적 만족 즉 효용에 의해 결정된다고 주장했다. 이들의 경제이론을 효용가치론이라고 부르기도 하지만 이 이름은 사실 잘못되었다고 해야 옳다. 이들은 경제학의 목적이 '가치(value)'가 아니라 '가격(price)'의 분석에, 다르게 표현하면 본질이 아니라 현상의 분석에 있다고 주장함으로써 가치라는 추상적인 개념 자체를 경제이론에서 배제하고자 했기

6 형이상학(metaphysics) : 우리의 감각에 주어지는 경험적 세계를 넘어서는 초감성적인 것, 물질세계의 저편에 존재하는 것, 모든 존재자의 기초에 놓여 있는 참된 존재 등에 관한 이론.

때문이다. 경제학의 목적을 본질보다 현상의 분석에 두는 멩거의 태도는 역시 오스트리아 출신의 철학자인 에드문트 후설(Edmund Husserl, 1859~1938)의 현상학을 연상시킨다.[7] 같은 나라에서 태어났다는 우연을 제외하면 멩거와 후설 사이에는 사실 특기할 만한 학문적 연관이 없다. 그러나 문화사 연구로 유명한 역사학자 윌리엄 존스턴(William Johnston)은 『오스트리아 정신: 지성과 사회사(*The Austrian Mind: an Intellectual and Social History*, 1972)』에서 멩거의 경제학과 후설의 철학을 지그문트 프로이트(Sigmund Freud, 1856~1939)의 심리학을 비롯한 여러 사상가들의 주장은 물론 심지어는 구스타프 클림트(Gustav Klimt, 1862~1918)의 탐미적인 그림들까지도 모두 합스부르크제국 말기 오스트리아의 독특한 정신적 배경에서 나왔다고 지적한다(존스턴, 변학수 외 옮김, 『제국의 종말, 지성의 탄생: 합스부르크제국의 정신사와 문화사의 재발견』, 글항아리, 2008). 그렇게 보면 프로이트의 '무의식'이나 후설의 '본질'은 모두 존재의 이면을 들여다보고자 한다는 점에서 인간의 내면을 성찰하는 멩거의 방법론과 닮았다.

멩거와 신고전학파 경제학자들이 가치의 분석으로부터 가격의 분석으로 내려옴으로써 경제학은 더 이상 철학이기를 그만두고 과학의 영역으로 내려오게 되었다고 말할 수 있다. 하지만 혹시라도 있을 오해를 피하기 위해 분명히 말해 두자면, 신고전학파 경제학자들이 본질로부터 현상으로 내려왔다고 해서 거기에 철학적으로든 과학적으로든 비난의 의미는 없다. 우리가 인상파라고 부르는 화가들의 이름은 클로드 모네(Claude Oscar Monet, 1840~1926)의 작품 〈인상-일출(Impression-soleil levant, 1872)〉에서 나왔다. 더 정확하게 말하면 이 작품의 제목이 아니라 이 작품과 인상파 화가들을 비판한 당시 평론가들의 "이들은 본질을 그리는 대신 인상을 그렸다."는 조롱기 섞인 평가에서 나왔다. 하지만 본질로부터 인상으로의 모험을 감행한 선구자들이 있었기에 인상파 운동은 빈센트 반 고흐(Vincent van Gogh, 1853~1890)와 에드바르 뭉크

---

7 현상학(Phenomenology) : 현상의 존재 근거와 의의를 설명하기 위해 신의 계시와 같은 초월적 존재에 의존하지 않고 우리의 의식에 포착된 그대로의 현상을 분석함으로써 존재의 본질에 도달하고자 하는 현대 철학의 한 경향.

(Edvard Munch, 1863~1944)에 의해 인간의 외적 인상으로부터 내적 성찰로 나아갈 수 있었다. 마찬가지로 가치로부터 가격으로의 도약이 어떤 이들에게는 본질로부터의 후퇴로 보일 수 있을지라도 그럼으로써 경제학은 방법론적 개인주의라는 내면적 성찰로 나아가게 된다. 진정한 문제는 근대 경제학이 방법론적 개인주의로 나아가는 그런 과정에 있는 것이 아니라 그 이후의 경제학이 나아간 방향에 있다고 해야 옳다.

개인적 주관적 욕구 즉 효용이 객관적 현상 즉 가격을 결정한다는 멩거의 방법론에서는 당시 독일과 오스트리아의 지식인들 사이에서 유행하던 신칸트주의 철학의 영향을 강하게 확인할 수 있다.[8] 인간 자신의 주체성과 자율성을 추구하는 주관주의적 합리주의와 그런 인간형을 관념 속에서 이상화하는 관념론적 이상주의가 바로 그것이다. 그런 점에서 멩거의 방법론은 자신과 논쟁한 역사학파와도 다르지만 고전학파와도 다르다. 슈몰러와의 논쟁 때문에 멩거의 경제학 방법론은 순수하게 추상적인 이론의 탐구와 분석을 강조하는 것으로 오해되기도 한다. 그러나 정작 멩거는 바로 그런 이유에서 마셜의 경제학을 리카도 경제학의 아류에 불과하다고 비판했다. 오늘날에는 신고전학파라는 이름 아래 마셜의 경제학과 멩거의 경제학을 한 데 아우르는 경우가 많지만, 여전히 신고전학파와 오스트리아학파의 경제학을 구분하는 이들도 많다. 왜냐하면 마셜의 경제학과 멩거의 경제학은 서로 다른 방법론과 세계관에서 출발하기 때문이다. 이에 대해 두 학파의 이론에 모두 정통한 미국의 경제학자 랜들 홀콤(Randa, Holcombe)은 "오스트리아학파는 설명에 관심이 많고 신고전학파는 예측에 관심이 많다."고 비교한다(홀콤, 황수연 옮김, 『경제모형과 방법론』, 리버티, 2013). 오스트리아학파는 개인의 효용극대화 목표를 가정하지만

---

8 신칸트주의(neo-Kantianism) : 19세기 후반에서 제1차 세계대전까지 독일을 중심으로 유행한 철학 사조. "칸트로 돌아가자."는 구호 아래 주관적이고 관념론적인 철학을 주장했다. 크게 두 가지 경향이 있는데, 마르부르크학파는 칸트의 선험적 영역으로 복귀해 외부세계를 의식에 의해 정립된 논리적 관계들의 조직으로 간주하고 자연과학의 기초를 철학에서 확립하고자 했다. 이에 대해 하이델베르크대학을 중심으로 한 서남학파는 가치론의 관점에서 철학의 과제를 존재하는 것이 아니라 존재해야 하는 것, 즉 당위의 문제에서 찾고자 했다.

기업이 반드시 이윤극대화를 추구하지는 않는다고 간주하는 반면, 신고전학파는 기업의 이윤극대화 목표를 인정하지만 개인의 효용극대화 목표에는 유보적이라는 점도 두 학파 사이의 주요한 차이점이다.

멩거는 인간의 주관적 심리를 올바로 분석하기 위해서는 역사적이고 문화적인 요인들을 배제할 수 없다고 생각했다. 멩거의 '방법론적 개인'은 구체적인 현실성이나 역사성을 배제한 추상적 존재가 아니라 관념적인 동시에 역사적인 존재다. 이런 점에서 보면 멩거의 개인은 막스 베버(Max Weber, 1964~1920)의 '이념형(Idealtyps)'을 경제학에서 구체화한 예라고 할 만하다. 베버는 이론과 역사의 종합, 또는 역사성을 포함한 이론을 수립하고자 했는데, 이러한 목적에서 고안된 것이 바로 이념형이라는 개념이다. 베버의 인식론에서 기본적인 전제는 무한하게 다양한 현실 전체를 유한자인 인간이 파악하기는 원리적으로 불가능하다는 것이다. 이와 같이 유한한 인간의 오성적 능력을 가지고 무한하게 다양한 현실과 맞서게 될 때 인간이 획득할 수 있는 지식은 언제나 현실의 유한 부분, 즉 단편적인 지식일 수밖에 없다. 따라서 인간은 역사와 현실을 아무런 전제 없이 인식할 수는 없으며, 반드시 일정한 문화의 가치이념 속에서 역사와 현실의 사회현상 가운데 중요한 요소를 귀납적으로 형성하게 된다. 베버가 경험적인 것의 사유에 의한 가공이라고 부른 것은 바로 이러한 과정을 의미한다. 베버의 이념형은 이처럼 현실의 일부 요소를 편의상 논리적으로 상호모순이 없는 개념으로 구성한다는 것이다. 따라서 이는 현실의 사회현상과는 다르지만 다양한 역사와 현실을 파악하는 데에는 더 효과적일 수 있으며, 그 위에 이론적으로도 정확성과 엄밀성을 갖출 수 있다는 것이 베버의 주장이다. 여기서 이념이라는 말은 어떤 가치판단과도 무관한 것으로서, 분석을 목적으로 노예 소유제의 이념형이라든가 종교적 지도자의 이념형을 구상할 수 있다는 것을 의미할 뿐, 예언자나 노예 소유자가 모범적이라든가 이상적인 생활양식의 전형으로서 모방되어야 한다는 것을 의미하지는 않는다.

베버가 보기에 멩거의 정밀법칙에서 얻은 경험법칙은 자연과학적 법칙과 다름없기 때문에 경제법칙과 역사적 사실의 연관성이나 이론의 역사성이 도외시되었다. 이념형이라는 개념을 사용함으로써 베버는 사회과학자나 역사가가 봉건제라든지 로마네스크 건축과 같은 단어를 사용했을 때 그들이 무엇을 생각해 왔었던가를 명백하게 인식시키고자 했다. 베버는 사회과학자는 논리적으로 규정되어 모호하지 않지만 역사적 현실에서는 더 멀리 있는 개념을 사용하든가, 그렇지 않으면 비교적 정확하지는 않으나 경험적 세계에 더 밀접하게 조응하는 개념을 사용하든가의 선택을 하게 된다고 생각했다. 세계 전체의 비교에 대한 베버의 관심은 그로 하여금 극단적으로 순수한 사례를 생각하게 했다. 그는 역사적 사실은 대체로 이와 같이 극단적으로 규정된 유형들의 중간지점에 위치할 것이라고 생각했다. 결국 베버는 여러 가지 유형 개념을 자신이 주목한 특수 사례와 관련하여 파악함으로써 다수의 특수한 역사적 상황에 접근하려고 했다. 베버에 따르면 사회과학이 사용하는 범주와 개념들은 그 개념적인 순수성을 유지한 채로는 결코 현실 속에서 찾아낼 수 없는 순전히 사유 속에서 형성된 것들이다. 이것들은 사유된 연관들의 무모순적인 우주를 만들어내기 위해 역사적 삶의 특정한 관계와 과정들을 결합한다. 이렇게 성립하는 사상적 구성물은 현실에 대한 묘사나 반영이 아니라 일종의 허구이다. 말하자면 베버의 이념형은 역사적이고 구체적인 사상을 이성과 추론을 통해 개념화한 것, 즉 추상과 역사의 종합을 개념화한 것이다. 따라서 멩거의 방법론적 개인도 순수한 추상의 산물이 아니라 현실의 인간상을 논리적으로 추상화한 이념형이다.

슈몰러와 멩거의 방법론 논쟁에 대해 누가 옳다거나 그르다고 말하기는 어렵다. 다만 당시의 젊은 신진 경제학자들의 다수는 멩거의 방법론에 더 많이 공감했고, 이 때문에 자기자신의 의지와는 상관없이 멩거는 신고전학파의 선구자 가운데 한 사람으로 평가받는다. 자신의 의지와 무관하게라고 말하는 이유는, 정작 멩거 자신은 마셜의 경제학과 자신의 경제학이 전혀 다르다고 생각했기 때문이다. 멩거는 오히려 마셜과 케임브리지학파의 경제학을 낡은 고전학파의 아류라고 비판하기도 했다. 그런데 여기서 주목해야 할 일은 방법론 논쟁이 벌어지기 훨씬 전에 사회과학 연구의 방법은 반드시 역사적인 방법과 논리적인 방법의 통일이어야 한다고 지적한 사람이 있다는 사실이다. 마르크스의 『정치경제학비판을 위하여(*A Contribution to the Critique of Political Economy*, 1859)』에 덧붙인 해설에서 그의 사상적, 정치적 동지인 프리드리히 엥겔스(Friedrich Engels, 1820~1895)는 "경제학 비판은 역사적으로 또는 논리적으로 착수될 수 있다."고 말했다(마르크스, 김호균 옮김, 『정치경제학비판을 위하여』, 중원문화, 2007). 사회과학 연구의 방법이 이처럼 두 가지로 구분되는 이유는 지식의 원천으로서의 역사적인 것과 지식의 체계로서의 논리적인 것이 현실에서는 서로 혼재한 채로 나타나기 때문이다.

논리적인 것이란 대상의 합법칙성을 추상적이고 체계적인 것으로 반영하는 이론적 인식을 말한다. 역사적인 것이란 대상의 생성과 발전을 인식하고 재생산한 것을 말한다. 현실은 그것으로부터 나온 개념들보다 더 다양하고 복잡하기 마련이다. 현실에는 언제나 본질적인 것과 비본질적인 것들, 필연적인 것과 우연적인 것들이 동시에 나타나기 마련이다. 그래서 때로 개념은 실재 그 자체보다 더 '현실적인 것처럼' 실재를 모사기도 한다. 마르크스와는 전혀 무관한 독일의 사회학자 게오르그 짐멜(Georg Simmel, 1858~1918)도 「현대 문화에서의 돈(Das Geld in der modernen Cultur, 1896)」이라는 글에서 "순수하게 이성적인 사람은 개별적인 모든 것들에 대해 냉담하다."고 말한다(짐멜, 김덕영·윤미애 옮김, 『짐멜의 모더니티 읽기』, 새물결, 2006). 개별적인 것들 안에서는 논리적인 이성으로 다 포착할 수 없는 관계와 반응들이 발생하기 때문이다. 논리적인 방법이 주요하게 사용되는 경우는 연구의 목적이 대상의 본질과 법칙을 가능한 한 명료하고 순수한 형태로 서술하는 데 있을 때이고, 역사적인 방법이 더 주요하게 사용되는 것은 연구의 목적이 그런 현실의 합법칙적인 발전과정에 대해 가능한 한 포괄적인 전체상을 제시하는 데 있을 경우이다. 『정치경제학 비판을 위하여』와 『자본』 제1권에서 마르크스가 주요하게 사용한 방법은 논리적인 방법이지만, 이에 대해서도 엥겔스는 논리적 전개는 순전히 추상적인 영역에 머물도록 강요되지 않으며 그 반대로 언제나 역사적 예시와 현실과의 접촉을 필요로 한다고 설명했다(마르크스, 강신준 옮김, 『자본』, 이론과실천, 1987).

비유하자면 방법론 논쟁은 엥겔스가 통일시키고자 했던 역사적 방법과 논리적 방법의 대립을 다시 분리시키고자 한 시도이다. 누가 더 옳으냐는 식의 세속적인 관심을 떠나 방법론 논쟁에 대해서는 정작 더 중요한 근본적인 질문이 있다. 마르크스와 엥겔스는 현실을 분석하는 데 있어 연구의 방법과 서술의 방법은 구분되어야 한다고 주장했다. 그렇다면 방법론 논쟁은 연구의 방법에 관한 논쟁인가 서술의 방법에 관한 논쟁인가? 실은 이런 질문에 대답할 수 있는 경제학자는 아무도 없다. 왜냐하면 방법론 논쟁은 그 이름과 달리 연구의 방법이든 서술의 방법이든 방법에 관한 논쟁이 아니기 때문이다. 방법론 논쟁에서 진정으로 주목해야 할 것은 이미 이야기한 것처럼 이 논쟁이 경제학을 '어떻게' 연구할 것인가의 문제가 아니라 경제학이란 '무엇'인가에 관한 논쟁이라는 점이다. 멩거는 과학이란 그 자격에 의해서가 아니라 그 과제에 따라 구별되어야 하며, 따라서 경제학은 경제사학과 이론경제학 및 실천경제학으로 구분되어 각각의 과제에 충실하지 않으면 안 된다고 다시 비판했다. 역사학파는 이론경제학을 경제사학의 범위로까지 확대시키고 실증경제학을 이론경제학의 범위로 확대시킴으로써 연구 영역의 구분을 혼란시켰다는 것이다. 멩거에 따르면 현상에 대한 이해는 현상의 구체적인 생성과정을 역사적으로 밝히는 역사적 견해와 현상의 법칙을 밝히는 이론적 견해로 나뉜다. 이론적 견해는 다시 경험적이고 실재론적인 것과 정밀적인 것으로 구분되는데, 멩거가 이론경제학의 과제라고 생각한 것은 바로 현상에 대한 정밀적 이해를 통해 현상의 계기와 공존을 통제하는 법칙을 규명하는 일이었다. 그러나 슈몰러는 역사, 이론, 정책의 구분은 본질적인 것이 아니라 정도의 차이에 불과하며, 정책과학 즉 실천적 국민경제학도 이론경제학의 수준까지 상승할 수 있다고 주장했다.

"경제학은 선택의 학문이다."라는 말은 여러 경제학 교과서들의 첫 머리에 나온다. 경제학이 선택의 학문이라는 말은 결국 경제학이 보다 합리적인 의사결정을 위한 학문이라는 뜻이다. 그런데 과학으로서의 경제학이라는 말은, 지금까지 경제학이 사람들의 의사결정이 어떤 과정을 거쳐 이루어지는가 또는 이루어져야 하는가를 분석하는 일을 자신의 가장 주요한 영역으로 간주해 왔다는 뜻이다. 그런데 가령 동일한 조건과 상황에서 두 사람의 선택이 다르다면 그 가운데 한 사람은 비합리적인 것일까? 동일한 상황에서 똑같이 합리적으로 판단하는 두 사람의 선택이 서로 다를 수도 있다면 그 이유는 무엇일까? 당연히 두 사람의 동기가 다르기 때문이다. 달리 표현하면 두 사람의 욕구와 선호, 개인의 삶과 자신이 속한 공동체의 진로에 대한 가치관이 다르기 때문이라는 뜻이다. 경제학의 아버지로 불리는 애덤 스미스가 도덕철학 과목의 교수였다는 사실은 잘 알려진 바이다. 굳이 오늘날의 학문체계에서 찾자면 도덕철학은 윤리학과 가깝다고 할 만하다. 그러나 아직 사회과학이 다양하게 분화되기 이전인 당시의 도덕철학은 오늘날의 윤리학보다 더 광범한 영역을 포함하고 있었다. 『국부론』과 그에 앞서 발표된 『도덕감정론(*The Theory of Moral Sentiments*, 1759)』에서 스미스는 인간의 윤리적 판단뿐 아니라 경제행위를 포함한 다양한 선택과 의사결정의 문제를 분석했다. 여기서 스미스가 특별히 관심을 가진 것은 사람들의 의사결정이 '어떻게' 이루어지는가가 아니라 '왜' 이루어지는가 하는 문제였다. 사람들은 어떻게 교환하느냐가 아니라 왜 교환하느냐, 다시 말해서 사람들의 의사결정의 배후에 있는 동기의 문제가 스미스의 가장 중요한 관심이었다. 사람들이 어떤 선택을 할 때 그 배후에서 작동하는 동기를 스미스는 '도덕감정(moral sentiments)'이라고 불렀고, 이런 도덕감정을 분석하는 학문이 도덕철학이었다. 경제학의 가장 중요한 내용은 사람들의 선택, 즉 의사결정의 동기가 어떻게 형성되는가 하는 문제이다. 과학으로서의 경제학이 이룩한 성과의 핵심이 바로 '어떻게'의 분석을 위한 과학적 방법론의 정립에 있다면, 반대로 과학으로서의 경제학이 간과해 온 '왜'의 문제를 올바로 제기하고 정리하기 위해서 필요한 것이 바로 '철학으로서의 경제학(Economics as a Philosophy)'이다.

철학과 신학

경제학이 과학인가라는 논쟁은 역설적으로 경제학이 과학임을 또는 경제학이 과학일 수 있음을 증명하는 근거가 될 수도 있다. 경제학이 과학과 전혀 무관하다면 아예 이런 논쟁들이 일어나지도 않았을 터이기 때문이다. 그렇다면 경제학은 과연 철학인가? 영국의 철학자이자 수학자이며, 반전 운동가이자 노벨문학상 수상자로서 20세기 최고의 지성으로 불리기도 한 버트런드 러셀(Bertrand Arthur William Russell, 1872~1970)은 "철학은 신학과 과학의 중간에 있다."는 말을 남겼다. 철학의 근원이 신학 즉 전통적으로 전해져 온 종교적이고 윤리적인 관념과 새로이 얻어진 과학적 지식이라는 두 가지 요소에 있다는 의미이기도 하다. 비유하자면 과학자들이 보기에 철학은 너무 신학스럽고, 신학자들이 보기에 철학은 너무 과학스럽다고 할까? 그러므로 철학과 과학의 관계를 더 잘 이해하기 위해서는 먼저 철학과 신학 사이의 관계를 생각해 보자. "철학은 신학의 시녀이다(Philosophia anollia theologioe)."라는 말처럼 근대 이전까지 자연과 인간에 대한 견해는 거의 신학자들의 해석에 의해 결정되었다. 신학 즉 종교적 태도의 가장 중요한 특징은 바로 초월적 존재에 대한 믿음이다. 물론 철학도 절대적 존재에 대한 탐구를 목적으로 한다. 하지만 절대자를 대하는 태도에서 종교는 감성적이고 정서적이지만 철학은 이성적이라는 차이가 있다. 인간이 삶의 과정에서 부딪히는 여러 문제들에 대해 종교는 초월적 타자에게 의존해 그 문제를 해결하려 한다. 그러나 철학은 스스로 그 문제의 해답을 탐구하고자 한다. 이런 탐구의 과정에서 반드시 필요한 것은 회의와 비판의 정신이다. 그러나 종교는 회의와 비판을 부정한다. 왜냐하면 해답은 이미 절대적 존재에 의해 주어져 있으므로 인간은 단지 그 해답을 실천하기만 하면 되기 때문이다.

종교적 태도가 비과학적일 수밖에 없는 이유는 바로 절대자의 존재 때문이다. 아리스토텔레스는 『형이상학』에서 "없는 것을 없다고 말하고, 있는 것을 있다고 말하는 것이 참이다."라고 말했다(아리스토텔레스, 조대호 옮김, 『형이상학』, 길, 2017). 진리는 인식과 사실의 일치에 있다. 아리스토텔레스가 말한 '없는 것'은 사실에, '없다고 말하는 것'은 인식에 해당된다. 탐구의 대상과 방법에서 중요한 차이가 있기는 하지만, 철학과 과학은 모두 사실과 인식의 일치를 추구한다. 스콜라 철학의 대부인 토마스 아퀴나스(Thomas Aquinas, 1225?~1274) 조차도 "진리란 사물과 지성의 일치이다."라고 말했다.[9] 물론 사실과 인식의 일치 여부를 판별하는 일이 쉽지는 않다. 이 판별은 결국 인식하는 주체들의 공통된 인식 내지는 합의에 의할 수밖에 없다. 문제는 신이 존재한다는 명제는 사실과 부합하는지 누구도 확인할 수 없다는 것이다. 종교가 가진 이러한 비이성적이고 비하리적인 측면을 가장 직접적으로 비판한 철학자는 바로 청년 헤겔학파의 좌장이었던 루트비히 포이어바흐(Ludwig Andreas von Feuerbach, 1804~1872)이다.[10] 포이어바흐는 『철학의 개혁에 관한 테제(*Vorläufige Thesen Zur Reform Der Philosophie*, 1843)』라는 책에서 "존재는 주어이고 사유는 술어

9 스콜라주의(scholasticus) : 스콜라는 고대 그리스어에서 '여유'라는 뜻을 가진 스콜레(σχολη, schola)를 라틴어로 소리 나는 대로 적은 낱말로서 오늘날 '학파'라는 뜻으로 이해되고 있으며, 9세기에서 15세기 사이에 유럽의 정신세계를 지배했던 신학에 바탕을 둔 철학사상. 스콜라는 고대 그리스어로 '여유'라는 뜻이다. 스콜라 철학은 기독교의 신학에 바탕을 두기 때문에 일반 철학이 추구하는 진리 탐구와 인식의 문제를 신앙과 결부시켜 생각했으며, 인간이 지닌 이성 역시 신의 계시 또는 전능 안에서 이해하고자 했다. 스콜라 철학의 완성자로 불리는 토마스 아퀴나스는 특히 아리스토텔레스의 철학을 수용해 스콜라주의의 논리학을 발전시킨 것으로 평가된다.

10 청년 헤겔학파(Junghegelianer) : 헤겔의 사망 이후 1830년대 후반에서 1840년대 초반에 걸쳐 활동했던 젊은 철학자들의 집단. 헤겔 좌파(Linkshegelianer)라고도 부른다. 헤겔 철학의 핵심을 자유와 이성을 제한하는 모든 것에 대한 총체적인 부정으로 파악하고, 종교와 프로이센의 정치체제에 대해 급진적인 비판을 주장했다. 청년 시절의 마르크스도 청년헤겔학파의 모임에 자주 토론했으나, 뒤에는 비판적인 태도를 취했다. 청년헤겔학파를 주도한 인물은 바로 포이어바흐였는데, 마르크스는 헤겔의 관념론적 변증법과 포이어바흐의 형이상학적 유물론을 결합하여 변증법적 유물론이라는 자신만의 철학적 방법론을 완성했다.

이다."라고 말했다. 진리란 존재와 사유, 사실과 인식의 일치에 있다는 뜻이다. 더 나아가 포이어바흐는 "사유는 존재에 의해서 조건지어지나 존재는 사유에 의해 조건지어지지 않는다. 존재는 자기자신에 의해 조건지어지며 자기자신 속에 근거를 갖는다."고 지적한다. 종교가 비이성적인 이유는 신의 존재가 신에 대한 사유를 조건짓는 것이 아니라 반대로 신에 대한 사유가 신의 존재를 조건짓기 때문이다. 수많은 논란과 비난을 불렀던 『기독교의 본질(*Das Wesen des Christentums*, 1841)』에서 포이어바흐가 주장한 "신이 인간을 창조한 것이 아니라 인간이 신을 창조했다."는 선언의 의미도 바로 여기에 있다(포이어바흐, 강대석 옮김, 『기독교의 본질』, 한길사, 2008).

중세의 기독교도들은 그리스와 로마의 옛 신들을 이교도들의 우상이라고 비판했으며 심지어는 신전과 조각들을 파괴하기도 했다. 그런데 중세를 통해 모든 과학적 진리의 근거로 존중받은 인물은 바로 '모든 학문의 아버지'로 불렸던 아리스토텔레스였다. 그런데 정작 아리스토텔레스는 『천체에 관하여(*On the Heavens*, BC350)』라는 제목의 저서에서 지구가 둥글다는 사실을 증명하고 있다. 아리스토텔레스뿐 아니라 피타고라스를 비롯한 그리스의 철학자들은 대부분 지구가 둥글다는 사실을 이미 알고 있었다. 아리스토텔레스의 권위를 빌려 과학의 진리를 주장한 스콜라 철학자들이 정작 지구가 둥글다는 아리스토텔레스의 증명에 대해서는 모르는 척했던 것이다. 그렇다면 중세인들은 과연 지구가 둥글다는 사실을 전혀 몰랐을까? 크리스토퍼 콜럼버스(Christopher Columbus, 1450~1506)가 대서양 항해에 나설 수 있었던 것은 지구가 둥글다는 사실을 이미 알고 있었기 때문이다. 굳이 지중해까지 나가지 않더라도 선원들은 한해의 경험에 의해 지구가 둥글다는 사실을 당연히 알고 있었다. 중요한 것은 토머스 아퀴나스와 같은 스콜라 철학자들 역시 아리스토텔레스의 증명을 이미 알고 있었다는 사실이다. 다만 지구가 둥글다는 사실이 태양이 지구 주위를 돈다는 교회의 가르침과 맞지 않았기 때문에 모르는 척했을 뿐이다. 맹목은 언제나 진리를 가린다. 갈릴레이가 지동설을 주장했다는 이유로 종교

재판정에서 유죄를 선고받은 그 순간 이탈리아의 르네상스는 결정적으로 종지부를 찍고 만다.[11] 유럽의 사상과 과학과 예술운동의 중심지는 이탈리아를 떠나 프랑스나 영국 같은 다른 나라들로 옮겨간다.

종교의 필연적인 속성인 독선이 과학의 발전을 억압한 예는 갈릴레이가 아니더라도 많다. 그나마 갈릴레이는 자신의 오류를 인정함으로써 가택연금의 벌에 그칠 수 있었다. 그러나 갈릴레이에 앞서 지동설을 주장했던 브루노(Giordano Bruno, 1548~1600) 같은 이는 교회에 의해 화형 당하고 말았다. 물론 때로는 종교가 과학의 발전을 고무시켰다고 주장하는 역사가들도 없지 않다. 가령 청교도주의(Puritanism)가 영국애서 경험적 과학관의 형성에 미친 영향이 그런 예다(모키르, 김민주·이엽 옮김, 『성장의 문화—현대 경제의 지적 기원』, 에코리브르, 2018). 그러나 청교도주의가 근대 과학의 발전을 고무했다는 것은 이전의 가톨릭교회와 대비할 때의 이야기일 뿐, 청교도주의 그 자체가 과학적 태도를 가졌다는 의미는 아니다. 경험주의 철학의 선구자이자 근대 과학의 방법론을 확립하는 데에도 가장 결정적인 역할을 한 인물들 가운데 한 사람인 프랜시스 베이컨(Francis Bacon, 1561~1626)이 정치적으로는 왕당파였다는 사실은 아이러니하다. 그런데 더 아이러니한 일은 종교개혁과 신앙의 자유를 주장하면서 청교도혁명을 일으킨 올리버 크롬웰(Oliver Cromwell, 1599~1658)이 정작 권력을 장악한 뒤에는 왕당파나 가톨릭교회는 물론 더 급진적인 종교개혁을 주장한 다른 교파들을 철저하게 탄압했다는 사실이다.[12]

---

11 르네상스(Renaissance) : 14세기부터 시작되어 종교개혁과 절대주의의 시기로 접어드는 16세기까지 초기 시민계급의 발전과 더불어 나타난 다방면에 걸친 진보적인 문화운동을 의미한다. 흔히 문예부흥으로 번역되는 르네상스는 재생, 부흥 등을 의미하는 프랑스어로서, 프랑스의 역사가 쥘 미슐레(Jules Michelet, 1798~1874)가 처음 사용했다고 한다. 그러나 르네상스라는 말이 널리 사용되기 시작한 것은 스위스의 역사가 부르크하르트(Jacob Christoph Burckhardt, 1818~1897)가 『이탈리아 르네상스의 문화(*Die Cultur der Renaissance in Italien*, 1860)』와 『이탈리아 르네상스의 역사(*Geschichte der Renaissance in Italien*, 1867)』를 발표하면서이다.

12 청교도혁명(Puritan Revolution) : 1640~1660년 영국에서 청교도가 중심이 되어 일으킨 최초의 시민혁명. 청교도는 16~17세기 영국에서 칼뱅주의의 흐름을 이어받은 프로테스탄트 개혁파를 일컫는다. 가톨릭교회와 영국 국교회 모두에 반대해 심한 박해를 받았으며, 이 때문에 많은 청교도가 종교의 자유를 찾아 신대륙인 미국으로 이주하기도 했다.

중세의 도그마를 깨고 근대정신의 핵심인 양심의 자유와 사상의 자유를 선언한 두 가지 사건은 종교개혁과 르네상스 운동이다. 잘 알려져 있다시피 종교개혁의 계기가 된 것은 1517년 10월 31일 비텐부르크대학의 성서학 교수이자 신부였던 마르틴 루터가 당시 횡행하던 면죄부 판매를 포함해 교회의 부패를 비판한 「95개 논제(95 Thesen)」를 대학의 예배당 문 위에 내걸고 공개토론을 요구한 일이다.[13] 그러나 교회의 개혁을 주장한 루터 역시 "인간은 신앙 안에서만 옳을 수 있다."는 신앙관을 버리지 않았다. 루터가 비판한 것은 교회와 성직자들의 타락이었지 신앙 그 자체는 아니었기 때문이다. 근대 과학에 대한 태도에서도 마찬가지다. 루터는 『성경』을 근거로 지동설을 부정했다. 여호수아(Joshua)가 그 자리에 멈추라고 명령한 것은 지구가 아니라 태양이라는 것이다. 르네상스와 종교개혁은 두 가지 모두 근대사회를 형성하는 데 매우 중요한 사건이다. 그런데 또 이 두 가지 사건은 많은 점에서 대조적이기도 하다. 르네상스가 주로 예술과 사상의 측면에서 더 중요한 영향을 준 반면에, 종교개혁은 르네상스보다 사회개혁적인 성격이 강했다. 인문주의자들과 루터파의 종교개혁은 중세 교회에 대한 비판이라는 점에서는 명백하게 공통점을 가지고 있다. 그러나 종교개혁과 르네상스는 때로 이질적이거나 심지어 적대적이기도 했다. 물론 이 두 가지 운동은 봉건사회의 해체라는 같은 목적에서 나온 사건이다. 종교개혁도 르네상스도 현실의 인간이 신에게서 아득히 멀어졌다는 것을, 다시 말해서 낡은 사회질서에서 벗어났다는 것을 분명하게 인식했다. 하지만 동일한 현실로부터 두 운동이 이끌어낸 결론은 대조적이었다. 르네상스가 이 사실을 불가피한 것이라고 인정하고 낡은 질서를 무시하려고 한 반면에, 종교개혁은 이런 현실을 인간의 철저한 타락이라고 비난했다. 그 결과 종교개혁은 르네상스를 타락의 극치라고 규탄했고 르네상스는 종교개혁

---

13 종교개혁(Reformation) : 16~17세기 유럽에서 가톨릭교회의 쇄신을 요구하며 등장했던 개혁운동. 이를 통해 오늘날 프로테스탄트라 부르는 교파가 생겼다. 본격적인 종교개혁은 독일의 마르틴 루터에 의해서 시작되었으나 루터 이전에도 영국의 위클리프(John Wycliffe, 1320~1384), 보헤미아의 후스(Jan Hus, 1372~1415) 등이 종교개혁을 주장했다.

을 광신적이라고 조소했다. 종교개혁의 과정에서 많은 신교도들이 구교도의 탄압과 박해를 받았다. 그러나 신교도가 다수인 지역에서는 거꾸로 구교도들이 신교도들의 탄압을 받기도 했다. 루터보다 더 열렬한 개혁가였던 칼뱅도 마찬가지다. 칼뱅은 자신이 통치하던 도시의 구교도들과 이교도들, 그리고 무신론자들을 고문하고 감옥에 보내고 심지어는 사형에 처했다.

그런데 더 설명하기 어려운 일은 종교적 태도가 가진 비이성적이고 비합리적인 속성을 근대 과학이 모두 폭로했음에도 불구하고, 자연현상과 사회현상은 물론 인간의 존재 이유까지 절대적 존재에 의존해 설명하려는 태도는 근대 이후에도 강력한 힘을 발휘해 왔다는 점이다. 버트런드 러셀과 관련해 재미있는 일화가 있다. 한 번은 러셀이 강연 도중에 사람들이 가진 편견과 무지의 예로 불과 얼마 전까지도 사람들은 지구가 평평하다고 믿었다고 말했다. 그런데 강연을 마치고 나오는 러셀에게 한 할머니가 이렇게 이야기했다고 한다. "젊은이, 잘 모르나 본데 지구는 평평하다오. 지구는 평평하고 그 아래에는 커다란 거북이가 지구를 받치고 있다오." 그래서 러셀이 웃으며 반문했다. "할머니, 그 거북이 밑에는 뭐가 있나요?" 그러자 할머니가 짜증을 내며 대답하기를, "거북이 밑에는 또 거북이가 있고 그 밑에는 또 거북이가 있고 그 밑에는 또 끝없이 거북이가 있다우." 마르크스는 "모든 종교는 인민의 아편이다."라고 주장했다. 그런데 흔히 오해받는 이 말의 진정한 의도는, 종교는 나쁜 것이라는 의미도 있지만 그보다는 종교가 아편처럼 중독성이 강해서 끊기 어렵다는 의미가 더 크다. 서양에서는 기독교가 그렇고 우리나라에서는 유교가 그렇듯이, 종교는 원래 그것이 출현했던 사회적 토대가 사라진 이후에도 강고하게 영향력을 발휘하는 경우가 많다. 물질적 제도보다 윤리관이나 가치관은 더 강한 관성력을 가지기 때문이다.

루터나 칼뱅의 경우는 그들이 성직자였음을 생각하면 이해할 만한 일이기도 하다. 그러나 물질에는 생명이 없다고 주장한 데카르트와 물질에도 생명이 있다고 주장한 스피노자(Baruch de Spinoza, 1632~1677)가 서로 모순되는 이유로 똑같이 신성모독이라는 비난을 받은 일은 이해하기 어렵다. 물론 많은 과학자들이 신앙을 가지고 있다. 과학자들의 개인적인 신앙이 그들의 과학연구를 방해하지 않는다면 아무런 문제도 없다. 문제는 신앙이 과학적 태도를 억압하는 데서 일어난다. 자연과학자이면서도 독실한 신앙심을 가졌던 뉴턴은 과학을 "인간과 자연, 그리고 이 둘과 신과의 관계라는 인간에게 가장 근본적인 문제"를 해결하기 위한 수단이라고 생각했다. 이런 태도는 근대 초기까지 대부분의 과학자들에게 일반적이었다. 중세의 모든 권위와 도그마에 대해 가장 격렬하게 투쟁했던 계몽주의자인 볼테르(Francois-Marie Arouet Voltaire, 1694~1778)도 신앙에 대해서만은 같은 태도를 가졌다. 심지어 "신은 주사위 놀이를 즐기지 않는다."는 유명한 말로 자신의 신앙심을 표현한 아인슈타인(Albert Einstein, 1879~1955)은 교회의 가르침과 맞지 않다는 이유로 자신의 연구결과를 스스로 부정하기도 했다. 그런데 아인슈타인이 공개적으로는 신앙을 표명하면서도 사적으로는 신의 존재를 부정하는 이야기도 자주 했다는 주변의 증언도 있다. 아마 스스로도 자신의 정체성 때문에 혼란스러웠던 모양이다.

이런 태도는 신학자나 자연과학자들 사이에서만이 아니라 경제학자와 사회과학자들 사이에서도 흔히 발견된다. 경제학의 아버지 애덤 스미스의 가장 절친한 친구이자 선배로 스미스가 "우리 시대의 가장 중요한 인물"이라고 불렀던 데이빗 흄(David Hume, 1711~1776)은 영국 인식론의 발전에 가장 중요한 역할을 한 철학자 가운데 한 사람이지만 무신론자라는 이유로 대학교수가 되지 못했다. 물론 흄은 무신론자라는 비난에 대해 자신의 주장을 오해한 것이라고 변명했지만, 그가 버클리(George Berkeley, 1785~1853)와 함께 불가지론을 대표하는 가장 유명한 철학자임은 부정할 수 없는 사실이다. 아이러니하게도 흄이 임용되지 못한 그 자리에 교수로 임용된 사람이 바로 스미스이다. 스미스는 흔히 이신론자로 평가되지만 아마 속셈으로는 불가지론에 더 가까웠던 듯싶다. 스미스가 자신의 종교관을 솔직하게 이야기하지 못한 것은 굳이 교회의 비난과 공격을 받고 싶지 않았기 때문이었을 터이다. 경제학의 역사에서 가장 독창적인 업적을 남긴 『유한계급론: 제도의 진화에 관한 경제적 연구(*The Theory of the Leisure Class: An Economic Study in the Evolution of Institutions*)』의 저자 소스타인 베블런(Thorstein Bunde Veblen, 1857~1929)도 원래는 철학을 전공했었다(베블런, 김성균 옮김, 『유한계급론』, 우물이있는집, 2012). 베블런이 경제학자가 된 것도 무신론자라는 이유로 대학교수가 되지 못했기 때문이다. 다른 이야기이기는 하지만 이른바 신자유주의 경제학자들 가운데 어떤 이들은 마르크스주의자나 케인스주의자들이 국가나 계획을 절대적 존재인 양 신성시한다고 비판한다. 그런데 시장은 완전하다고 믿는 그들의 태도는 과연 종교인지 과학인지 철학인지 잘 모르겠다.

종교적 태도의 비이성적이고 비합리적인 속성이 근대 과학에 의해 이미 모두 폭로되었음에도 불구하고, 여전히 절대적 존재가 많은 사람들에게 강력한 힘을 발휘하는 이유는 무엇일까라는 질문을 다시 던져 보자. 어느 철학자가 풍자했듯이 사람들이 여전히 산타크로스가 존재한다고 믿는 이유는 누가 크리스마스 선물을 갖다 놓았는지 모르기 때문이다. 굳이 누구인지 알고 싶지 않기 때문일는지도 모르겠다. 근대 이후 과학적 지식의 놀라운 진보에도 불구하고 여전히 우리는 자연과 우주에 대해 알지 못하는 일이 너무 많다. 우리가 아직 알지 못하는 미지의 진리를 탐구하는 일은 매우 느리게 진행되고 더 많은 인내와 노력을 요구한다. 반면에 신학적 태도는 이런 어려움을 쉽게 피해 간다. 그건 신의 뜻이고 우리는 신의 뜻을 알 수 없다고 해 버리면 되기 때문이다. 임마누엘 칸트(Immanuel Kant, 1724~1804)가 "계몽이란 자신의 이성을 공개적으로 사용할 용기를 의미한다."고 말한 것처럼, 근대 과학의 진보 이후에도 종교적 도그마가 끝없이 반복되고 재생되는 이유는 바로 그런 용기가 결여되어 있기 때문이다(칸트, 이한구 옮김, 『칸트의 역사철학』, 서광사, 2009). 칸트는 말한다. "사페레 아우데(Sapere aude)!" 너 스스로 생각하라는 뜻이다.

철학과 과학

근대 이전까지 철학과 과학은 구분되기는 했지만 서로가 그렇게 멀리 있지는 않았다. 피타고라스를 철학자가 아니라고 말할 수 없듯이 근대 합리주의 철학의 아버지로 불리는 데카르트(Remé Descartes, 1596~1650)는 수학자이기도 했다. 오늘날 경제학에서도 매우 빈번하게 사용하는 지교좌표계를 이용해서 기하학적인 문제를 대수방정식으로 해결하는 해석기하학은 데카르트가 처음 고안했다. 데카르트는 수학을 "불연속적인 양의 과학"으로, 기하학을 "연속적인 양의 과학"으로 정의했으나 두 학문 사이의 경계는 해석기하학의 출현에 의해 허물어졌다. 방정식에 미지수 x를 처음 사용한 사람도 데카르트이다. "나는 생각한다. 그러므로 존재한다(cogito ergo sum)."라는 말로 유명한 『방법서설(*Discours de la méthode pour bien conduire sa raison, et chercher la verité dans les sciences*, 1637)』에서 데카르트는 수학과 모든 과학은 상호관계에 있으며, 이 둘을 따로 생각하는 것보다 전체적으로 다루는 것이 쉽다고 주장했다(데카르트, 소두영 옮김, 『방법서설/성찰/철학의 원리』, 동서문화사, 2016). 과학이 철학으로부터 멀어진 것은 산업혁명 이후, 사회사상사적으로는 계몽주의의 쇠퇴 이후의 일이다.

그렇다면 철학과 과학은 어떻게 다른가? 철학자이자 교육자인 윌 듀란트(Will Durant, 1885~1981)는 『철학의 즐거움(*The Pleasures of Philosophy*, 1953)』이라는 책에서 매우 재미있는 말을 남겼다. "지금까지는 어떤 것이 철학이 아닌가, 또 철학이 어떤 것이 되어서는 안 되는가를 말해 왔다. 그러면 철학이란 무엇인가 또 무엇이 되어야 하는가 하는 문제가 남게 된다."는 것이다(듀란트, 이정선 옮김, 『철학의 즐거움』, 홍신문화사, 2013). 과학은 사실과 병합해서 나타나고 대개 반복적이며 계량 가능하다. 이에 반해 철학은 법칙이나 계량을 허용하지 않고 순수하고 지속적으로 상호침투한다. 과학은 부분에 대한 분석적 설명인 반면, 철학은 전체에 대한 종합적 해석 즉 전체의 위치와 가치라는 측면에서 부분을 해석하는 것이다. 과학은 부분에 대한 분석적 설명인 반면, 철학은 전체에 대한 종합적 해석 즉 전체의 위치와 가치라는 측면에서 부분을 해석한다. 가령 물리학과 생물학, 천문학 등이 그렇듯 개별적 현상들에 대한 지식을 탐구한다. 하지만 철학은 인간과 삶에 대한 총체적인 진리를 탐구한다. 그래서 독일의 고전철학자인 프리드리히 헤겔은 "진리는 전체이다(Das Wahre ist das Ganze)."라고 말한다. 철학자이면서 노벨문학상을 받기도 한 베르그송(Henri Louis Bergson, 1859~1941)은 과학과 철학의 차이를 과학은 분석적이지만 철학은 종합적이라고 설명한다(베르그송, 이희영 옮김, 『웃음/창조적 진화/도덕과 종교의 두 원천』, 동서문화사, 2016). 다른 한편 영국의 철학자이자 사회학자로서 특히 사회다윈주의자로 잘 알려진 허버트 스펜서(Herbert Spencer, 1820~1903)는 "철학이란 가장 보편화된 지식이다."라고 말했다.[14] 스펜서가 인간의 경험은 한정되어 있으므로 사물의 본질에 이르는 일은 불가능하다고 주장하는 불가지론자임을 생각하면 그에게 어울리는 말이다. 반대로 어떤 철학자들은 경험에 의해 실증된 사실만이 참된 진리라고 주장하기도 한다. 서로 모순되는 것처럼 보이지만 이 두 가지 태도는 모두 철학을 지식의 탐구하는 행위로 간주하고 있다.

그러나 철학은 지식 이상의 것을 추구한다. 과학이 과학일 수 있기 위해서는 개인의 이해나 변덕과는 별개로 실증적인 지식으로 나아가야 한다. 반대로 철학은 과학과 사실, 실증된 지식을 자신의 출발점으로 삼을 뿐이다. 철학은 단순한 지식에 질서를 부여함으로써 헤겔이 '총체성'이라고 불렀던 그런 의미

---

14 사회다윈주의(Social Darwinism) : 영국의 사회학자이자 철학자였던 허버트 스펜서가 다윈(Charles Darwin, 1809~1882)의 진화론을 자연과 사회의 차이를 무시하고 사회학에 도입하여, 생존경쟁과 자연도태를 '사회진화(social evolution)'의 기본 동력이라고 주장한 학설. 생물학적 생존경쟁과 마찬가지로, 인간사회도 단순한 형태에서 복잡한 형태로 발전하며 치열한 경쟁 속에서 더 진보한 사회는 살아남고 열등한 사회는 도태된다고 보았다. 인종차별주의 정책이나 제국주의 열강의 약소국 지배를 정당화하는 이론으로 이용되기도 했다. 다윈의 이름을 빌리기는 했지만 사회다윈주의는 사실 다윈의 진화론보다는 라마르크(Jean Baptiste Lamarck, 1744~1829)의 '용불용성'에 더 가깝다. 용불용설은 획득형질이 유전된다는 이론인데, 사회진화론자들은 개혁을 누적시킴으로써 사회가 진보한다고 주장했기 때문이다.

에서 총체적 사고로까지 고양시키는 어렵고도 고매한 통찰 즉 지혜이다.[15] 요컨대 진리의 발견을 목표로 한다는 점에서는 아마 철학과 과학이 다르지 않을 터이다. 하지만 그들이 발견하고자 하는 진리는 어떤 진리인가에서 철학과 과학은 다르다. 다시 말해서 철학과 과학은 탐구의 대상과 목적이 다르다는 뜻이다. 다만 철학의 목표가 무엇인지에 대해서는 한 마디로 말하기 어렵다. 철학에도 여러 분야가 있어서 형이상학이나 인식론처럼 삶에 대한 근본적인 성찰을 목적으로 하는 이론철학이 있는 반면 윤리학이나 미학처럼 삶을 살아가는 데 있어서 중요한 가치들을 실현할 것을 목적으로 하는 실천철학도 있다. 철학이 탐구하는 대상을 한 가지로만 말할 수는 없다는 뜻이다. 하지만 어떤 경우든 과학이 부분 즉 개별 현상들에 대한 분석을 추구하는 반면, 철학은 전체에 대한 종합적인 해석을 추구한다는 점에 그 본질이 있다.

과학은 경험에 나타나는 사실의 세계를 규명하고자 하는 반면, 철학은 과학이 내린 판단의 진위를 가릴 수 있는 기준을 제시하고자 한다. 과학적 이론이 옳은지 아닌지를 과연 누가 판단할 수 있는가? 과학적 탐구의 대상으로만 인정되는 세계에 대해 존재론적 문제를 제기하는 것이 바로 철학이다. 과학의 한계는 자연에서는 — 물론 사회현상에서도 서로 상반되는 현상들이 얼마든지 발견된다는 데서 드러난다. 듀란트는 과학이 도달하는 결론이란 완전한 관찰이 이루어질 수 없는 자연의 '습관'에 대해 '단편적인' 공식을 만드는 데 지나지 않으며, 그러한 결론은 보다 폭넓은 관찰의 결과로 언젠가는 모독받고 폐기될 것이라고 지적한다. 철학과 과학의 관계에서 자연현상을 경제현상으로 바꾸어 보면 철학과 경제학의 관계도 다르지 않다. 오죽하면 서로 상반될 뿐 아니라 심지어는 서로 모순되는 법칙을 발견했다는 이유로 둘 다 노벨상을 받은 학문은 경제학이 유일하다 조롱까지 있을까? 대중은 이런저런 증거를 많

15 총체성(Totalität) : 헤겔 철학의 중심 개념 가운데 하나로, '전체성'이라고 번역하기도 한다. "진리는 전체이다."라는 말처럼 헤겔은 모든 모순과 대립의 양항은 사실은 '하나의 것'의 서로 다른 모습에서의 나타남이며, 개별적인 부분들의 언뜻 보아 무질서한 집합체로 볼 수 있는 현실도 본래는 커다란 질서를 지닌 '하나의 것'의 우연한 모습이라고 주장했다. 여기서 말하는 '하나의 것' 즉 개별성과 보편성의 통일이 구체적으로 나타나는 것이 총체성이다.

이 제시하는 자칭 전문가들을 신뢰하는 경향이 있다. 그러나 프랑스의 문학가이자 노벨문학상 수상자인 아나톨 프랑스(Anatole France, 1844~1924)는 "그것은 틀림없는 진리이다. 하지만 그 반대도 진리이다."라고 말했다. 러시아의 혁명가 레닌(Vladimir Illich Lenin, 1870~1924)도 "우리는 현실에서 이러저런 증거를 가지고 진리를 이야기해서는 안 된다. 현실에는 그와 반대되는 증거도 얼마든지 많기 때문이다."라고 경고한다. 경제학이 단순히 과학에 머무를 것이 아니라 철학으로 나아가지 않으면 안 되는 이유이다.

뉴턴은 스스로 이렇게 말한 적이 있다. 자신은 시간과 공간을 연구하지만 시간과 공간이 어디서 왔는지는 알지 못한다고. 아직도 뉴턴이 우연히 떨어지는 사과를 보고 만유인력의 법칙을 발견했다고 믿는 사람이 있는지 모르겠지만, 경제학에서도 이런 오해가 없지 않다. 가령 시장실패가 있더라도 정부개입보다는 시장에서 경제주체들이 스스로 문제를 해결하는 편이 더 적은 비용이 든다는 '코스 정리(Coase theorem)'로 노벨상을 받은 로널드 코스(Ronald H. Coase)가 우연히 신문기사에서 읽은 소송 사건을 보고 쓴 논문 한 편으로 운 좋게 노벨상을 받았다는 이야기는 지금도 인터넷에서 흔히 찾을 수 있다(Coase, 'The Problem of Social Cost', 1960). 하지만 과학의 세계에 우연은 없다. 다만 뉴턴이 스스로 말했듯이 과학자들이 아직은 그런 현상의 원리와 이유를 아직 설명하지 못할 뿐이다. 가령 뉴턴의 가장 위대한 발견은 중력의 법칙이지만 과학자들은 중력이 어디서 왔는지 설명하지 못한다. 실은 과학자들은 굳이 그것을 설명할 필요를 느끼지도 못한다. 다만 과학자들은 중력이 어떻게 작동하는지를 연구할 뿐이다.

철학의 역할은 바로 여기에 있다. 철학은 과학이 설명하는 "어떻게?"의 영역을 넘어 과학이 설명하지 못하는 "왜?"의 영역을 설명하고자 한다. 물론 사물의 배후에 존재하는 본질을 설명하는 일은 매우 어렵다. 고대 철학자들은 사실에 대해 잘못된 지식을 전달했기 때문이 아니라 그 사실의 원리에 대해 설명하지 못했기 때문에 비판받았다. 아리스토텔레스조차 자신이 충분히 알고 있는 사실의 배후에 무엇이 존재하는지를 설명하지 못했다. 그래서 아리스토텔레스는 좀 더 손쉽게 모든 것을 신의 뜻으로 설명해 버리는 목적론적 자연관을 벗어나지 못했던 것이다. 근대정신은 바로 그런 목적론적 세계관을 넘어서는 데 있다. 우리가 철학을 탐구하는 이유는 자연현상에 대한 분석적인 설명을 넘어 세계에 대한 근본적인 성찰을 갈망하기 때문이다. 마찬가지로 경제학은 단순히 경제현상에 대한 설명을 넘어서 우리의 삶에 대한 근본적인 성찰을 제시하지 않으면 안 된다.

경제학의 아버지 애덤 스미스는 영국에서 산업혁명이 일어나기 직전인 1723년 스코틀랜드 동부 해안의 작은 도시 커칼디에서, 세관의 하급관리의 유복자로 태어났다. 스미스가 살았던 시대는 경제적 격변의 시기여서 많은 경제학자들이 활동했다. 그들 가운데서 특별히 스미스가 '경제학의 아버지'로 불리게 된 이유는 무엇일까? 물론 스미스의 경제이론이 그 시대의 기준에서 가장 정치하고 심오한 수준에 이르렀기 때문이기도 하다. 하지만 그보다 더 중요한 이유는 스미스가 경제현상의 분석에 그치는 대신 인간의 본성에 대해 탐구하고 규명하고자 했기 때문이다.

제2장

경제학은 어떻게 인간을 발견했는가?

— 존재론으로서의 경제학 —

제2장

경제학은 어떻게 인간을 발견했는가?

— 존재론으로서의 경제학 —

몸의 발견

1327년 겨울, 멜크 수도원의 젊은 수련사 아드소는 사부인 프란체스코회 수도회의 박식한 수도사 윌리엄과 함께 베네딕트 수도원에 도착한다. 수도원 원장은 윌리엄에게 장서관에서 일하던 수도사 아델모가 시체로 발견된 경위를 이야기하며 교황청의 조사관이 오기 전에 사건의 전모를 밝혀 달라고 한다. 윌리엄은 수도원의 여기저기를 둘러보며 아델모의 죽음을 추론해 나간다. 다음날 이번에는 그리스어 번역가인 수도사 베난티오가 시체로 발견된다. 윌리엄은 장서관의 내력을 알아내고 아드소와 함께 몰래 장서관으로 잠입한다. 아침 기도 시간에 보조 사서 베렝가리오가 보이지 않자 모두들 찾아 나서지만, 베렝가리오는 시체로 발견된다. 윌리엄은 베렝가리오의 혀가 검게 변색된 것을 발견한다. 뒤이어 이상한 서책을 발견했다고 윌리엄에게 소식을 알려온 수도사 세베리노가 시체로 발견되고, 마지막으로 장서관 사서 말라키아 역시 손가락과 혀가 검게 변한 채 죽는다. 수도원 원장은 살인 사건의 조사를 그만두라고 하지만, 윌리엄은 마침내 사건의 비밀을 밝혀낸다. 죽은 이들은 모두 "웃음은 예술이며 식자들의 마음이 열리는 세상의 문이다."라는 내용을 다룬 아리스토텔레스의 『시학(*Poetics*)』 제2권 『희극론』의 유일한 필사본이 장서관에 있음을 알고 몰래 읽어 보다가 늙은 수도사 호르헤에게 독살당한 것이다.

지금은 작가로서 더 유명하지만 원래는 기호학자이자 철학자인 움베르토 에코(Umberto Eco, 1932~2016)의 소설을 원작으로 한 영화 〈장미의 이름(The Name Of The Rose, 1986)〉은 중세적 정신과 근대적 정신의 대비를 가장 잘 보여 주는 영화 가운데 하나이다. 호르헤는 웃음은 천박한 것이며, 신의 뜻을 거스르는 행위라고 믿는 인물이다. 문제는 아리스토텔레스라는 대학자가 사람을 웃기는 천박한 희극에 대한 책을 썼다는 데 있다. 중세는 흔히 종교의 시대라고 하지만, 학문적으로 중세를 지배한 것은 아리스토텔레스였다. 교회는 아리스토텔레스의 학문만이 신의 뜻에 어긋나지 않는다고 가르쳤다. 따라서 아리스토텔레스의 이론과 다른 모든 학문은 신의 뜻을 거스르는 이단의 소리인 것이다. 그런데 바로 그 아리스토텔레스가 웃음을 긍정하는 책을 썼다는 사실은 호르헤 수사에게 살인을 해서라도, 더 나아가 자신의 목숨을 바쳐서라도 숨겨야 하는 비밀이었다. 그래서 수도원은 불타고 아리스토텔레스의 위대한 저술은 영원히 사라지고 만다. 웃음은 천박하다는 호르헤 수사의 경건주의는 인간을 고정된 틀에 맞추려고 했던 중세적 정신을 적나라하게 보여 준다. 그러나 사람이 어떻게 웃지 않고 살 수 있는가? 웃을 수 있는 동물은 오직 인간밖에 없다는데? 어떤 이는 『성경』에 단 한 번도 예수님이 웃었다는 이야기가 없다고 주장하기도 한다. 하지만 그 이유는 예수님이 늘 웃고 계셨기 때문이 아닐까?

아리스토텔레스의 『시학』에서 말하는 '시'란 오늘날 흔히 시라고 말하는 서정시가 아니라 비극을 가리킨다. 그런데 보통의 이해와는 달리 비극(Tragedy)

이란 슬픈 이야기가 아니라 진지하고 엄숙한 이야기를 의미한다. 희극(Comedy)도 마찬가지로 우스운 이야기가 아니라 가볍고 저속한 이야기라는 의미이다. 물론 단테(Durante degli Alighieri], 1265~1321)의 『신곡(*Divina commedia*)』에서처럼 코메디가 단순히 이야기라는 의미로 쓰이기도 한다. 〈장미의 이름〉은 아리스토텔레스가 『비극론』을 썼으니 『희극론』도 썼을 수 있지 않은가 하는 문학적 상상력에서 출발한다. 하지만 실제의 아리스토텔레스는 아마 호르헤처럼 희극은 천박한 것이어서 철학자가 즐길 만한 대상은 아니라고 생각했을 듯 싶다. 고대 그리스의 가장 유명한 희극 작가인 아리토파네스(Aristophanes, BC445?~BC385?)의 작품은 바로 소크라테스(Socrates, BC470~BC399)의 철학을 풍자하기 위한 것이었으니 말이다.

〈장미의 이름(The Name Of The Rose, 1986)〉이 아리스토텔레스의 『희극론』이라는 가상의 책을 두고 일어나는 사건이라면, 이와 유사한 이야기가 다른 이의 작품에서도 나온다. 1417년 겨울 한 남자가 남부 독일의 어느 수도원에서 옛 필사본 한 권을 발견한다. 이 남자는 탁월한 인문주의자이자 필사가이고 서적 수집가이기도 했던 포조 브라촐리니(Poggio Bracciolini, 1380~1459)이다. 브라촐리니가 수도원의 먼지 덮인 서가에서 발견한 책은 바로 로마의 시인 루크레티우스(Titus Lucretius Carus, BC99~BC55)가 그리스의 철학자 에피쿠로스(Epikouros, BC341~BC271)의 철학을 6권의 서사시로 표현한 『사물의 본성에 관하여(*De rerum natura*)』의 필사본이다(루크레티우스, 강대진 옮김, 『사물의 본성에 관하여』, 아카넷, 2012). 내가 흥미롭게 여기는 것은 실은 루크레티우스의 서사시 그 자체가 아니라, 브라촐리니가 『사물의 본성에 관하여』를 발견하는 과정을 셰익스피어 연구자로 유명한 스티븐 그린블랫(Stephen Greenblatt)이 소설로 재구성한 『1417년, 근대의 탄생(*The Swerve: How the World Became Modern*)』이다(그린블랫, 이혜원 옮김, 『1417년, 근대의 탄생』, 까치글방, 2013). 저자는 겨우 책 한 권을 찾는 과정을 왜 '근대의 탄생'이라고 불렀을까? 『사물의 본성에 관하여』에는 당시로서는 가장 위험한 사상들이 숨어 있었기 때문이다.

유물론 철학자였던 에피쿠로스는 우주는 신의 계시에 의해 창조되고 운영되는 것이 아니라, 무수한 원자들이 무한한 우주 공간에서 영속적으로 서로 충돌하고 결합하여 일탈한 결과로서 물질들을 구성한다고 주장했다. 또한 쾌락주의자이기도 했던 에피쿠로스는 인간의 최고선은 쾌락이며, 죽음에 대한 종교적 공포를 극복하는 것이 쾌락의 진정한 경지라고 주장했다. 교회가 지배하던 중세적 가치관에서 볼 때 이렇게 불온한 철학을 담고 있는 『사물의 본성에 관하여』는 아리스토텔레스의 『희극론』처럼 위험하기 짝이 없는 책이었다. 거꾸로 말하면 교회의 도그마와 봉건제도의 억압적인 질서를 전복하고자 하는 사상을 발견하는 데서부터 근대가 탄생했다는 뜻이다.

'형이상학(metaphysics)'이라는 말은 흔히 아리스토텔레스의 저서인 『형이상학』에서 처음 사용되었다고 알려진다(아리스토텔레스, 조대호 옮김, 『형이상학』, 길, 2017). 그러나 실은 아리스토텔레스의 사후인 기원전 1세기 후반에 활동했던 로도스의 안드로니코스(Andronikos v. Rhodos, ?~?)라는 인물이 아리스토텔레스의 전집을 편집하면서, 어느 분야에도 분류하기 모호한 글들을 천문학이나 기상학 등과 같은 '자연학(physics)'의 뒤(meta)에 놓은 데서 형이상학이라는 말이 처음 사용되었다고 한다. 아리스토텔레스 자신은 형이상학에 해당하는 내용을 '제1철학(prote philosophia)'이라고 불렀는데, 존재 또는 '실체(usia)'의 근원은 무엇인가를 해명하는 일을 그 과제로 했다. 아무튼 그런 용어가 나타난 것은 뒤의 일이라 하더라도, 형이상학은 이미 플라톤(Platon, BC424~BC348)에서부터 철학의 가장 주요한 주제 가운데 하나였다. 그래서 굳이 말하자면 다른 주제들과 마찬가지로 철학의 한 분야라고 해야 옳음에도 불구하고 오랫동안 형이상학은 철학의 다른 이름인 것처럼 여겨졌다. 형이상학은 말 그대로 물질세계를 초월해 존재하는 근원적인 영역의 원리를 탐구한다는 뜻이다. 이에 반해 물질세계의 원리와 법칙을 탐구하는 자연학 즉 과학은 '형이하학'이라고 불린다. 그렇다면 인간의 물질적 생활을 다루는 경제학은 물리학과는 다른 영역을 탐구하지만 당연히 형이하학의 영역에 속한다고 해야 옳다. 그런데 어떻게 경제학이 철학일 수 있는가?

형이하학인 경제학이 철학일 수 있기 위해서는 철학이 더 이상 형이상학이 아닌 형이하학의 영역으로 내려오지 않으면 안 된다. 유럽의 대학은 원래 교양 있는 성직자를 배출하기 위해 교회나 수도원에 부설되었다가 점점 독립된 교육기관으로 발전했다. 중세의 대학에서는 일반적으로 네 개의 학부가 있었는데, 일반과정인 교양학부와 전문과정인 신학부, 법학부, 의학부 등이다. 교양학부에서는 대개 일곱 개의 교양과목을 이수하도록 되어 있었다. 문법학, 수사학, 논리학, 기하학, 천문학, 그리고 음악이 바로 그것이다. 중세의 대학이라고 하지만 실은 근대 초기까지도 교육과정은 크게 변하지 않아서 대부분의 대학에서는 철학은 물론 수학과 천문학을 필수과목으로 가르쳤다. 애덤 스미스도 대학에서 수학과 천문학을 공부했을 뿐 아니라 직접 천문학에 관한 논문을 쓰기도 했다. 자연과학에 대한 관심과 지식이 매우 높았다는 뜻이다.

그런데 대학의 교육과정에 왜 음악이 여기에 포함되었을까? 아리스토텔레스의 『시학』에는 "예술은 자연의 모방"이라는 유명한 말이 나온다(아리스토텔레스, 손명현 옮김, 『니코마코스 윤리학/정치학/시학』, 동서문화사, 2013). 그런데 이 책에서 아리스토텔레스는 모방의 가장 훌륭한 예로 음악을 들었다. 음악이야말로 자연의 가장 완벽한 모방이라는 뜻이다. 그리스인들에게 음악은 훌륭한 시민이 당연히 갖추어야 할 덕목 가운데 하나였다. 심지어 용맹한 전사의 이미지로 알려진 스파르타의 군인들도 전장에서 악기를 연주했다. 호메로스(Homeros, ?~?)의 『일리아스(*Illias*)』에서 어린 아킬레우스(Achilles)가 가장 먼저 배운 것도 바로 음악이었다. 그런 의미에서 중세 대학의 교양과목은 아리스토텔레스적이라고 할 만하다.

형이상학과 자연학, 즉 형이하학이라는 구분은 근대 이전의 철학자들에게는 물론 근대 이후에도 오랫동안 당연하게 여겨져 왔다. 가령 근대 철학의 아버지로 불리는 데카르트도 마찬가지다. 데카르트는 신을 무한한 실체로, 정신과 자연을 유한한 실체로 구분했다. 데카르트는 신의 존재 자체를 부정하지는 않았다. 그럼에도 데카르트를 근대 철학의 아버지로 부르는 이유는, 그의 실체 개념을 통해 비로소 목적론적 자연관에서 벗어나 신이 없어도 자연을 설명할 수 있게 되었기 때문이다. 그러나 데카르트도 플라톤 이후 지속되어 온 이원론적 세계관의 전통에서 완전히 벗어나지는 못했다. 그는 세계를 물질적 실체(res extensa)와 정신적 실체(res cogitans), 또는 물질적 삶과 정신적 삶으로 구분했다. 데카르트는 정신적 실체의 특징은 사유이며, 물질적 실체의 특징은 연장 즉 공간을 차지하는 데 있다고 설명했다(데카르트, 소두영 옮김, 『방법서설/성찰/철학의 원리』, 동서문화사, 2016). 정신은 사유하는 실체이며 자연은 사유되는 실체이다. 이렇게 보면 중세 대학의 커리큘럼은 아리스토텔레스적이면서 또한 데카르트적이기도 하다. 사유하는 방법에 관한 과목들과 자연에 관한 과목들로 구분되어 있기 때문이다.

철학자들이 정신과 육체라는 이원론을 극복하고 인간을 욕구와 행동의 실체로 파악하게 된 것은, 대학교수직을 거절하고 안경 세공사로 일생을 살았던 스피노자에서부터이다(스피노자, 추영현 옮김, 『에티카/정치론』, 동서문화사, 2016). 스피노자는 자연이 아리스토텔레스처럼 신의 목적이 아니라 일정한 법칙성을 가진 존재로 보았다. 스피노자에게 우주 전체는 합리적인 질서에 의해 움직이는, 상호 연관된 하나의 존재이다. 이렇게 우주를 통일된 하나의 단일체 즉 '실체'로 파악함으로써 스피노자는 데카르트에게 아직 남아 있던 이원론적 세계관을 극복할 수 있었다. 인간은 사유하는 실체인가 물질적 실체인가? 데카르트에게 인간은 사유하는 정신적 실체인 동시에 육체를 가진 물질적 실체이다. 이처럼 정신과 육체를 구분하는 것이 데카르트의 이원론적 세계관이다. 인간의 정신은 육체와 별개로 존재한다는 뜻이다. 정신은 사유하기 위해 존재한다. 하지만 그렇다면 인간의 육체는 왜 존재하는 것일까? 육체는 단지 존재하기 위해서 존재하는 것인가? 스피노자는 정신이 아니라 육체를 가진 인간이 바로 실체라고 말한다. 그런데 스피노자보다 한참 전에 이미 인간의 정신이 육체와 별개로 존재하지 않고 육체 속에 깃들어 있다는 사실을 명확하게 이해했던 사람들이 있다. 바로 레오나르도 다빈치(Leonardo di ser Piero da Vinci, 1452~1519)와 미켈란젤로(Michelangelo di Lodovico Buonarroti Simoni, 1475~1564) 같은 르네상스 시대의 예술가들이다.

우리나라의 전통 석탑들을 가까이서 보면 각층의 높이가 다르다는 점을 발견할 수 있다. 위층으로 갈수록 석탑의 높이가 길어진다. 왜 신라의 석공들은 이렇게 비례에서 벗어난 석탑을 세웠을까? 멀리서 석탑을 바라보면 당연히 위층으로 갈수록 멀어 보이게 마련이다. 그래서 위층의 높이가 더 길어야 오히려 석탑의 전체 모습이 비례에 맞게 보이는 것이다. 따로 배운 적은 없어도 신라의 석공들은 원근법을 이해하고 실현했다는 뜻이다. 서양에서 미술이나 건축에 원근법이 도입되기 시작한 것은 르네상스 시대에 와서이다. 원근법의 원리를 가장 먼저 창안한 사람은 15세기 이탈리아의 건축가인 필리포 브루넬레스키(Filippo Brunelleschi, 1377~1446)라고 한다. 사물이 눈에서 멀리 떨어질수록 작아 보인다는 사실은 누구든 알 수 있지만 브루넬레스키는 이렇게 단순해 보이는 사실을 수학적으로 체계화시켰다. 그리고 이 원리를 회화에 적용시킨 최초의 작품이 이탈리아 화가 마사치오 디 산 죠반니(Masaccio di San Giovanni, 1401~1428)의 〈성삼위일체(Trinity, 1427)〉이다. 가장 먼저 원근법을 실현한 사람은 아니지만 다빈치나 미켈란젤로도 원근법을 충분히 이해했고 자신들의 회화나 조각 작품에 그것을 이용했다. 특히 다빈치는 마사초의 투시원근법에 더해 대기원근법의 기법을 처음으로 개발한 화가이기도 하다. 인간에 대해서건 배경이 되는 자연에 대해서건 르네상스인들이 가졌던 과학적 태도의 좋은 예가 바로 원근법이다. 그래서 르네상스 이전 중세의 회화들은 이차원으로 보이지만 르네상스 시대의 작품은 삼차원으로 보인다.

다빈치가 해부학에 매우 높은 수준의 지식을 가지고 있었다는 사실은 잘 알려진 대로이다. 그 시대에는 인체의 해부가 금지되었음에도 불구하고 다빈치가 남긴 그림과 원고들 가운데는 실제로 인체를 해부한 기록이 많다. 이런 기록들보다 더 놀라운 일은 다빈치의 회화 작품들이 철저하게 이런 해부학적 지식을 이용하여 그려졌다는 사실이다. 다빈치의 그림 속 인물들을 보면 팔과 다리의 근육들이 매우 세세하게 표현되어 있다. 다빈치에 의해 비로소 육체를 가진 인간이 회화 속에 나타난 것이다. 거꾸로 말하면 다빈치 이전의 그림들 속의 인물들은 육체를 가지고 있지 않았다. 그들의 육체는 오직 의상 속에서만 존재했으며, 육체의 아주 작은 굴곡을 표현하는 것조차도 허락하지 않았다. 그러나 다빈치나 미켈란젤로가 그린 것은 단지 인간의 육체만이 아니다. 다빈치 이전의 그림들에서 인물들은 육체를 가지고 있지 않을 뿐 아니라 감정도 욕구도 가지고 있지 않았다. 그들의 표정은 그들의 육체를 감금하고 있는 의상들만큼이나 획일적이다. 그러나 미켈란젤로의 〈천지창조(The Genesis, 1512)〉나 〈최후의 심판(Il Giudizio Universale, 1541)〉에 나오는 인물들을 보면 한 사람 한 사람마다 다른 표정들을 짓고 있다. 어떤 이는 슬퍼하고 어떤 이는 아파하고 어떤 이는 울부짖는다. 물론 르네상스 시대에도 인간의 육체에 대한 편견은 여전히 강고했다. 바오로 4세(Papa Paolo Ⅳ, 1476~1559) 교황이 〈최후의 심판〉에서 나체로 그려진 성자들에게 속옷을 입히라고 명령했던 사실이 바로 좋은 예이다.

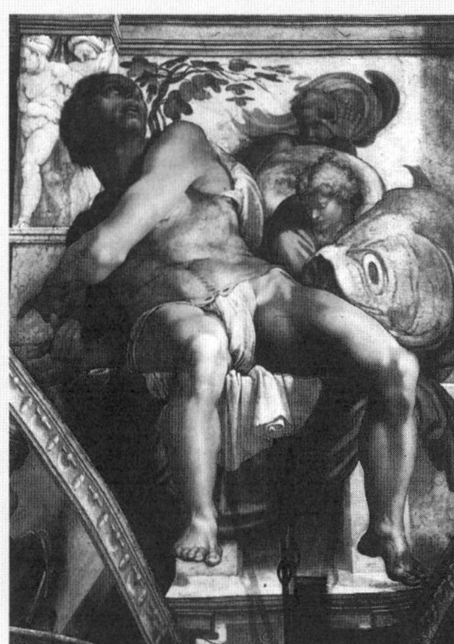

르네상스 초기의 화가인 마사치오의 <성삼위일체(왼쪽 그림)>는 투시원근법의 원리를 회화에 처음 적용한 작품으로 알려진다. 이 작품의 소실점은 특이하게도 예수의 신체가 아니라 예수의 발 아래에 있다. 바로 그 위치가 관람객의 눈높이에 맞기 때문이다. 마사치오의 작품관은 자연과 사물을 있는 그대로 생생하게 모사해야 한다는 것이다. 마사치오는 비록 젊은 나이에 세상을 떠났지만 많은 르네상스 시대의 화가들에게 중요한 영향을 미쳤다. 미켈란젤로도 습작 시절 마사치오의 작품을 모사하면서 그림을 연습했다고 한다. 미켈란젤로의 그림에서는 인물들의 신체 여러 부분들의 비례가 지나치게 과장되게 표현된 경우가 많다. 그래서 미켈란젤로가 원근법을 지키지 않았다고 비판하는 이들도 많다. 하지만 미켈란젤로가 고의로 인체의 비례를 무시한 이유는 그렇게 표현해야 보는 이의 관점에서 원근법이 가장 잘 나타나기 때문이다. 미켈란젤로의 <천지창조> 가운데 <요나의 기적(오른쪽 그림)>을 본 당시의 화가들은, 실제로는 안쪽으로 향한 상체가 보는 사람의 눈에서 가장 가까운 곳에 있고 바깥으로 뻗은 두 다리가 눈에서 가장 먼 곳에 있다는 데 감탄했다고 한다.

경제학과 근대

경제학이 무엇인가에 대한 생각은 다를지 몰라도 경제학이 근대의 산물이라는 사실은 부정할 수 없다. 물론 근대 이전에도 경제에 대한 사상이나 이론이 전혀 없었던 것은 아니다. 모든 학문의 아버지라 불렸던 철학자 아리스토텔레스의 『정치학(*Politics*)』에는 "노예는 살아 있는 재산"이라는 말이 나온다(아리스토텔레스, 손명현 옮김, 『니코마코스 윤리학/정치학/시학』, 동서문화사, 2013). 아리스토텔레스에 따르면 재산은 가정의 일부이고, 재산을 획득하고 유지하는 기술은 가사 관리 즉 외코노미쿠스(Oeconomicus)의 일부다.[1] 그런데 어떤 기술

1 오늘날 우리가 쓰는 경제(economy) 또는 경제학(economics)이라는 말의 어원은 그리스어 'Oeconomicus'이다. 그 시대에는 여러 사람들에 의해 널리 사용되었을 테지만, 기록상으로 이 말이 처음 사용된 것은 소크라테스(Socrates, BC469~BC399)의 제자로 알려진 역사학자 크세노폰(Xenophon, BC444?~BC357?)이다. 크세노폰은 자신의 책 이름을 『외코노미쿠스

이 주어진 과제를 완수하려면 적절한 도구들이 반드시 공급되어야 하며, 따라서 가사 관리인도 자신의 도구를 가져야 한다. 도구 가운데 어떤 것은 생명이 없고, 어떤 것은 생명이 있다. 재산은 도구들의 집합이다. 노예는 살아 있는 재산이며, 다른 도구들에 우선하는 도구다. 노예는 그 자신이 도구이면서 다른 도구를 사용하기 때문이다. 아리스토텔레스가 노예에 대해 언급한 것은 당연히 그리스가 노예제에 기초한 사회였기 때문이다. 그런데 노예주는 노예가 없으면 아무 것도 할 수 없지만, 노예주가 없어도 노예는 스스로 생산할 수 있지 않은가? 만약 노예주가 없어도 노예가 스스로 생산할 수 있다면 노예주가 노예를 소유하고 지배해야 할 필요는 어디에서 오는가? 이에 대해 아리스토텔레스는 마치 악기가 스스로 소리를 낼 수 없는 것과 마찬가지로 노예는 도구를 사용하기는 하지만 그 스스로 생산하지는 못한다는 말로 노예제도를 합리화했다. 그렇다면 왜 어떤 사람은 노예가 되고 어떤 사람은 노예주가 되는가? 아리스토텔레스는 노예는 그 본성이 노예이기 때문에 노예라는 순환논리로 정당화했다.

아리스토텔레스는 자신의 저술 여러 곳에서 노예에게 보다 인도적인 처우를 하라고 주장했다. 하지만 아리스토텔레스에게도 노예제도 그 자체는 자연의 질서처럼 감히 누구도 부인하거나 파괴할 수 없는 것이었다. 고대 그리스의 화려한 고전문화를 가능하게 했던 전제조건이었던 육체노동과 정신노동의 분리에 대해서도 아리스토텔레스는 신이 노예에게는 육체노동에 적합한 신체와 정신을, 자유민에게는 정신노동에 적합한 신체와 정신을 부여했다는 말로 정당화했다. 그리스와 마찬가지로 노예제 사회였던 로마의 저술가 바로(Marcus Terentius Varro, BC116~BC27)도 노예를 '언어를 가진 도구'로 정의했다. 바로에 따르면 농업에는 세 가지 도구가 사용되는데, 언어를 가진 도구, 언어가 없는 도구, 소리 없는 도구가 그것이다. 언어를 가진 도구는 노예를 의미하고, 언어가 없는 도구는 가축을, 소리 없는 도구는 수레나 연장을 의미한다. 이처

(*Oeconomicus*)』라고 붙였는데, 그 의미는 가정을 효율적으로 경영한다는 뜻이다.

럼 아리스토텔레스나 바로의 저술은 그 시대의 경제활동에 대해 언급하고 있기는 하지만 매우 간략하고 단순한 서술에 그치고 있다. 그 이유는 근대 이전의 사회에서는 경제활동이 단순했기 때문에 경제에 대한 사상이나 이론도 그다지 발달하지 못했기 때문이다. 이런 사회에서는 경제활동의 내용이 경험과 관습에 많이 의존했으며, 그런 경험을 넘어서 체계화된 지식이나 이론은 그다지 필요하지 않았다.

애덤 스미스의 『국부론』은 영국에서 막 산업혁명이 시작되려던 1776년에 출간되었다. 『국부론』 이전에 가장 높은 수준의 경제이론을 발표한 사람은 에스파냐의 신학자인 아스필쿠에타(Martin de Azpilcueta, 1491~1586)이다. 아스필쿠에타가 1556년에 출간한 신학 지침서의 보론 「환전에 대한 죄 사면 해설」에는 수요와 공급이 화폐의 가격을 결정하며, 화폐가 많으면 물가와 임금이 오른다는 설명이 나온다. 신대륙의 발견과 신항로의 개척 이후의 이른바 대항해 시대에 들어오면서 유럽인들의 경제활동은 더 다양해지고 복잡해진다. 특히 당시의 에스파니아에서는 신대륙으로부터 금과 은이 대량으로 유입되면서 인플레이션이 심각했다. 아스필쿠에타가 인플레이션의 원인을 수요와 공급으로 설명한 것은 당시로서는 매우 탁월한 경제이론이다. 하지만 그런데도 왜 아스필쿠에타는 근대 경제학의 아버지가 되지 못했을까? 그의 경제이론은 상업과 화폐의 영역에 한정되었기 때문이다. 에스파니아는 다른 유럽 국가들보다 먼저 신대륙 개척에 나서면서 막대한 부를 축적했지만, 그들의 관심은 거의 화폐의 취득에만 있었고 산업의 발전이나 생산력의 증대에는 무관심했다. 그래서 본격적인 경제학의 출현을 위해서는 영국에서 산업혁명이 진행되고 자본주의의 출현할 때까지 기다려야만 했다.

근대 경제학의 탄생과 발전이 봉건제로부터 자본주의로의 이행과 산업혁명 이후 자본주의의 발전과 관련되었다는 점은 명백하다. 산업혁명 이후의 자본주의 사회에서는 그 이전의 사회들과 비교하여 경제활동의 규모가 매우 커지고 내용도 복잡해졌다. 자연히 경제에 대한 사람들의 생각도 복잡해지고 더 높은 수준으로 발전하게 되었으리라는 것을 짐작하기는 어렵지 않다. 하지만 이런 변화들로부터 곧바로 근대 경제학의 출현을 설명하기에는 충분치 않다. 산업혁명은 근대 경제학이 출현하기 위한 필요조건이기는 하지만 충분조건은 아니라는 뜻이다. 어떤 경영사학자들은 근대적 경영기술이 15세기 이탈리아 상인들의 복식부기에서 시작되었다고 주장하기도 한다. 프란체스코회 수도사이자 수학자였던 루카 파치올리(Fra Luca Bartolomeo de Pacioli, 1447?~1517)는 1494년 『산술집성(*Samma de Arithmetica, Geometria, Proporcioni e Preporrcionalita*)』이라는 수학서를 발표했다. 그런데 이 책에서 파치올리는 당시 베네치아를 비롯한 이탈리아의 상인들에 의해 손에서 손으로 이어져오던 복식부기를 체계적으로 정리해 소개했다. 파치올리에 의해 체계화된 복식부기의 방식은 500여 년이 지난 오늘날까지도 거의 변함없이 그대로 적용되고 있다. 그런데 왜 파치올리의 복식부기가 근대 경영학이나 경제학의 시작이 되지는 못했을까? 복식부기가 매우 중요한 경영기술의 하나이기는 하지만, 기술만으로 학문이 되지는 못하기 때문이다. 그렇다면 근대 경제학이 출현하기 위해서는 산업혁명과 경제활동의 확대 이외에 무엇이 더 필요했을까? 바로 경제학적인 사고체계와 논리, 그리고 그것을 철학적이라고 부르든 인문학적이라고 부르든 과학적이라고 부르든 다른 무엇이라고 부르든 간에 근대 경제학적 사고체계의 바탕에 놓인 인간의 존재와 그 삶에 대한 새로운 관점과 통찰이 있었기에 경제학이 탄생할 수 있었던 것이다.

철학이 세속으로 내려오다

이탈리아에서 문학과 예술의 새로운 경향으로 시작된 르네상스 운동은 독일, 영국, 프랑스 등 유럽 여러 나라로 확산되면서 인간과 사회에 관한 새로운 학문과 사상의 혁신운동으로 발전한다. 근대 사회사상의 형성에서 르네상스 운동이 특히 주목받는 이유는 이 운동을 통해 거의 천 년에 걸쳐 지속되어 온 중세의 조직, 제도, 사고방식 등이 비판의 대상이 됨으로써 이른바 근대 사회사상의 형성에 중요한 기초가 이루어졌기 때문이다. 봉건사회의 사회생활은 신분과 관습에 의해 정해진 채로 오랫동안 거의 변화가 없었다. 직접 생산자인 농민은 겨우 생존을 유지할 수 있을 정도만 남기고 생산물의 대부분을 영주에게 지대로 바쳐야 했으며, 영주는 이 지대를 사치와 전쟁 이외에는 소비할 방법을 알지 못했다. 따라서 봉건 사회의 생산은 축적되어 다음 생산의 확대에 이용되지 못했고, 사람들의 생활 규모와 생활 방식은 향상될 수 없었다. 여기에 영주의 권력과 교회의 권력이 그런 진보를 더욱 가로막고 있었다. 사실 교회 자신이 가장 큰 영주 가운데 하나였기 때문에 성직자들은 불평등하고 불변적인 현실의 신분질서에 따르는 것이 인간의 본분이라 가르쳤다. 르네상스 운동은 스콜라 철학과 가톨릭교회의 전일적인 정신적 지배를 타파하고, 교회의 권위로부터 독립적이면서 지식과 이성에 근거를 둔 세계상과 인간상을 창조하고자 했다. 이런 이유에서 르네상스 운동은 휴머니즘 르네상스(Humanism Renaissance) 즉 인문주의 부흥운동을 의미하게 되었고, 이 운동의 대표자들은 인문주의자(humanist)로 불리게 되었다. 인문주의라는 말은 말 그대로 인간에 대한 학문이라는 뜻이다. 오늘날 휴머니즘은 인간애라는 의미로 더 자주 사용되지만 원래의 의미는 인간에 대한 이해라고 해야 옳다. 이전의 철학자들이 고민했던 문제는 정신과 사유의 본질이 무엇인가 하는 것이었다. 그러나 새로운 인문학자들은 현실 속에서 인간의 삶의 조건은 무엇인가 하는 것이었다. 『최선의 국가 상태와 유토피아라는 새로운 섬에 대한 유익하고 재미있는 저작(*Libellus vere aureus, nec minus salutaris quam festivus, de optimo rei publicae statu deque nova insula Utopia*, 1516)』을 쓴 토머스 모어(Thomas More, 1478~1535)가 바로 그런 인물이다(모어, 김현욱 옮김, 『유토피아/자유론/통치론』, 동서문화사, 2008).

모어는 옥스퍼드 대학에서 수학한 뒤 법률가로 입신하여 대법관의 지위에까지 올랐으나, 헨리 8세(Henry VIII, 1491~1547)의 영국 국교회(Church of England) 설립에 반대했다가 처형되고 말았다. 원래 모어와 헨리 8세는 인간적으로나 정치적으로나 매우 절친한 친구이자 협력자였다. 그렇지만 독실한 가톨릭 신자였던 모어는 정치적 지지와는 별개로 자신의 이혼 문제 때문에 로마 교황청과 결별하고자 한 헨리 8세의 종교개혁에는 반대했다. 이 때문에 모어는 오랫동안 가톨릭의 성자로 추앙되기도 했지만, 그의 학문적 명성은 오히려 인문주의자로서의 업적에 의한 것이었다. 모어가 살던 시대는 봉건적 질서들이 붕괴되고 자본의 본원적 축적이 폭력적으로 진행되면서 무질서와 빈곤이 넘치던 때이다. 특히 영국에서 지주들에 의해 추진된 인클로저 운동은 전통적으로 토지에 대한 권리를 인정받고 살아 온 수많은 농민들을 강제적으로 추방시킴으로써 그들을 빈민으로 전락시켰다.[2] 『유토피아』에서 "양은 본래 온순한 동물이었지만, 지금은 사람을 잡아먹는다."고 한 유명한 구절은 바로 이런 현실을 묘사한 것이었다. 르네상스 운동의 인문주의 정신 속에는 바로 이런 봉건사회의 동요가 반영되어 있다.

토머스 모어가 묘사한 유토피아 사회의 모습에서 가장 인상적인 내용은 6시간 노동제이다. 무어의 주장은 당시의 영국 사회에서는 인구의 절반을 넘는 사람들이 노동하지 않으므로, 누구나 똑같이 노동한다면 6시간으로도 충분하다는 것이다. 영국의 노동운동가이자 공상적 사회주의자인 로버트 오언(Robert Owen, 1771~1858)이 10시간 노동제를 주장한 것이 무려 300년 뒤의 일이고, 국제 노동자의 날 즉 메이데이(May Day)의 유래가 된 시카고 노동자들의 8시간 노동제를 위한 시위가 1886년의 일이었음을 생각해 보면, 누구나

---

2 인클로저 운동(enclosure movement) : 미개간지나 공유지 등 공동이용이 가능한 토지에 담이나 울타리 등의 경계선을 쳐서 타인의 이용을 막고 사유지로 만든 사건. 종획(綜劃) 운동으로 번역하기도 한다. 주로 영국에서 볼 수 있었던 토지경영의 근대화 현상으로, 가장 활발하게 시행된 것은 15~16세기와 18~19세기의 두 시기였다. 16세기의 인클로저 운동은 농촌에서 모직공업이 확산되자 양모생산을 위해 경지를 목장으로 전환하면서 농민들을 강제로 토지에서 추방하면서 일어났다. 18세기의 인클로저 운동은 반대로 농지 감소로 곡물 가격이 상승하자 대규모 농업경영을 위해 농민들을 토지에서 추방한 사건이다. 인클로저 운동에 의해서 중소농들은 몰락의 길을 걸어 농업노동자가 되거나 농촌을 떠나 공업노동자가 되었다.

똑같이 하루에 6시간만 일하면 충분히 필요한 재화를 얻을 수 있다는 무어의 주장은 차라리 혁명적이라고 해야 옳다. 『유토피아』의 가장 중요한 사상사적 의의는 단순히 그 시대의 영국 사회를 비판했다는 데 있지 않다. 모어 이전까지 철학은 신과 정신의 영역에만 머물러 있었지만, 모어에 의해서 비로소 철학이 현실로, 세속의 영역으로 내려온 것이다.

철학을 현실로 내려오게 함으로써 경제학을 포함해서 오늘날 우리가 사회과학이라고 부르는 현실의 학문을 가능하게 한 또 한 사람의 인문주의자는 바로 마키아벨리(Niccolo Machiavelli, 1469~1527)이다. 마키아벨리는 르네상스의 고향이라 할 수 있는 피렌체에서 태어나 그곳에서 생애의 대부분을 보냈다. 그는 특별한 교육을 받지는 못했지만, 천성적으로 인문주의적 소양과 자질을 가지고 있었다. 그는 문학이나 예술에 특별한 관심을 가지고 있지는 않았으며, 고전의 부흥이나 종교개혁과 같은 당시의 중요한 문제에 대해서도 마찬가지였다. 이런 관점에서 본다면 마키아벨리는 르네상스 시대를 살면서도 전통적인 인문주의자의 범주를 벗어난 인물이다. 솔직히 마키아벨리에 대해 우리가 흔히 가지고 있는 선입견은, 과연 그를 휴머니스트라고 불러도 좋은지 망설이게 하는 것도 사실이다. 그러나 휴머니즘의 원래 의미가 인간에 대한 동정이 아니라 인간에 대한 이해에 있다는 점을 생각하면 마키아벨리야말로 가장 중요한 휴머니스트 가운데 한 사람이다. 그가 특별히 관심을 나타낸 것은 정치와 국가 통치의 문제였다. 그러나 인간의 본성에 대한 이해나 세속적 학문으로서의 정치학에 대한 그의 현실주의적 태도는 넓은 의미에서 볼 때 르네상스 운동의 본성과 다르지 않았다.

이탈리아에서 문예부흥이 한창 진행되고 있을 때 마키아벨리가 독특하게 국가통치의 기법에 대한 생각을 전개하게 된 직접적인 동기는 그의 직업적 경험에서 기인한다. 마키아벨리는 1498년 29세 때 피렌체 공화국의 서기관으로 채용된 이후 메디치 가문에 의해 관직에서 추방된 1512년까지 15년간 피렌체의 정치, 외교, 군사 문제 등에 관련된 업무를 담당했다. 이 무렵 유럽 여러 나라들에서는 분권적인 봉건 국가로부터 통일국가와 강력한 절대왕정으로의 이행이 진행되고 있었다. 그러나 당시의 이탈리아는 나폴리 왕국, 로마 교황령, 밀라노, 베네치아, 피렌체와 같은 도시국가들이 분열하여 서로 대립하는 등 정치적으로 매우 혼란스런 상태였다. 여러 도시들은 서로 무역권과 상업권을 확대하기 위해 경쟁했고, 동맹과 대립이 끊이지 않았다. 도시경제 내부에서도 대상인들을 중심으로 한 부유층과 평민층 사이의 충돌이 내란으로 확대되곤 했다. 『군주론(*De Principatibus*, 1532)』을 통해 마키아벨리가 주장하고자 한 것은 바로 이탈리아를 강력한 통일집권국가로 만들기 위해서는 강력한 의지와 힘을 가진 절대군주가 필요하다는 것이다(마키아벨리, 강정인 옮김, 『군주론』, 까치글방, 2001). 마키아벨리가 현실에서 이런 군주의 모범으로서 찾은 것이 바로 체자레 보르지아(Cesare Borgia, 1475~1507)와 그의 정적인 교황 율리우스 2세(Julius II, 1443~1513)였다. 이들은 결코 도덕적 인간은 아니었다. 그러나 마키아벨리의 관점에서 이들은 현명한 지배자였다.

마키아벨리에 의하면 현명한 지배자란 약속을 지키는 것이 자신의 이익에 어긋나거나 그를 구속하고 있던 이유가 이미 존재하지 않는 경우에는 약속을 지켜서는 안 된다. 이런 주장 때문에 흔히 마키아벨리즘(Machiavellism)이라 하면 목적을 위해서라면 수단을 가리지 않는 권모술수주의로 이해되기도 한다. 그러나 마키아벨리가 군주의 권력 행사를 무제한적으로 긍정하고 목적을 이루기 위해서 수단을 무시해도 좋다는 등의 극단적인 주장을 피력한 데는 다른 한편으로 인간의 본성에 대한 그의 독특한 이해가 그 밑바탕을 이루고 있다. 마키아벨리가 『군주론』에서 주장한 것은 부도덕에 대한 용인이 아니라 권력을 획득하고 그것을 행사하기 위해서는 군주가 냉정해져야 한다는 것일 뿐, 그 행위가 선인지 악인지는 다른 문제라는 것이다. 이런 의미에서 마키아벨리는 최초로 정치를 도덕으로부터는 물론 종교나 예술로부터 독립된 분야로 인식한 최초의 인물이었다. 『군주론』은 그때까지 여전히 사상계를 지배하던 스콜라주의에 결정적인 종언을 의미한다. 달리 말하면 마키아벨리는 정치학을 철학으로부터 독립시킨 최초의 인물인 셈이다. 물론 이때의 정치학은 요즘과 같이 사회과학의 한 분야를 의미하는 것이 아니라 인간행위를 분석하는 학문 전반을 가리키는 말이다. 앞에서도 이야기한 것처럼 스미스와 리카도 시대까지도 경제학이라는 이름 대신 정치경제학(Political Economics)이라고 불리는 것이 보통이었다. 경제학을 정치학의 하위 분야로 생각했기 때문이다.

『군주론』에서 가장 경탄스러운 대목은 바로 인간성의 본질에 대한 마키아벨리의 통찰이다. 마키아벨리는 "인간은 일반적으로 배은망덕을 일삼고 위선적이며, 사기를 즐기고 자신의 이익만을 추구하는 비열한 존재이다. 따라서 이런 인간들을 복종시키기 위해서 군주는 민중으로부터 사랑을 받기보다는 오히려 두렵게 느껴져야 하며, 여우와 사자의 자질을 갖추어야 하고, 운명의 여신을 복종시킬 힘과 결단이 필요하다."고 주장했다. 아마 인간의 본성에 대해 반드시 옳다고 말할 수는 없을지라도 이보다 더 솔직한 언명은 없을 것이다. 이런 인간관에 기초한 마키아벨리의 정치학이 종래의 종교적 인간관이나 사회사상과 융합될 수 없는 것은 당연했다. 요컨대 마키아벨리의 사상의 본질은 종교나 도덕 등의 가치를 무시하는 데 있는 것이 아니라 중세의 질곡을 깨고 나와 새로운 인간상과 새로운 정치를 만들어내는 데 있었다.

경제학의 아버지로 불리는 애덤 스미스도 마찬가지다. 스미스의 『국부론』에서 가장 유명한 말은 아마 "우리가 저녁식사를 할 수 있는 것은 푸줏간 주인이나 빵집 주인의 자비심이 아니라 돈을 벌려는 그들의 이기심 덕분"이라는 구절일 것이다. 스미스는 인간이 이기적이기 때문에 악하다고 말하는 대신 인간이 이기적이기 때문에 그의 사적 이익과 사회 전체의 발전과 풍요라는 공적 이익이 '보이지 않는 손(invisible hands)'에 의해 이어질 수 있다고 주장했다. 우리가 스미스를 단순히 경제학이라는 분야의 이론가를 넘어 위대한 사회사상가들 가운데 한 사람으로 평가하는 이유는 바로 그가 인간의 본성에 관한 새로운 통찰을 제시해 주었기 때문이다. 형이하학인 경제학이 어떻게 철학일 수 있는가? 애덤 스미스 이후로 모든 위대한 경제학자들은 단순히 경제현상을 분석하고 설명하는 데 그친 것이 아니라 더 나아가 인간의 본성에 대해 탐구하고 인간의 삶의 조건들에 대해 근본적으로 성찰하고자 했기 때문이다.

개인의 발견

시스티나 성당의 천장화 〈천지창조〉를 그린 화가가 한 말이라고는 조금 당황스럽지만, 미켈란젤로는 회화를 조각보다 낮은 수준의 예술로 여겨서 언제나 스스로를 조각가라고 불렀다. 미켈란젤로는 "조각이란 대리석 안에 갇힌 형상을 해방시키는 것"이라는 유명한 말을 남겼다. 자신은 돌을 깎아 형상을 만드는 것이 아니라 끌과 망치로 불필요한 부분들을 제거함으로써 대리석 안에 갇혀 있던 형상을 끄집어낸다는 뜻이다. 〈피에타(Pieta, 1500)〉나 〈다비드(David, 1504)〉는 모두 미켈란젤로가 아직 20대일 때의 작품들이다. 미켈란젤로의 평소 성품으로 볼 때 그의 속마음은 아마 겸손의 의미이기보다는 오만의 의미였을 듯싶다. 그가 가진 재능이 완전히 성숙하지는 못했을지라도 스스로 자신이 지닌 재능이 얼마나 대단한가를 스스로 충분히 알고 자만할 만한 나이이다. 과장된 일화든지 후대 사람들의 창작인지 아무튼 그다지 신뢰할 만한 이야기는 아니지만, 자신의 조각 작품을 칭찬하는 사람들에게 미켈란젤로는 자신은 대리석을 보면 그 안에 갇혀 있는 형상을 본다고 말했다고 한다. 대리석이 품고 있는 다비드가 되고자 하는 욕구, 피에타가 되고자 하는 욕구를 대리석 안에서 본다는 뜻이다. 그래서 미켈란젤로는 조각을 할 때 아무 대리석이나 사용하지 않고, 자신이 표현하고자 하는 형상을 품고 있는 대리석을 일부러 찾아다녔다고 한다. 아리스토텔레스라면 아마 대리석은 질료(matter)이며 다비드는 형상(form)이라고 말했을 터이다. 대리석은 다비드의 가능태이며, 다비드는 대리석의 현실태라는 뜻이다. 굳이 아리스토텔레스가 아니더라도 생명이 없는 대리석조차도 '나'이고자 하는 욕구를 가지고 있는데 하물며 인간에게 '나'이고자 하는 욕구가 없을까? 문학에서든 미술에서든 르네상스의 예술가들이 먼저 '몸'을 발견하고 '나'를 발견했기 때문에 근대의 인문학이 탄생할 수 있었고, 근대 과학과 철학이, 그리고 나중의 일이기는 하지만 근대 경제학이 탄생할 수 있었던 것이다.

경제학이 근대의 산물이라는 말은, 경제학이 어떻게 탄생했는가를 설명하기 위해서는 먼저 "근대(modern)란 무엇인가?" 또는 근대의 본질로서의 "근대성(modernity)이란 무엇인가?"를 이야기하지 않을 수 없다는 뜻이다. 근대를 가리키는 '모던(modern)'이라는 단어의 원래 의미는 전통(tradition)과 대비되는 의미에서 '새롭다'는 뜻이다. 다시 말해 근대란 특정한 시대가 아니라 새로운 시대, 과거와 대비되는 '바로 지금'이 모두 근대인 것이다. 그런데 "근대성이란 무엇인가?"라는 질문은 단순한 시대구분으로서의 근대와는 또 다른 의미이다. 근대는 시대적 개념이지만 근대성은 그 문화적 양태들에 관한 개념이기 때문이다. 단순히 시대구분의 관점에서 본다면 근대는 산업혁명의 결과인 자본주의 이후의 시대이자 시민혁명의 결과인 민주주의 시대를 가리킨다고 할 수 있다. 하지만 근대 경제학이 산업혁명의 산물임을 넘어서 근대의 산물이라고 주장하기 위해서는 근대의 본질은 무엇인가에 대해 좀 더 많은 고민이 필요하다. 가령 백자 항아리가 조선 시대를 대표하는 예술품이라고 말하기 위해서는 단순히 그것이 어느 시대에 만들어졌는가를 넘어 그 시대의 문화적 특성은 무엇이며 그런 특성이 백자 항아리에 어떻게 표현되어 있는가를 이야기해야 옳다. 그러므로 단순히 근대란 언제부터라는 식으로 시대를 구분하고 규정하는 일을 넘어서 경제학을 근대의 산물이라고 정의하기 위해서는 먼저 근대성이란 무엇인가가 정의되어야만 한다.

근대 합리주의 철학의 출발점은 "나는 생각한다. 고로 존재한다(cogito ergo sum)."라는 데카르트의 명제이다. 그런데 데카르트의 명제를 거꾸로 생각해보면 내가 스스로 생각하기 이전에는 내가 존재하지 않았다는 의미이다. 근대 이전의 사회에서는 인식의 주체로서의 개인, 즉 '나'가 존재하지 않았다는 뜻이다. 그런 의미에서 근대성의 첫 번째 조건은 사유의 주체로서 나 자신에 대한 자각이다. 데카르트에게 '생각한다'는 것은 매우 다중적인 의미를 가진다. 『철학의 원리(*Principia philosophiae*, 1644)』에서 데카르트는 "생각한다는 말로써 내가 이해하는 것은 우리 속에서 이루어지되 우리 자신이 직접 의식하는 모든 것이다. 따라서 이해한다는 것, 바란다는 것, 상상한다는 것만이 아니라 또한 감각한다는 것도 생각한다는 것과 같다"고 규정하고 있다(데카르트, 소두영 옮김, 『방법서설/성찰/철학의 원리』, 동서문화사, 2016). 이와 같이 데카르트에게 있어서 '생각한다'는 것은 단순히 지적인 활동에만 국한되는 것이 아니라 판단, 의욕, 감각의 활동을 모두 포함한 인간의 정신적 활동 전체를 의미한다. 그러나 '생각한다'의 첫 단계는 명확하다. 바로 '의심한다'는 것이다. 『제1철학에 관한 성찰(*Meditationes de prima philo*, 1641)』에서도 데카르트는 "생각한다는 것은 의심하는 것"이라고 정의한다. 기존의 진리와 지식에 대한 의심에서 출발해 데카르트는 모든 것을 의심하더라도 결코 의심할 수 없는 최후의 진리에 도달하게 된다. 그것은 바로 모든 것을 의심하는 주체로서 '나'의 존재이다. "나는 생각한다. 그러므로 나는 존재한다."라는 명제의 참 의미는 여기에 있다. 이렇게 의심할 수 없는 나의 존재를 데카르트는 '절대 개인(absolute individual)'이라고 불렀다. 데카르트를 근대 철학의 아버지라고 부르는 이유는 모든 근대 사회사상의 출발점이 데카르트에 의해 정립된 '절대 개인'의 개념이기 때문이다.

르네상스 시대 인문학자들의 공통된 관심도 바로 '인간'이었다. 인문학(Humanities)이라는 말도 여기서 나온다. 세계사에서 르네상스 운동의 의의는 흔히 '인간과 세계의 발견'이라는 말로 요약된다. 여기서 인간이란 바로 '개인'을 의미한다. 중세적 세계관을 한 마디로 요약한다면, 인간을 둘러싼 자연과 사회의 질서는 신의 섭리로 만들어졌으며, 교회와 사제를 통하지 않고서는 개인이 신의 섭리를 이해할 수는 없다는 것이다. 그러나 르네상스의 세계관은 나를 둘러싼 세계가 스스로의 질서로 만들어졌으며, 교회나 다른 공동체적 규율에 소속됨을 통하지 않고서도 개인이 그 질서를 이해할 수 있다는 것이다. 이제 비로소 개인으로서의 인간이 자율적이고 독립적인 주체로서 행위하고 생활하게 되었다는 뜻이다. 교회와 신분적 질서가 부여하는 소명이 아니라, 삶이 나의 것이며 그 삶을 가치 있게 살아가는 것이 나의 소명이자 내가 존재하는 이유임을 깨닫게 된 것이다. 교회와 신분제에 속한 인간으로서가 아니라 독립된 개인으로서, 자신의 고유한 목표와 가치를 실현하기 위한 수단으로서 삶을 자각한다는 데 근대성의 본질이 있다.

내가 누구인지 말할 수 있는 자는 누구인가?

가장 위대한 작가 윌리엄 셰익스피어(William Shakespeare, 1564~1616)의 비극 작품 『리어왕(*King Rear*, 1605)』에서 딸들에게 배반당한 채 광야를 헤매던 리어왕은 폭풍우 속에서 이렇게 울부짖는다. "내가 누군지 말할 수 있는 자는 누구인가?" 하지만 리어왕의 질문은 잘못되었다. 내가 누구인지 누가 말할 수 있겠는가? 바로 나 자신이 아니라면 말이다. 헝가리의 마르크스주의 철학자이자 문학비평가인 루카치 죄르지(Lukács György, 1885~1971)는 『소설의 이론(*The Theory of the Novel: A Historico-philosophical Essay on the Forms of Great Epic Literature*, 1915)』이라는 책에서 "소설은 현대의 문제적 개인(Problematic individual)이 본래의 정신적 고향과 삶의 의미를 찾아 길을 나서는 동경과 모험에 가득 찬 자기인식에로의 여정을 형상화하고 있는 형식이다."라고 정의했다(루카치, 반성완 옮김, 『소설의 이론』, 심설당, 1998). 여기서 말하고 있는 문제적 주인공은 대개 근대 사회 이후에 나타난 소설의 새로운 주인공 유형을 일컫는다. 루카치에 따르면 소설의 주인공은 개인과 세계 사이에 놓인 내적인 괴리의 산물이며, 근대 사회의 소설 주인공들은 자신이 처한 세계가 행복하고 완결된 문화가 아니므로 여기에 반항하거나 갈등을 겪는다. 루카치에 의하면 소설의 주인공은 수동적이어서는 안 되며, 사회의 보편적 가치질서에 맞서는 이질적이고 소외된 인물이어야 한다. 궁극적으로 조화로운 삶을 향한 가치를 갈망하고 추구하는 과정을 통해 그 가치의 부재를 드러내는 문제적 주인공은 본질적으로 비극적 인물이다.

르네상스 이후 많은 철학자들과 사회학자들은 근대성의 핵심을 개인주의에서 찾고 있다. 이들에게 공통된 관점은 근대 사회로의 이행에 따른 개인주의의 발달과 개인의 주체적 다양성의 확산이 근대성의 핵심이라는 것이다. 역사학파의 마지막 대가로 불리는 독일의 경제사회학자 막스 베버는 근대성의 핵심을 '세계의 탈주술화(Entzauberung)'라고 정의했다(베버, 김현욱 옮김, 『프로테스탄티즘 윤리와 자본주의 정신/직업으로서의 학문/직업으로서의 정치/사회학 근본개념』, 동서문화사, 2016). 흔히 "미신에서 과학으로"라는 말로 표현하기도 한다. 베버에게 근대란 이성과 과학기술 그리고 자본주의의 발전을 통해 중세사회를 속박해온 종교적이고 권위적인 전통적 가치들이 해체되면서, 개인과 사회가 교회의 지배로부터 해방되고 세속화와 합리화의 길을 가게 되는 것을 의미한다. 근대화 즉 탈주술화는 이런 세속화와 합리화가 철학과 윤리의 영역을 넘어 과학과 법과 경제 및 사회활동의 모든 영역으로 확산되고 적용되어 가는 과정이다. 법과 도덕의 세속화는 교회법에서 독립된 형식법과 세속적 윤리를 발전시킨다. 직업에 대한 소명의식을 중심으로 한 프로테스탄티즘의 윤리는 자본주의적 기업과 근대 행정기구들을 탄생시킨다. 경제적 합리화는 정확한 계산과 과학적 방법을 통한 생산활동 등으로 나타난다. 그렇다면 여기서 당연히 제기되어야 할 질문은 이런 합리화의 주체는 누구인가라는 것이다. 베버에 의하면 근대 사회에서 인간의 가치는 자신의 행위에 대한 의지와 능력에 의해 결정된다. 근대적 인간의 조건이 주체의식을 가지고 행위하면서 자신의 행위에 의미를 부여할 의지와 능력을 갖춘 개인이라는 뜻이다. 합리화와 탈주술화의 과정을 통해 중세적 억압과 구속에서 벗어난 주체적 개인이 바로 막스 베버가 바라본 근대의 표상이다.

게오르그 짐멜은 사회사상사에서 매우 독창적인 지위를 가지고 있는 사회학자이다. 짐멜은 베버와 마찬가지로 근대성에 대한 탐구를 평생에 걸친 연구주제로 삼았다. 「현대 문화에서의 돈(Das Geld in der modernen Cultur, 1896)」에서 짐멜은 근대 이전의 사회와 근대 사회를 구분 짓는 사회학적 특징으로서의 근대성을 주체와 객체의 분리 또는 주체와 객체의 상호독립성이 증가하는 과정으로 설명한다. 「대도시와 정신적 삶(Die Großstädte und das Geistesleben, 1903)」라는 다른 글에서는 "현대의 삶에서 가장 심층적인 문제들은 개인이 자기자신의 독립과 개성을 사회나 역사적 유산, 외적 문화 및 삶의 기술의 압도적인 힘들로부터 지켜내려는 요구에서 유래한다."고 말한다(짐멜, 김덕영·윤미애 옮김, 『짐멜의 모더니티 읽기』, 새물결, 2006). 짐멜이 설명하는 근대성은 개인이 주체적 영혼의 소유자로서 자신의 주관적인 인식을 바탕으로 행위한다는 의미이다. 중세 사회의 개인들이 봉건적인 장원이나 도시의 길드 등과 같은 공동체에 강하게 결속되어 있었기 때문에 그의 인격도 실제적 또는 사회적 이해집단들에 용해되어 있었다. 하지만 근대화의 과정에서 공동체와 그 구성원들 사이의 조화는 파괴되었고, 이로 인해 근대 사회의 개인들은 보다 자율적이고 독립적인 주체로서 행위하고 생활할 수 있게 되었다. 재미있는 일은 '돈의 철학자'답게 짐멜은 이런 공동체와 개인의 분리과정을 자연경제로부터 화폐경제로의 이행과 결부시켜 설명하고 있다. 짐멜에 의하면 화폐경제와 이성의 지배는 아주 깊게 연관되어 있다. 양자는 사람과 물건을 취급함에 있어 순수한 객관성이라는 공통점을 가지기 때문이다. 혹시 오해가 있을까 봐 부언하자면 내가 짐멜을 '돈의 철학자'라고 부른 이유는 조금도 폄하의 의미가 아니라 그의 가장 주요한 저서 제목이 『돈의 철학(*Philosophie des Geldes*, 1900)』이기 때문이다(짐멜, 김덕영 옮김, 『돈의 철학』, 길, 2013).

짐멜은 개인주의를 양적 개인주의와 질적 개인주의로 구분했다. 양적 개인주의는 동일한 여러 개인들의 자유와 평등을 추구하는 태도로 임마누엘 칸트가 대표적인 철학자이다. 질적 개인주의는 개인들에게 고유한 개성과 가치를 추구하는 태도로 프리드리히 니체(Friedrich Wilhelm Nietzsche, 1844~1900)가 대표적이다. 칸트는 인간의 인식을 인식의 주체가 자신의 선험적 원리와 법칙 및 도식에 따라서 객관적 현상과 사물을 구조화하고 이들에게 논리적 질서를 부여함으로써 새로운 사유구성물을 생산하는 적극적이고 주관적인 행위라고 정의한다. 자율적으로 존재하고 사유하는 주체로서 개인은 사회질서나 규율 등에 지배받지 않고 오직 자기자신에서 존재와 사유의 준거를 발견하게 된다. 니체는 탈주술화의 과정을 바탕으로 개인에 초점을 맞춘다. 니체에게 인간의 존재와 그의 삶은 종교적 질서나 원리에 의해 숙명적으로 규정되는 것이 아니라, 그 자체로서 환원될 수 없는 가장 높은 가치이며 이상이자 목표이다. 칸트와 니체는 중세 사회에서 근대 사회로 이행하는 과정에서 나타나는 개인의 발견에 초점을 두고 있다. 그러나 칸트가 인간과 사회의 관계에서 보편타당한 객관적 도덕법칙들을 강조하는 반면에, 니체는 개인의 진정한 주체성에 근거한 자유의 회복을 강조한다. 짐멜은 칸트의 양적 개인주의와 니체의 질적 개인주의가 모두 필요하다고 말한다. 다만 점점 평준화되고 탈인격화되어 가는 현대 사회에서는 질적 개인주의를 실현하기가 더욱 어려워질 수밖에 없다. 따라서 현대 사회의 개인은 자기자신이 타인과 비교되거나 혼동될 수 없는 유일한 존재임을 자각하고 자신의 주관적 가치와 규범에 따라 자신의 삶을 영위하고 행동해야 한다는 것이 짐멜의 주장이다. 리어왕을 빗대 표현해 보자면, "내가 주체적인지 말할 수 있는 자는 누구인가?"

그런데 다시 베버로 돌아가 보면, 베버의 근대성 개념에는 쉽게 드러나지는 않지만 묘한 긴장감을 주는 자기모순이 있다. 근대화란 바로 합리화의 과정이며 합리성의 주체는 바로 개인이라고 한다면, 합리성의 기준은 하나인가 개인의 다양성에 따라 여럿인가 하는 문제이다. 베버는 개인의 합리적 능력을 강조하고 또 신뢰했지만 베버가 살았던 것은 아직 개인의 다양성이라는 문제가 본격적으로 제기되지는 않았던 시대이다. 중세의 획일적이고 교조적인 윤리와 가치관으로부터의 해방을 강조하기 위해서 베버는 그것과 대립되는 근대

정신의 합리적 측면을 주장했지만, 합리성의 기준이 반드시 객관적으로만 존재하는 것이 아니라 개인의 다양성에 따라서는 주관적일 수도 있다는 점을 명료하게 인지하지는 못했던 것이다.

근대 경제학의 출발점도 합리적 개인이다. 근대 경제학의 방법론을 '방법론적 개인주의'라고 부르는 이유이기도 하다. 하지만 경제학이 바라보는 개인은 어떤 개인인가? 객관적 합리성의 기준에 따라 행동하는 개인인가 주체적인 가치와 규범에 따라 자율적으로 행동하는 개인인가? 이런 질문이 중요한 이유는, 경제행위의 주체로서의 개인 — 뒤에서 다시 이야기하겠지만 우리가 흔히 경제인 즉 호모 에코노미쿠스(homo economicus)라고 부르는 인간형이 다양한 가치와 이상을 가진 자율적 개인들이라면, 경제학은 어떻게 인간의 행동을 이론화할 수 있는가라는 질문이 뒤따르기 때문이다. 철학으로서의 경제학과 과학으로서의 경제학이 만날 때 필연적으로 따를 수밖에 없는 근원적인 갈등이자, 경제학이 과학을 넘어 철학이기 위해 극복해야 하는 실존적인 고민이다.

막스 베버(왼쪽)와 게오르그 짐멜(오른쪽)은 같은 시대를 살면서 서로 다른 관점에서 근대성의 본질을 탐구한 사회학자들이다. 그러나 베버와 짐멜은 모두 근대성의 핵심을 개인의 주체성에서 찾았다는 공통점을 가지고 있다. 다만 베버가 근대성의 핵심으로서의 합리성을 개인들의 객관적 행위에서 찾았다면 짐멜은 그런 개인들의 주관적인 동기에 조금 더 많은 관심을 둔다. 도식적인 설명이기는 하지만 베버의 근대성 개념이 칸트의 양적 개인주의와 통한다면, 짐멜의 근대성 개념은 니체의 질적 개인주의에 공감하는 측면이 많다.

나는 욕망한다, 내게 금지된 것들을

흑사병을 피해 수도원에 모인 10명의 선남선녀가 무료함을 잊기 위해 열흘 동안 하루에 한 가지씩 이런저런 이야기를 나눈다. 진기한 경험담이나 모험담도 있지만, 대부분의 이야기는 고귀하고 순수한 사랑 이야기가 아니라 오만 가지 불륜과 스캔들에 관한 이야기들이다. 하루하루 지날수록 이야기는 더 노골적이 되어서 신부와 수녀들, 귀족과 귀부인들, 양가집 규수와 부유한 상인들이 불륜과 방탕을 즐기는 이야기들이 진행된다. 다빈치나 미켈란젤로에 앞서 이탈리아 르네상스 문화를 선도한 보카치오(Giovanni Boccaccio, 1313~1375)의 『데카메론(*Decameron*, 1349~51)』에 나오는 이야기다(보카치오, 한형곤 옮김, 『데카메론』, 동서문화사, 2007). 육체를 지닌 인간에 대한 르네상스인들의 관심은 다른 예술 분야에서도 나타난다. 『데카메론』이 교회와 귀족들이 지배한 중세 사회의 위선과 타락을 비판하고 있다는 점은 분명하다. 그런데 다른 관점에서 보면 『데카메론』은 육체를 가진 인간들의 이야기이기도 하다. 보카치오 이전의 시인들은 보통 사람들은 가질 수 없는 영웅과 성자들의 고결한 덕성만을 노래했다. 중세가 육체를 있는 그래도 표현하기를 금기시한 이유는 육체가 느끼는 욕망들을 저속한 것으로 여겼기 때문이다. 이런 욕망들은 신이 인간에게 부여한 고귀한 속성들과 반대로, 인간이 신과의 약속을 어긴 데서 비롯된 타락의 증거였다.

그러나 『데카메론』은 육체를 지닌 인간이 목이 마르면 물을 찾고, 배가 고프면 음식을 찾고 좋은 옷과 편안한 잠자리를 찾고, 이성을 보면 성적 욕망을 느끼는 것이 왜 잘못인가 하고 묻는다. 『데카메론』에는 중세의 도덕과 종교에 구애받지 않고 살아가는 인물들이 등장하는데, 이들은 교회와 승려들과 교의를 조롱하면서 물욕과 쾌락의 추구를 찬양한다. 보카치오는 소설의 등장인물 가운데 한 사람의 입을 빌어 "사람은 모두 평등하게 태어났으며, 차별이 생기는 것은 능력 때문이다."라는 말로 중세의 신분적 질서를 비판했으며, "사람은 누구나 이 세상에서 힘이 닿는 한 생명을 보존할 자연의 권리가 있다."고 선언함으로써 신의 섭리나 관습으로부터 부여받은 것이 아니라 모든 인간에게 그 본성으로서 부여된 자연적 권리를 처음으로 주장했다. 르네상스 이전의 철학자들은 자연에 대해서만이 아니라 인간에 대해서도 목적론적인 관점을 벗어나지 못했다. 가령 플라톤은 인간은 정치적으로 독립될 수 없는 개인이며, 모든 인간에게는 더 나은 사회를 만들기 위해서 이성적 존재가 되어야 할 의무가 주어졌다고 주장했다(플라톤, 왕학수 옮김, 『소크라테스의 변명/국가/향연』, 동서문화사, 2017). 플라톤의 이런 목적론적 인간관은 아리스토텔레스의 윤리적 인간관으로 계승되었고 근대 이전까지 모든 철학자들에게 자명한 명제로 받아드려졌다. 르네상스에 와서 비로소 더 나은 사회를 만들어야 할 의무나 윤리 때문이 아니라 인간이기 때문에 모든 인간은 인간 그 자체로서 존중받아야 한다는 근대적 인간관이 나타난 것이다. 『데카메론』이 근대 소설문학의 효시로 불리는 것은 새로운 형식 때문만이 아니라 인간에 대한 새로운 통찰 때문이다.

근대성의 출발점은 개인의 발견이다. 근대적 인간의 첫 번째 조건이 자기 삶의 주체로서 '나' 즉 자기자신에 대한 자각이라면, 근대적 인간의 두 번째 조건은 나의 욕구에 대한 추구이다. 교회가 획일적으로 규정한 윤리와 신분적 질서에 속한 인간으로서가 아니라 개인으로서, 자기자신의 고유한 목표와 가치를 실현하기 위한 수단으로서 삶을 자각하는 것이 바로 근대성이다. 여기서 나의 삶에 대한 자각과 나의 욕망에 대한 추구는, 개인들이 절대적인 존재에 의존하고 자신의 삶의 의미와 결과 또한 신에게 귀속한다는 중세적 사고에서 탈피하여 삶이 나의 것이며 그 삶을 가치 있게 살아가는 것이 나의 사명임을 자각한다는 점에서 전혀 다르지 않다. 이제 근대적 개인들은 욕구와 욕망에 대한 추구를 통해 자신이 설정한 삶의 목표를 더 구체적으로 지향하며, 이를 달성하기 위해 현실의 삶에 더 집중하게 된다. 물론 여기서 욕구를 추구한다는 말은 삶의 목표를 쾌락에 둔다는 뜻이 아니라 스스로 삶의 목표를 설정하고 그 목표를 적극적으로 추구하고 그 결과를 수용한다는 뜻이다.

근대 유물론 철학을 연 포이어바흐는 "당신이 무엇을 먹는지가 당신 자신이다(Das Mensch ist, was er iszt)."라는 철학자로서는 매우 뜻밖의 말을 남겼다. 프랑스의 정치가이자 미식가로 더 유명한 브리야 사바랭(Jean Anthelme Brillat-Savarin, 1755~1826년)도 『미각의 생리학(*Physiologie du goût*)』에서 "당신이 무엇을 먹는지 말해주면, 당신이 누구인지 말해주겠다."라고 말했다. 이런 경구들의 의미를 생각해 보자면, 철학자와 미식가 똑같이 하고 싶었던 이야기의 핵심은 결국 인간은 욕구를 가진 존재라는 뜻이 아닐까? 스피노자는 내일 지구의 종말이 오더라도 오늘 한 그루의 사과나무를 심겠다고 말한 윤리적 철학자이다. 그런데 우리가 아는 스피노자의 이런 면모는 단지 그의 한 측면에 불과하다. 자신의 주저인 『에티카』에서 스피노자는 "욕망은 인간의 본질 자체이다."라고 말한다(스피노자, 추영현 옮김, 『에티카/정치론』, 동서문화사, 2016). "우리는 그것을 선하다고 생각되기에 욕망하는 것이 아니라 욕망하기에 선하다고 생각한다."는 것이다. 얼핏 스피노자의 두 가지 모습은 전혀 상반되게 보인다. 그러나 스피노자의 진의는 인간이 자신의 욕망에 솔직할 때 오히려 진정으로 윤리적일 수 있다는 것이다. 스피노자는 "기쁨에서 생기는 욕망은 슬픔에서 생기는 욕망보다 강력하다." 근대 경제학의 표현을 빌리면 기쁨에서 생기는 욕망은 한계체증적인 반면에 슬픔에서 생기는 욕망은 한계체감적이라고 해야 옳을지 모르겠다. 아마 스피노자의 진의는 인간은 슬픔에서 생가는 욕망보다 기쁨에서 생기는 욕망을 더 간절하게 추구한다는 것, 다시 말해서 인간은 행복을 추구하는 존재라는 뜻이 아닐까 싶다. 평범한 개인들이 모두 위대한 사상이나 신념을 위해 인생을 바쳐야 할 필요는 없다. 우리는 그저 일용할 양식을 추구하면서 소소한 행복을 누릴 줄 알고 소소한 행복에 만족할 줄 알면 충분하다.

프랑스의 구조주의 철학자이자 정신분석학자인 라캉(Jacques Lacan, 1901~1981)은 "아름다움은 선보다 멀리 간다."고 말한다. 쾌락적 욕구와 도덕적 규범이 충돌할 때 욕구를 포기하지 말라는 뜻이다. 물론 도덕적 타락이나 방탕을 추구하라는 뜻은 아니다. 말 그대로 나의 삶과 행복을 위해서는 미적인 것에 대한 추구가 도덕적인 것에 대한 추구보다 더 소중하다는 뜻이다. 감정과 욕구를 가진 인간을 인정한다는 말은 오직 신의 피조물로서만 존재의 의미를 가진 인간, 절대적 존재에 의해서만 자신의 정체성을 부여받는 인간이 아니라 '나' 자신으로서의 인간을 확인하고 긍정한다는 뜻이다. 사유하는 실체로서의 인간과 육체를 가진 실체로서의 인간 사이에서, 생존을 넘어 행복한 삶에의 욕구를 가지고 그것을 성취하기 위해 행동하는 인간에 진정한 인간의 본질이 있지 않을까? 르네상스가 추구했던 근대적 정신이란 바로 인간을 있는 그대로 보자는 것이다. 인간이 육체를 가지고 있듯이 인간은 감정을 가지고 있으며 또한 욕구를 가지고 있다는 사실을 똑바로 바라보는 것이 근대정신의 출발점이다.

경제적 인간은 누구인가?

앞에서 이야기한 것처럼 경제학 교과서에는 '호모 에코노미쿠스'라는 말이 자주 나온다. 더러는 '경제인'이라고 번역하기도 한다. 생산하고 소비하는 모든 경제활동과 경제행위의 주체가 바로 경제인이다. '경제적 인간(economic human)'이라는 말을 처음 쓴 사람은 영국의 경제학자 존 스튜어트 밀이다. 1874년에 발표된 논문에서 밀은 요즘의 경제학 교과서와 거의 다르지 않게 경제인을 정의하고 있다. '호모 에코노미쿠스'라는 라틴어가 문헌에서 처음 사용된 것은 그보다 조금 더 지나 이탈리아 출신의 경제학자 빌프레도 파레토(Vilfredo Pareto, 1848~1923)가 1906년에 발표한 논문에서이다. 그러나 아마 당시에는 이미 이 용어가 제법 광범하게 사용되고 있었을 터이다. 물론 한국인이 따로 있고 미국인, 일본인, 중국인이 따로 있듯이 경제인이 따로 있고 정치인, 사회인, 문화인 등이 따로 있을 리는 없다. 다만 어떤 관점에서 인간의 본성을 파악하는가 하는 차이일 뿐이다. 인간을 탐구하고자 하는 모든 학문은 그 나름대로의 인간상을 가지고 있기 마련이다. 호모 에코노미쿠스란 경제학이 인간의 본성을 파악하는 방식, 경제학이 성찰한 인간상이라고 이해하면 좋겠다. 물론 경제학자들도 인간에게는 다른 본성과 다른 측면들이 많다는 사실을 잘 알고 있다. 다만 경제학이 관심을 가지고 중요하게 간주하고 그래서 분석하고자 하는 것은 바로 그런 본성들이라는 의미이다.

사전적으로 정의하면 호모 에코노미쿠스란 "윤리적이거나 종교적인 동기와 같은 외적 동기에 영향을 받지 않고 순전히 자신의 경제적인 이득만을 위하여 합리적으로 행동하는 사람"을 가리킨다. 호모 에코노미쿠스는 언제나 합리적이고 개인주의가 극대화된 존재로서, 역사도 없고 무의식도 없으며 계급적 정체성도 없다. 가격에 대한 완벽한 정보를 향유하며 가격정보에만 반응한다(리스트, 최세진 옮김, 『경제학은 과학적일 것이라는 환상』, 봄날의책, 2015). 경제학을 비판하는 분들 가운데는 바로 이 경제인의 개념부터가 잘못되었다고 말하는 경우가 많다. 도대체 사전적 정의처럼 그렇게 행동하는 인간이 어디 있느냐는 뜻이다. 그래서 경제이론이 현실을 제대로 예측하지 못한다는 것이다. 당연히 옳은 지적이다. 실은 경제학자들 스스로도 현실에서 이런 인간형이 그 속성 그대로 존재하지 않는다는 사실을 잘 안다. 현실의 인간은 사회 안에서 살아가며, 이기심만이 아니라 여러 가지 합리성을 조화시켜 행동하고, 다양한 전통과 관습을 준수하며, 모든 것을 다 알 수는 없으므로 불확실한 상황에서 결정하고 선택해야 한다. 하지만 조금 더 생각해 보면 현실에서도 실험실에서와 동일하게 물리학적으로나 화학적으로 행동하는 물질은 없다. 정치학이나 사회학이라고 다를까? 자연과학이든 사회과학이든 이론과 개념들은 현실을 추상화한 결과이다. 호모 에코노미쿠스라는 개념 당연히 그렇게 이해해야 옳을 터이다.

앞에서 이야기한 멩거의 방법론적 개인주의를 다른 말로 '원자론적 개인주의(atomistic individualism)'라고 부르기도 한다. 이는 물리학의 최소 단위가 원자이듯이 사회의 최소 단위이인 개인을 분석에 중심에 놓고, 경제사회는 자유로운 개인들 간의 교환관계의 집합에 불과한 것으로 간주한다는 뜻이다. 경제현상은 어떤 사회적 힘의 표현이 아니라 개인행위의 결과이며, 따라서 전체 경제과정을 이해하기 위해서는 개인의 경제행위를 분석해야 한다는 것이다. 멩거는 이러한 개인을 '경제인(Wirtschaftender mensch)'이라고 불렀는데, 바로 호모 에코노미쿠스에 해당하는 독일어이다. 『국민경제학의 원리(*Grundsätze der Volkswirtschaftslehre, Wilhelm Braumüller*, 1871)』에서 멩거는 경제행위의 동기는 욕구의 충족에 있으며 그것의 본질은 효용이라고 보았다(멩거, 민경국·이상헌·김이석 옮김, 『국민경제학의 기본원리』, 자유기업원, 2002). 주류 경제학을 흔히 '로빈슨 크루소의 경제학'이라고 비유하는데, 이도 실은 멩거의 같은 책에서 나온 말이다. 멩거는 '우리 크루소'라는 표현을 자주 사용했다. 무인도에 고립된 로빈슨 크루소(Robinson Crusoe)야말로 합리적인 개인, 즉 경제인의 모습을 가장 잘 보여 주기 때문이다.

호모 에코노미쿠스에서 가장 중요한 속성은 무엇인가? 많은 이들은 이기심이라고 말한다. 바로 경제학의 아버지로 불리는 애덤 스미스가 『국부론』에서 그렇게 말했기 때문이다. 애덤 스미스는 사회의 기원을 개인이 갖고 있는 이기심에서 찾았다. 스미스에 의하면 현실에서 이러한 원리는 인간들의 교환행위를 보면 가장 분명하게 드러나는데, 어쩌면 『국부론』에서 가장 유명한 인용구일 빵집 주인의 비유도 여기서 나온다. 스미스는 "우리가 빵을 얻을 수 있는 것은 빵집 주인의 자비심 때문이 아니라 그의 이기심 때문"이라고 주장했다(미스, 김수행 옮김, 『국부론』, 동아출판사, 1992). 따라서 "개인은 항상 자신의 동료들의 도움을 필요로 하지만 오직 동료의 도움에 의해서 그것을 얻을 수는 없다. 이렇게 하는 것보다는 오히려 자신의 이익을 위해 동료들의 이기심을 자극하고 자신의 요망사항을 들어주는 것이 그들 자신에게 이익이 된다는 것을 보여 주는 것이 훨씬 낫다."는 것이다.

그런데 이기심(selfishness)이라는 표현은 많은 오해를 부르는 것이 사실이다. 우리가 흔히 사용하는 이기심의 의미는 이타심(altruism)과 반대되는 의미에서 자기자신의 이익만을 추구하는 태도를 가리키는 경우가 많기 때문이다. 하지만 자기자신의 이기심을 추구한다는 것과 자기자신만의 이익을 우구한다는 것, 더 나아가 자기자신의 이익을 추구하기 위해 타인의 이익을 침해한다는 것은 다른 의미가 아닐까? 정확하게 말하면 위에 인용한 구절에서 스미스는 이기심이 아니라 '자기자신의 이익에 대한 관심'이라고 말한다. 『국부론』의 다른 곳에서도 스미스는 이기심이라는 말은 아주 제한적으로 사용하는 반면에 자애심(self-love)이라는 표현을 더 자주 사용한다. 누군들 자기자신을 사랑하지 않는 사람이 있을까? 그러므로 스미스의 이기심과 자애심 개념은 타인과의 관계에서 시작하는 것이 아니라, "윤리적이거나 종교적인 동기와 같은 외적 동기에 영향을 받지 않고 순전히 자신의 경제적인 이득만을 위하여 행동한다."는 호모 에코노미쿠스의 정의처럼 개인의 경제적 행위가 오직 경제적 동기에서 나온다는 의미로 해석해야 옳다. 이는 헤겔이 『법철학(*Grundlinien der Philosophie des Rechts*, 1820)』에서 시민사회를 개인들이 사적 욕구를 추구하며 살아가는 영역으로 파악한 것과 같은 의미이다(헤겔, 임석진 옮김, 『법철학』, 한길사, 2008). 더 나아가 헤겔은 그 당시 경제학을 부르는 이름이던 정치경제학을 '욕구의 체계'라고 불렀다. 인간행위의 근원은 욕구이며, 경제학은 그런 욕구를 분석하는 체계라는 뜻이다.

튀니즈 출신의 경제학자 질베르 리스트(Gilbert Rist)는 『경제학은 과학적일 것이라는 환상(*L'economie ordinaire entre songes et mensonges*, 2010)』이라는 책에서 "호모 에코노미쿠스는 시민이 아니라 소비자다."라고 지적한다. 호모 에코노미쿠스라는 표현을 직접 사용하지는 않았지만 애덤 스미스가 경제학의 아버지로 불리는 이유 가운데 가장 중요한 한 가지도 그때까지 대부분의 철학자들과 사상가들이 생각해 온 도덕적 인간이나 정치적 인간이 아닌 상업적 인간이라는 새로운 인간형을 제시했기 때문이다. 이러한 인간관의 전환은 멩거에 와서 더 구체화되다. 스미스에게 가장 중요한 관심사가 생산력이었다면 신고전학파 경제학자들에게 공통된 경제학적 관심은 바로 소비와 그로부터 얻는 효용이었다. 호모 에코노미쿠스는 다양한 용도로 사용할 수 있는 희소한 자원을 처리하고, 욕구는 무한하며 이기적인 선택을 하고 최소한의 노력으로 최대한의 만족을 추구한다(리스트, 최세진 옮김, 『경제학은 과학적일 것이라는 환상』, 봄날의책, 2015). 제번스가 경제학을 "고통과 쾌락의 산술"이라고 불렀던 것처럼 호모 에코노미쿠스는 오직 비용과 효용을 계산할 뿐이다.

러시아의 혁명가이자 마르크스주의 경제학자이기도 한 부하린(Nikolai Ivanovich Bukharin, 1888~1938)은 신고전학파 특히 멩거의 경제학을 '금리생활자의 경제학'이라고 불렀다. '금리생활자(rentier)'라는 표현은 오스트리아의 경제학자 루돌프 힐퍼딩(Rudolf Hilferding, 1877~1941)의 『금융자본론(*Das Finanzkapital*, 1910)』에서 처음 나타난다. 애덤 스미스의 경제학은 막 산업혁명이 시작되던 영국을 배경으로 만들어졌다. 영국의 산업혁명에서 중심적 역할을 한 중간계급은 귀족이나 지주, 상인 등이 아니라 아래에서부터 성장해 온 독립 자영농민과 독립 수공업자들이었다. 그러나 신고전학파의 경제학이 나타난 1870년대의 자본주의는 흔히 독점자본주의 또는 금융자본주의의 시대로 불린다. 기업의 규모가 커지고 주식회사 형태의 기업결합이 일반화되면서 평범한 중산층이 기업가나 경영자로 상승한다는 것은 거의 불가능해졌다. 중소 자영업자들, 비교적 높은 소득을 받는 전문직 종사자들, 은퇴한 관리자 등과 같이 약간의 저축이 있지만 직접 자본가가 될 만큼의 자금은 가지지 못한 사람들이 선택할 수 있는 길은 직접 기업을 설립하거나 운영하는 대신 저축을 안정적으로 투자해 이자를 받아 생활하는 일이다. 금리생활자들은 직접 생산과정에 참가하지 않고 오직 투자에서 얻는 소득의 소비에만 관심을 가진다. 따라서 소비자의 심리학은 금리생활자의 특색이다. 바로 이러한 금리생활자 집단의 대두에 따라 소비를 경제이론의 출발점으로 보는 주관적이고 비역사적인 소비의 경제학이 등장하게 된 것이다.

호모 에코노미쿠스에게 진정으로 중요한 문제는 인간이 욕구를 가진 존재라는 사실보다 바로 나 스스로가 나 자신의 욕구를 얼마나 정확하게 알고 있느냐는 질문이다. 다시 말하면 호모 에코노미쿠스에게 이기심보다 더 중요한 속성은 자기이해라는 뜻이다. 경제학은 모든 경제주체들이 자신의 욕구와 선호를 정확하게 이해하고 그것에 따라서 행동한다고 가정한다. 그러나 현실에서는 정작 자신의 욕구를 정확하게 알고 있는 경우가 그리 많지 않다. 합리적인 또는 당연히 합리적이어야 할 개인들의 선택이 때때로 비합리적인 결과를 낳는 이유도 그들이 자신의 욕구를 제대로 알지 못한 데서 비롯되는 경우가 많다. 라캉은 "인간은 타인의 욕망을 욕망한다."는 유명한 말을 남겼다. 왜 자신의 욕망이 아니라 타인의 욕망을 욕망하는가? 나의 욕망을 내가 모르기 때문이다. 그래서 리어왕의 질문은 잘못되었다는 것이다. 내가 누구인지 말할 수 있는 타인은 없다. 내가 나를 모르는데 타인이 어떻게 나를 알겠는가? 내가 누구인지 말할 수 있는 인간은 오직 나 자신뿐이다. 그래서 경제학은 자기를 탐구하는 학문, 즉 철학이어야 하는 것이다.

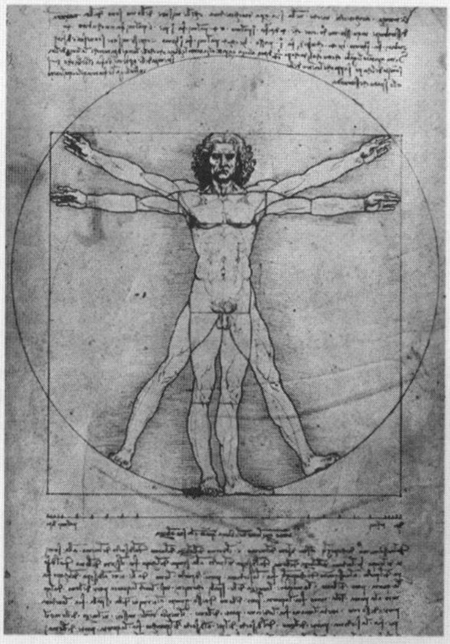 

사람들은 슬프기 때문에 우는 것이 아니라 울기 때문에 슬프다고 말한 어느 심리학자의 말처럼, 르네상스인들은 인간 안에서 그의 육체를 발견한 것이 아니라 그의 육체 안에서 인간을 발견했다. 왼쪽 그림은 다빈치의 <인체비례도>이다. <비트루비우스적 인간>이라고도 불린다. 다빈치가 로마의 건축가 비트루비우스(Marcus Vitruvius Pollio, ?~BC15)의 『건축술에 대하여(*De Architectura*)』에서 "도시나 건축물의 설계는 세계의 축소판인 인체의 비례에 따라야 한다."는 글을 읽고 감동을 받아 그렸다고 한다. 그림 속 인물의 모델은 다빈치 자신이라고 알려진다. 오른쪽 그림은 미켈란젤로의 <최후의 심판> 가운데 자신의 살가죽을 들고 있는 성 바르톨로메오(Bartholomaeus, ?~?)이다. 바르톨로메오는 예수의 열두 제자 가운데 한 사람으로, 이교도들에 의해 산 채로 전신의 살가죽이 벗겨진 채 십자가에 못 박혀 순교했다. 껍질의 얼굴은 미켈란젤로 자신이다. 르네상스 시대의 예술가들은 그림 속에 숨기듯 자신의 얼굴을 그려 넣는 경우가 많다. 어쩌면 그들은 자화상처럼 그림 속에 자신의 얼굴을 그려 넣음으로써 타인이 아닌 '나'의 참모습을 발견하고 또 확인하고자 했던 것이 아닐까. 그런 의미에서 경제학은 실존적이다.

제3장

경제학은 진리를 인식할 수 있는가?

— 인식론으로서의 경제학 —

제3장

경제학은 진리를 인식할 수 있는가?

— 인식론으로서의 경제학 —

근대성이란 무엇인가?

고대 그리스의 도시국가인 테바이(Thebai)의 왕 라이오스와 왕비 이오카스테는 오랫동안 기다렸던 아들을 얻는다. 그러나 이 아기가 크면 아버지를 죽이고 어머니와 결혼할 것이라는 신탁을 듣고는 양치기에게 아이를 죽이라고 명령한다. 마음 약한 양치기는 차마 아이를 죽이지 못하고 코린토스(Corinth)의 왕 폴리보스와 왕비 메로페에게 보낸다. 아이는 발꿈치의 상처가 너무 심했기 때문에 '퉁퉁 부어오른 발'이라는 뜻의 오이디푸스(Oedipus)라고 불린다. 왕자로 성장한 오이디푸스는 델포이 신전을 찾아갔다가 자신이 아버지를 죽이고 어머니와 결혼할 것이라는 신탁을 듣게 된다. 폴리보스를 자신의 친아버지로 알고 있던 오이디푸스는 가혹한 운명을 피하고자 코린토스를 떠난다. 테바이로 가는 좁은 길목에서 오이디푸스는 우연히 자신의 친부인 라이오스 일행과 마주치고, 누가 먼저 지나갈 것인가를 두고 시비를 벌이다가 그를 죽이고 만다. 진실을 모른 채 테바이에 도착한 오이디푸스는 머리는 여자이고 몸은 사자이며 독수리의 날개를 가진 괴물 스핑크스(Sphinx)와 마주친다. 스핑크스는 높은 바위 위에 앉아 지나가는 사람에게 수수께끼를 내고 풀지 못하면 바로 잡아먹었기 때문에 테바이 시민들은 큰 두려움에 떨고 있었다. 오이디푸스는 수수께끼의 답이 인간이라고 대답했고, 스핑크스는 절벽에서 뛰어내린다. 테바이 시민들의 환호를 받으며 왕위에 오른 오이디푸스는 자기 어머니인 줄도 모르고 과부가 된 이오카스테 왕비를 아내로 삼아 자식들까지 낳는다. 그런데 테바이에 원인 모를 전염병이 돌기 시작하고, 신전을 찾은 오이디푸스는 자신이 저지른 일을 알게 된다. 이오카스테 왕비는 스스로 목숨을 끊고, 오이디푸스는 자기 두 눈을 뽑는다.

오이디푸스 콤플렉스(Oedipus complex)라는 말로 잘 알려진 오이디푸스 전설은 여러 고대 시인들에 의해 작품화되었다. 그 가운데서도 가장 유명한 것은 그리스의 비극 작가인 소포클레스(Sophocles, BC496~BC406)가 남긴 〈오이디푸스 왕(Oidipous Tyrannos)〉이다. 그리스의 비극 작품들은 대부분 고결한 덕성을 가진 인물들이 의도하지 못한 과오로 파멸하는 이야기다. 고결한 인물들이 왜 파멸하는가? 바로 '하마르티아(hamartia)' 때문이다. 흔히 '비극적 결함'이라고 번역되는 이 말의 올바른 의미는 특히 고결한 인간일수록 더 가지기 쉬운 자만심이다. 라이오스는 자신의 아들이 아버지를 죽이고 어머니와 결혼할 것이라는 신탁을 듣는다. 신은 왜 그런 신탁을 주었을까? 아무리 높은 덕성을 가지고 또 높은 지위에 있을지라도 인간은 신의 뜻을 알 수 없고 알려고 해서도 안 된다. 오이디푸스의 부친인 라이오스는 신탁에 순응하고 자신의 운명을 이해하지 못할 신의 뜻에 맡겼어야 했다. 오이디푸스도 마찬가지다. 아버지를 죽이고 어머니와 결혼할 것이라는 신탁을 들은 오이디푸스가 한 행위는 신탁이 이루어지지 않게 하기 위해 자신의 집을 떠나는 것이다. 하지만 오이디푸스가 신탁을 거부했기 때문에 오히려 신탁은 이루어지고 오이디푸스 자신도 파멸을 맞는다. 그리스 비극의 주인공들을 파멸에 이르게 한 도덕적 결함은 바로 신의 뜻을 알려 하고, 더 나아가 신의 뜻을 거부하고자 한 인간들의 자만심인 것이다. 이것이 근대 이전의 인간들이 가졌던 생각이다.

이제 다시 근대성(modernity)이란 무엇인가로 돌아가 보자. 근대를 특정한 시대구분의 의미로 처음 사용한 것은 르네상스인들, 더 정확하게는 르네상스 시대를 연구한 후대의 역사학자들이다. 르네상스 운동은 주로 고대를 부흥한다는 형태로 나타났다. 르네상스라는 말을 학술어로 정착시킨 역사학자들은 이들은 고대 그리스와 로마의 고전 문화를 규범으로 여기면서 이 시대를 고전고대(Classical Antiquity)로 규정하고 르네상스 이후의 시대를 고전고대의 재생이라는 측면에서 절대적으로 찬양한 반면, 고대와 르네상스 사이에 놓인 중세는 교회의 전일적인 도그마가 지배한 암흑시대로 평가했다. 이렇게 해서 고대-중세-근대라는 시대구분이 보편화된 것이다. 이들은 르네상스를 중세의 암흑 속에서 발생한 돌연변이적인 현상으로 파악하고 진정한 의미에서의 인간의 발견이 시작된 것으로 보았다. 이들에게 고대의 부흥은 현실의 비판, 즉 중세에 대한 강한 부정과 도전을 의미했다.

르네상스 연구자들이 고대를 자유인의 자유로운 세계로 이상화한 것은 고대는 기독교를 모르는 사회, 다시 말해서 교회의 지배로부터 자유로운 사회였기 때문이다. 고대는 봉건적 수탈, 교회의 부패, 정치적 분열과 외국의 지배 등과 같은 숱한 모순을 안고 있는 그 당시 현실 세계의 혐오스러운 상태를 비판하고 개혁하기 위한 근거로서 이상화되었다. 따라서 르네상스인들에게 고대란 단순한 과거라기보다는 그들이 지향하고자 한 일종의 이상향이었다. 그러나 중세에 대한 재평가와 함께 중세는 무조건 암흑시대였다는 르네상스 연구자들의 단선적인 역사 해석에 대한 비판도 적지 않다. 실은 르네상스 그 자체가 특히 당시에는 아직 후진국이었던 독일의 역사가들에 의해 이상화된 개념이기도 하다. 이들은 뒤떨어진 독일의 현실 속에서 발견할 수 없는 부르주아적 인간상을 르네상스에서 찾으려고 했다. 하지만 그 때문에 르네상스가 그

전후 관계에서 분리되어 유형화되고 말았다는 비판도 있다.

고대에서든 중세에서든 근대 이전에는 언제나 종교가 인간 행동의 선악을 판단하는 기준이다. 감히 인간은 신이 제시한 규범에 대해 "왜?"라고 묻는 것이 허용되지 않는다. 근대란 바로 그 "왜?"라는 질문에서부터 시작된다. 신앙의 도그마로부터 벗어나 합리적인 사고를 추구하기 시작한 것이 바로 막스 베버가 '탈주술화' 즉 "미신에서 과학으로"라고 부른 근대화의 과정이다. 베버에게 근대화 즉 탈주술화란 지금까지 유럽인들의 정신세계를 지배해 온 종교적 도그마로부터 벗어나, 신이 부여한 유일한 진리나 절대적 권위는 존재하지 않는다는 것을 인지하는 과정이다. 이제 인간은 전근대적 관습과 전통, 주술적 종교행위에 따라 행동하는 것이 아니라, 자신의 주관적 이성과 경험에 따라 합리적으로 행동하게 된다. 베버는 종교 그 자체를 부정하지는 않는다. 미완성의 유작인 『경제와 사회(*Wirtschaft und Gesellschaft*)』에서 베버는 네 가지 행위유형에 대해 설명하고 있다(베버, 박성환 옮김, 경제와 사회』, 나남, 2009). 첫 번째는 목적합리적 행위이다. 특정한 목적을 이루려고 할 때 어떤 수단을 택해야 더 효율적인 결과를 얻을 수 있을 것인가를 예측하고 계산하는 유형의 행위를 의미한다. 둘째는 가치합리적 행위이다. 물질적이고 세속적인 목적의 계산보다는 자신의 가치관과 이념을 추구하는 행위이다. 셋째는 정서적 행위이다. 놀이나 취미활동처럼 행위가 목적을 위한 수단이 아니라 행위 그 자체를 위한 행위로서 나타나는 경우이다. 마지막으로 전통적 행위는 특별한 의식 없이 관습적으로 행동하던 그대로 행위하는 것을 의미한다.

과학은 자신의 목적을 위해 가장 효율적인 수단을 탐색하고 추구한다는 점에서 목적합리적 행위의 대표적인 예이다. 반면에 종교는 가치합리적 행위의 대표적인 예이다. 그런데 『프로테스탄티즘 윤리와 자본주의 정신』에서 베버는 가치합리적인 프로테스탄티즘의 윤리에서 목적합리적인 근대 자본주의 정신이 출현했다고 주장한다. 베버가 반대자들 특히 마르크스주의자들로부터 비판받는 주요한 이유 가운데 하나는 바로 정신이 물질에 선행한다는 주장 때문이다. 그러나 정작 베버가 고민한 것은 정신이 결여된 물질이 과연 인간을 진정한 의미에서 더 풍요롭고 행복하게 해 줄 수 있는가 하는 문제였다. 윤리가 결여된 자본주의의 미래는 무엇인가 하는 뜻이다. 베버에게 합리성이란 가치합리적 행위 그 자체를 배제하는 것이 아니라, 인간이 신의 권위나 비이성적인 도그마에 의존하지 않고 스스로 사유하고 판단한다는 뜻이며 그런 사유와 판단의 능력이 모든 주체적 개인에게 주어져 있다는 뜻이다. 철학과 과학의 영역에서 근대가 신의 뜻을 개입시키지 않고 자연을 설명하는 데서부터 시작되었다면, 경제의 영역에서 자본주의는 인간이 신의 뜻과 상관없이 자신의 경제적 욕구를 추구하기 시작했음을 의미하며, 마찬가지로 정치의 영역에서 민주주의란 신이 만든 목적을 떠나 인간들이 자신의 의지대로 자신의 정치적 의사결정권을 추구하기 시작했음을 의미한다.

라파엘로(Raffaello Sanzio, 1483~1520)의 그림 <아테네 학당(School of Athens, 1520)>은 르네상스인들이 고대 그리스의 문화에 대해 얼마나 큰 존경심을 품었는가를 잘 보여 준다. 르네상스 시대의 화가들은 그림에 자신을 비롯해 주변인들의 얼굴

을 그려 넣는 일이 많았다. 물론 자신이 존경하는 인물은 긍정적으로, 사이가 나쁜 인물은 부정적으로 그리는 경우가 많았다. 가장 위대한 철학자 플라톤의 모델은 라파엘로가 존경했던 레오나르도 다빈치다. 전면 중앙에 턱을 괴고 앉은 인물은 "만물은 유전한다."거나 "똑같은 강물에 두 번 발을 담글 수는 없다."는 말을 남긴 헤라클리투스(Heraclitus of Ephesus, BC540?~BC480?)의 모델은 라파엘로와 사이가 안 좋았던 미켈란젤로이다. 미켈란젤로는 통풍을 앓았다고 하는데, 그래서 헤라클리투스의 다리가 퉁퉁 부어 있다. 사실적 표현인지 라파엘로의 감정적 표현인지는 모르겠다. 그나마 지옥에 떨어진 악인의 모습이 아니어서 다행이라고나 할까. 라파엘로 자신의 얼굴은 오른쪽 중단 끝머리의 소년에 있다.

파리스의 사과

고대 그리스의 예술작품 가운데 가장 유명한 것은 아마 밀로의 비너스(Vénus de Milo)일 터이다. 밀로의 비너스는 1820년 에게 해 남쪽에 위치한 밀로 섬의 한 농부에 의해 발견된 대리석 조각이다. 이 조각이 특별히 유명한 이유는 인체의 균형을 가장 잘 표현했기 때문이기도 하지만 두 팔이 없는 상태로 발견되었기 때문이기도 하다. 불완전한 형태로 발견되었기에 한편으로는 아쉽기도 하지만, 어떤 평론가들은 밀로의 비너스에 두 팔이 있었다면 오히려 이처럼 완벽하지는 못했을 것이라고 말하기도 한다, 그런데 만약 밀로의 비너스가 두 팔이 온전한 채로 발견되었다면 그 손에는 무엇이 들려 있었을까? 물론 아무도 알 수 없는 일이지만 많은 미술사가들은 아마 그 손에 사과가 들려 있었을 것이라고 짐작한다.

바다의 여신인 테티스는 아름다운 미모로 여러 신의 구애를 받는다. 그러나 테티스가 낳은 아들은 아버지를 뛰어넘는 영웅이 될 것이라는 예언 때문에 신들은 테티스를 꺼리게 된다. 그 자신이 아버지를 죽이고 올림푸스의 지배자가 된 제우스는 혹시라도 자기보다 뛰어난 신이 나와 자신의 자리를 빼앗을까 두려워 한 나머지 테티스를 인간과 결혼시키기로 한다. 테티스의 결혼식 날 올림푸스의 모든 신들이 초대받았지만 불화의 여신 에리스만 초대받지 못한다. 화가 난 에리스는 결혼식장에 들어와 가장 아름다운 여신이 가지라며 황금 사과를 던진다. 제우스의 아내인 헤라와 전쟁과 지혜의 신인 아테네와 사랑과 미의 여신인 아프로디테가 서로 자신이 가장 아름답다며 사과를 달라고 요구한다. 난감해진 제우스는 지상에서 가장 아름다운 청년인 목동 파리스(Paris)에게 판결을 맡긴다. 파리스는 가장 아름다운 여인을 아내로 주겠다는 말에 아프로디테에게 사과를 준다. 그런데 알고 보니 파리스는 평범한 목동이 아니라 소아시아의 강대국이던 트로이(Troy)의 왕자이고, 이 일이 트로이 전쟁의 계기가 되어 트로이는 멸망하고 만다. 이 전쟁의 이야기를 서사시로 남긴 것이 호메로스의 『일리아드』이다. 테티스와 프티아의 왕 펠레우스 사이에서 태어난 아들이 바로 트로이 전쟁의 영웅인 아킬레우스이다. 아킬레우스는 태어나자마자 어머니가 불사의 강물에 목욕을 시켜 결코 죽지 않는 신체를 가졌지만, 유일한 약점인 뒤꿈치에 파리스가 쏜 화살을 맞고 죽음을 맞는다.

파리스의 사과 이야기를 들을 때마다 나는 의문스럽다. 제우스는 왜 그 사과를 신부인 테티스에게 주지 않았을까? 테티스는 제우스와 포세이돈을 비롯한 올림푸스의 여러 신들이 경쟁할 만큼 아름다운 여신이었고, 그런 점을 떠나서라도 모든 결혼식에서 가장 아름다운 이는 바로 신부가 아닌가? 만약 테티스에게 황금 사과를 주었더라면 여신들이 서로 싸우지도 않았을 터이고 트로이 전쟁도 일어나지 않았을 터이고, 아킬레우스가 젊은 나이에 목숨을 잃지도 트로이가 멸망하지도 않았을 터이니 말이다. 그런데 그리스 신화를 연구하는 학자들은 다르게 설명한다. 오이디푸스가 신탁을 피할 수 없었던 것처럼 트로이의 멸망은 이미 정해진 운명, 또는 신의 뜻이고 파리스는 그런 운명을 실현하기 위해 선택된 도구에 불과하다는 것이다. 파리스가 아니더라도 신들은 서로 불화했고, 그래서 올림푸스 대신 트로이에 가서 서로의 힘을 다툰 데 불과하다는 뜻이다. 이쯤 되면 도대체 그 신의 뜻은 누구의 뜻이냐고 묻고 싶어진다.

파리스의 사과는 흔히 인류 역사에 가장 중요한 영향을 미친 네 개의 사과 가운데 하나라고 이야기된다. 다른 세 개의 사과는 바로 아담과 하와의 사과, 뉴턴의 사과 그리고 빌헬름 텔(Wilhelm Tell)의 사과이다. 빌헬름 텔은 자주 실존했던 인물로 오해받지만, 괴테(1749~1832, Johann Wolfgang von Goethe)와 더불어 '질풍노도(Sturm und Drang)' 시대의 독일 낭만주의 문학을 대표하는 작가인 프리드리히 실러(Johann Christoph Friedrich von Schiller, 1759~1805)의 작품 『빌헬름 텔(Wilhelm Tell, 1804)』에 등장하는 인물이다. 이 작품에서 텔은 오스트리아의 합스부르크 왕가의 지배로부터 스위스의 독립을 위해 투쟁한 민중운동 지도자로 나타난다. 그렇다면 네 개의 사과가 의미하는 것은 무엇이며, 왜 인류의 역사에서 그것들이 특별한 중요성을 가지는 것일까? 아담과 하와의 사과 — 『성경』에 나오는 선악과는 실은 사과가 아니라 중동 지역에서 흔한 무화과였으리라는 설이 유력하지만 — 는 '선악과'라는 이름 그대로 인간이 선과 악 즉 도덕적 판단을 할 수 있다는 것을 의미한다. 파리스의 사과는 가장 아름다운 여신이 누구인가 즉 인간이 미와 추에 대해 판단할 수 있다는 것을 의미한다. 뉴턴의 사과는 이성과 지식으로 인간이 참과 거짓을 판단할 수 있음을 의미한다. 빌헬름 텔의 사과는 조금 다른 관점의 문제로, 인간이 자유와 독립을 추구한다는 것을 의미한다.

근대 이후의 철학자들 가운데 가장 독특하고 문제적인 철학자를 꼽으라면 아마 프리드리히 니체가 분명히 그 가운데 한 명일 터이다. 그래서 어떤 평론가들은 니체를 탈근대(post-modernism)의 철학자라고 부르기도 한다. 니체는 『안티크리스트(*Anti-Christ*, 1888)』라는, 지금 보더라도 매우 도발적인 제목의 책에서 참으로 니체다운 화두를 던진다. "신약성서 전체를 통해서 존경할 만한 인물은 단 하나 로마의 총독 빌라도뿐이다. 그가 내뱉은 '진리란 무엇인가?'라는 고상한 조소가 신약성서를 풍부하게 해 준다."는 것이다(니체, 백승영 옮김, 『바그너의 경우, 우상의 황혼, 안티크리스트, 이 사람을 보라, 디오니소스 송가, 니체 대 바그너』, 책세상, 2002). 니체가 읽은 바에 따르면 『신약성서』 전체를 통해 "신앙이란 무엇인가?"가 아니라 "진리란 무엇인가?"라는 질문을 던진 사람은 로마 총독 본디오 빌라도(Pontius Pilate, ?~?)가 유일하다는 뜻이다. 인간이 진리를 인식할 수 있는가? 다른 말로 인간의 인식과 지식의 기원과 구조, 범위 및 방법 등을 탐구하는 철학 분야를 '인식론'이라고 부른다.[1] 물론 인식의 철학적 고찰은 고대나 중세에서도 있었지만 철학자들의 가장 주요한 관심 대상은 신의 존재 증명과 같은 형이상학적 문제들이었다. 인간 주체의 인식에 대한 성찰로서 인식론이 철학의 가장 주요한 주제가 된 것은 근대 이후, 베이컨과 데카르트에 의해서이다. 철학이 신학의 시녀에 불과했던 근대 이전의 신학자들은 인간이 과연 신의 뜻을 알 수 있는가 하고 물었다. 자연과 우주를 설명하는 데 더 이상 신이 불필요해진 근대의 철학자들은 신의 뜻 대신에 과연 인간이 진리를 인식할 수 있는가 하는 물음을 던지게 되었다.

근대 인식론 철학을 종합한 임마누엘 칸트는 『순수이성비판(*Kritik der reinen Vernunft, Critique of Pure Reason*, 1781)』에서 "도대체 나는 무엇을 알 수 있는가?"라는 질문을 던진다(칸트, 정명오 옮김, 『순수이성비판』, 동서문화사, 2016). 이 질문의 의미는 인간의 이성이 인식할 수 있는 대상과 범위와 한계를 어떻게 규정할 것인가에 있다. 인식론의 가장 근본적인 질문은 진리란 무엇인가 하는 것이다. 가령 무엇이 진리일 수 있는가? 진리의 근거 내지 기준은 무엇인가? 이때의 진리는 어떤 의미에서 진리인가? 그리고 더 나아가 인식이란 인식한 내용인가 인식함인가? 반대로 실재란 실재하는 것인가 실재함인가? 등의 질문이 바로 그것이다. 이에 대해 스콜라 철학의 대부인 토마스 아퀴나스는 "인식되는 사물의 형식은 인식하는 자 안에 있다"는 관념론적 인식론을 주장했고, 그리스의 실재론자인 파르메니데스(BC515?~BC445?)는 "사고와 존재는 곧

1 인식론(Epistemology) : 인간의 인식과정 및 인식의 본질, 구조, 합법칙성에 관한 학문. 인식의 철학적 고찰은 고대나 중세에서도 신의 인식으로서 이루어졌으나 인간 주체의 인식 문제로서 철학의 중심부문을 차지하게 된 것은 근세에 이르러서이다.

같은 것이다."라는 실재론적 인식론을 주장했다. 아제 조금 더 실제적인 문제를 고민해 보자. 만약 인간이 진리를 인식할 수 있다면, 여기에는 몇 가지 문제가 나타난다. 그 가운데 특히 중요한 두 가지 문제가 있는데, 첫째는 누가 진리를 인식하느냐는 문제이다. 근대 이전에는 성직자들이나 학자들과 같은 소수의 특별한 인간들만이 신의 뜻을 온전히 이해하지는 못할지라도 중간자로서 전달할 수 있다고 생각했다. 그렇다면 여전히 소수의 선택된 이들만이 진리를 인식할 수 있는가 아니면 보편적인 인간이면 누구나 진리를 인식할 수 있는가 하는 것이다. 둘째는 인간이 어떻게 진리를 인식하느냐, 다른 말로 하면 진리에 대한 인식의 근원은 무엇인가? 인식이 실재에 관한 충분히 정당화된 인식이 되려면 무엇에 근거해야 하는가? 그리고 그런 인식에 도달하는 방법은 무엇인가와 같은 질문이 바로 그것이다.

근대 사회사상사에서 르네상스 운동이 어떤 의미를 가지는가를 반복해서 이야기하는 이유는, 르네상스인들이 단지 신의 뜻에 대신해서 인간의 합리성을 놓았기 때문이 아니라 그런 합리성이 인간의 보편적 속성임을 발견했기 때문이다. 앞에서 진리는 사실과 인식의 일치라고 이야기했다. 그런데 과연 사실과 인식이 일치하는지 아닌지를 누가 어떻게 판단하는가? 이것이 진리라고 말할 수 있기 위해서는 그런 일치를 판단할 수 있는 객관적이고 보편적인 기준이 있어야 한다. 우리는 그 기준을 어디서 어떻게 구할 수 있는가 하는 문제이다. 달리 말하면 인간에게 그런 보편적 기준이 존재하는가 하는 문제이기도 하다. 『순수이성비판』과 『실천이성비판(*Kritik der praktischen Vernunft*, 1788)』, 그리고 『판단력비판(*Kritik der Urteilskraft*, 1790)』은 칸트의 3대 비판서로 불린다. 『순수이성비판』은 제목에서도 알 수 있듯이 인간의 이성적 능력의 한계, 즉 인간은 보편적인 진리를 어떻게 알 수 있는가라는 문제를 다루고 있다. 『실천이성비판』은 인간의 도덕적 판단 능력, 즉 보편적이고 객관적이며 모든 사람이 합리적이고 타당하다고 생각하는 도덕법칙은 존재하는가의 문제를 서술하고 있다(칸트, 백종현 옮김, 『실천이성비판』, 아카넷, 2009). 마지막으로 『판단력비판』은 다른 몇 가지 문제들과 함께 인간의 미적 판단 능력의 문제를 주로 서술하고 있다(칸트, 백종현 옮김, 『판단력비판』, 아카넷, 2009). 칸트의 세 가지 비판철학은 바로 뉴턴의 사과, 아담과 하와의 사과, 그리고 파리스의 사과인 것이다.

칸트의 『판단력비판』에는 재미있는 비유가 나온다. 무수한 육각형이 겹쳐져 만들어지는 벌집의 모습은 경이롭도록 아름답지만 꿀벌은 미학적 동기로 벌집을 디자인하지는 않는다는 것이다. 칸트는 만족스러운 것과 아름다운 것, 선한 것을 동물적인 것, 동물적이면서 이성적인 것, 그리고 이성적인 것으로 구분한다. 동물도 쾌락에 대한 판단은 가능하다. 그러나 아름다움에 대한 미적인 판단은 오직 인간에게만 고유한 속성이다. 칸트의 비유가 특히 재미있게 다가오는 이유는 똑같은 벌집을 두고 경이롭게 바라보면서도 마르크스는 목수의 작업에 비유해, 꿀벌은 단지 본능에 의해 집을 짓지만 인간은 아무리 서툰 솜씨를 가진 목수일지라도 목적의식적으로 노동을 수행한다고 말했기 때문이다(마르크스, 강신준 옮김, 『자본』, 이론과실천, 1987). 아무튼 칸트에게서 가장 중요한 문제는 인간이 이성적, 도덕적, 미적인 능력을 가지고 있느냐 아니냐의 문제가 아니라 그런 이성적, 도덕적, 미적 판단이 과연 보편적일 수 있는가 아닌가의 문제이다. 바로 사실과 인식의 일치를 판단할 수 있는 보편적인 능력 또는 보편적인 기준이 인간에게 있는가 하는 것이다. 평범한 인간들에게도 보편적인 인식 능력이 있는가? 예술작품을 감상하면서 아름답기는 하나 내 취향은 아니라고 말하는 사람들을 가끔 만난다. 그러나 이 말에는 실은 모순이 있다. 아름답다는 말은 그 자체가 주관적인 가치이다. 그림이나 조각 작품이 내 취향에 맞으면 아름답게 보이고, 내 취향에 맞지 않으면 아름답지 않은 것은 물론 때로는 불쾌감을 주기도 한다. 음악이나 다른 예술 분야들도 마찬가지다. 그런데도 아름답기는 하나 내 취향은 아니라는 말은 무슨 뜻인가? 칸트는 만족스러운 것에 대한 판단, 가령 맛에 대한 판단은 주관적이고 경험적이어서 누구도 다른 사람에게 자신의 취향을 강조할 수 없다고 말한다. 그러나 아름다움에 대한 판단은 보편적이어야 한다. 아름답기는 하나 내 취향은 아니라는 말은 반대로 내 취향은 아니지만 충분히 아름답다고 판단할 수 있다는 것을 의미한다. 어떻게 그런 판단이 가능한가? 인간에게는 주관적이고 개별적인 판단 기준을 넘어 보편적이고 객관적인 미적 판단의 기준이 있기 때문이다. 그래서 나의 주관적 취향이나 판단에는 맞지 않더라도 대다수 사람들의 보편적이고 객관적인 판단 기준에는 부합할 수 있다는 점을 아는 것이다.

우리 전통미술의 빼어남을 가장 일찍부터 널리 알린 미술사학자 최순우(1916~1984) 선생의 책 가운데 『무량수전 배흘림기둥에 기대서서』라는 책이 있다(최순우, 『무량수전 배흘림기둥에 기대서서』, 학고재, 2008). 무량수전은 우리나라에서 가장 오래된 목조 건물인 영주 부석사의 무량수전을 가리킨다. 배흘림기둥이란 단면이 원형인 원기둥에서 기둥의 허리 부분을 가장 지름이 크게 하고 기둥 머리와 기둥 뿌리로 갈수록 줄인 항아리 모양의 기둥을 말한다. 건축물의 기둥 넓이를 똑같이 할 경우에는 오히려 가운데가 들어가 보이기 때문에 일부러 가운데 부분을 볼록하게 만들어서 시각적으로 균형감을 주는 기법이다. 서양 미술사에서는 엔타시스(entasis)라고 부르는데 그리스의 파르테논 신전이 대표적인 예이다. 일본의 호류지(法隆寺)도 엔타시스 양식의 건물이다. 2,000년 전의 그리스 신전과 1,000년 전의 고려 시대 건축물이 동일한 양식으로 만들어졌다는 사실은 많은 것을 생각하게 한다. 어쩌면 한반도의 우리 조상들은 우리가 아는 것보다 훨씬 더 오래전부터 서양 문명과 교류해 왔는지도 모르겠다. 일본의 미술사가들은 호류지의 엔타시스 양식을 그렇게 해석하기도 한다. 다만 그 근거는 그다지 확실하지 않다. 아무튼 그렇지 않더라도 비슷한 양식의 건축물이 시대와 공간을 넘어 나타난다는 사실은 인간의 미적 감각에 보편성이 있다는 사실을 말해 준다. 미에 대한 보편적 감각은 공간을 넘어서뿐만 아니라 시간을 넘어서도 나타난다. 부산에는 한국전쟁에 참전한 UN군 전사자들을 추모하는 평화공원이 있는데, 이 공원의 정문을 설계한 분은 우리나라 근대 건축을 대표하는 건축가인 김중업(1922~1988) 선생이다. 그런데 이 정문의 기둥을 보면 바로 배흘림 양식을 사용하고 있다. 아마 김중업 선생의 경우에는 혼자서 그런 양식을 생각해 냈다기보다 그리스 신전의 엔타시스 양식이나 무량수전의 배흘림 양식을 학습하고 연구한 결과일 터이지만 아무튼 미에 대한 우리의 인식은 시공간을 넘어서 공유된다는 증거이기도 하다.

물론 미에 대한 판단력이 보편적이라는 주장에는 이런 반론도 가능하다. 가령 어떤 이들에게는 천상의 선율로 들리는 바흐(Johann Sebastian Bach, 1685~1750)의 〈푸가의 기법(Die Kunst der Fuge)〉이 다른 이들에게는 소음처럼 들릴 수도 있다. 그렇다면 이는 보편적인 미적 판단력보다 개인의 취향이 더 중요하다는 뜻이 아닌가? 그런데 모든 인간에게는 이성적 판단 능력이 있지만 그 능력을 올바로 사용하기 위해서는 교육과 연습이 필요하다. 존 로크(John Lock, 1632~1704)부터 장 자크 루소(Jean Jacques Rousseau, 1712~1778)의 『에밀(*Emile*, 1762)』까지 많은 계몽사상가들이 국가가 모든 국민들에게 기본적인 교육을 제공해야 한다고 주장한 이유도 여기에 있다(루소, 정병희 옮김, 『에밀』, 동서문화사, 2016). 이성적 판단뿐 아니라 미적 판단도 마찬가지다. 우리가 보편적인 미적 판단력을 올바로 사용할 수 있기 위해서는 예술을 감상하고 향수하는 연습이 필요하다. 음악은 더욱 그러하다. 아리스토텔레스가 음악을 자연에 대한 모방의 가장 좋은 예로 든 이유는 음악이 자연의 내재율을 따르기 때문이다.

칸트의 묘비에는 『실천이성비판』의 한 구절이 새겨져 있다. “나를 참으로 경건하게 만드는 것이 두 가지 있으니, 밤하늘에 빛나는 별과 내 마음 속에서 빛나는 도덕률이다.” 칸트와 같은 위대한 철학자의 마음 속에서만 도덕률이 빛날까? 일용할 양식을 걱정하면서 오늘 하루를 살아가는 모든 사람들의 마음 속에서 도덕률은 빛나고 있다. 그런데 칸트가 밤하늘에 빛나는 별을 이야기한 것은 우연한 일이 아니다. 칸트의 박사학위 논문 제목은 조금 의아하게 들릴지 모르지만 「일반자연사와 천체이론(Allgemeine Naturgeschichte und

Theorie des Himmels, 1755)」이다. 칸트는 대학 시절부터 수학과 물리학을 공부했으며, 특히 뉴턴의 물리학에 크게 매료되었다고 한다. 물론 이때는 아직 물리학이 자연철학이라는 이름으로 철학의 한 분야로 인정받던 때이다.

모든 것을 의심하라

인간은 어떻게 진리를 인식할 수 있는가 하는 질문에 대한 근대 철학의 답변은 크게 두 가지로 나타난다. 하나는 데카르트 이후 유럽 대륙을 중심으로 발전한 합리주의(rationalism) 철학이다. 일반적으로 합리주의란 인간의 인식과정 가운데서 이성적인 단계를 절대화하여 사유 또는 이성만이 진리를 발견할 수 있다고 생각하는 인식론적 태도를 가리킨다. 다른 하나는 베이컨 이후 영국을 중심으로 발전한 경험주의(empiricism) 철학이다. 경험주의의 의미는 다양하게 사용되지만 일반적으로는 실제 경험에 의해 확증되기만 하면 진리로 받아들여질 수 있다는 철학적 태도를 가리킨다. 합리주의가 인식의 형식적 측면, 즉 사유의 필연성과 보편타당성이라는 인식의 이상을 추구하는 데 반해 경험주의는 인식의 내용적인 측면, 즉 사태의 특수적, 개별적인 것에 주목해 인식의 현실을 강조한다. 그런데 이 두 가지 인식론적 경향의 차이에 앞서 주목해야 할 점은 모든 근대 철학에 공통된 비판적 태도이다. 근대 철학은 중세 교회가 강요해 온 획일적인 도그마에 대한 의심과 비판으로부터 출발한다. 다시 말해서 모든 근대 철학의 출발점은 기존의 지식이 주는 고정관념과 편견에 대한 회의에 있다는 뜻이다.

스피노자는 데카르트 철학의 출발점을 모든 선입견 버리기라고 말한다. 모든 선입견을 버림으로써 기존 지식의 오류를 찾을 수 있고, 그럼으로써 비로소 참된 인식에 다다를 수 있다는 것이다(스피노자, 양진호 옮김, 『데카르트 철학의 원리』, 책세상, 2010). 앞에서 이야기한 것처럼 『방법서설』에서 데카르트는 "나는 생각한다. 그러므로 나는 존재한다."라는 너무도 유명한 말을 남긴다(데카르트, 소두영 옮김, 『방법서설/성찰/철학의 원리』, 동서문화사, 2016). 데카르트에게 '생각한다'는 것은 인간의 정신적 활동 전체를 의미한다. 데카르트에 의하면 "생각한다는 것은 의심하고, 이해하고, 긍정하고, 의지하며, 의지하지 않으며, 또한 상상하며, 감각하는 것"이다. 데카르트의 철학은 진리를 발견하는 방법, 직관적 진리로부터 다른 진리로 전진해 나가는 방법의 토대이고자 했다. 그는 모든 감각적인 진리와 사념에 대한 회의와 부정에서부터 출발한다. 왜냐하면 이것들은 최고의, 그리고 직접적인 확실성을 가지고 있지 못하기 때문이다. 데카르트는 이런 방법을 통해 '제1의 기본적인 진리(Le premier principe)'인 의식의 자명성에 도달한다. 즉 나는 모든 것을 의심하더라도 내가 생각하며 의식하는 존재라는 것을 부정할 수는 없다는 뜻이다.

경험주의 철학을 주창한 베이컨은 기존의 지식에 대하여 더 엄격한 태도를 취한다. 철학자로서 베이컨은 냉정하면서도 유연한 지성을 가진 현실주의적인 인물이었다. 그의 철학적 태도는 아리스토텔레스적 경향과 스콜라주의적 경향 모두로부터 근본적으로 결별하자는 것이었다. 그의 기본적인 의도는 스콜라철학의 결함을 비판하고 새로운 경험주의적 방법을 발견하는 데 있었다. 베이컨은 우주 일체의 활동의 원인과 인간들이 자연을 자유롭게 지배하고 통제할 수 있는 원인을 규명하고자 하는 의도를 가지고 있었다. 이를 위해서 그는 인류가 현재 소유하고 있는 지적 재산의 일람표를 작성하여 거기에 무엇이 결핍되었고 무엇을 보충하여야 하는지를 분명히 하고자 했다. 처음 베이컨이 구상한 것은 『학문의 대혁신(*Instauratiomagna*)』이라는 제목의 모두 6부에 걸친 대작의 집필이었다. 그러나 실제로 간행된 것은 3부뿐이며, 그 가운데 제2부가 바로 『노붐 오르가눔(*Novum Organum*, 1620)』이다. 『노붐 오르가눔』 즉 새로운 도구라는 제목은 아리스토텔레스의 제자들이 그의 논리학 저술들을 모아 출간한 『오르가논』에 대해 자신의 철학은 새로운 학문의 도구라는 뜻에서 붙인 제목이다.

『노붐 오르가눔』에서 베이컨은 인간의 지성이 진리에 접근하는 것을 방해하는 편견으로 4개의 '이도라(Idora)'를 지적했다. 이도라는 우상 또는 환영으로 번역되는데 종족의 우상, 동굴의 우상, 시장의 우상, 극장의 우상이 바로 그것이다. 종족의 우상은 인류라는 종족이 가지는 보편적인 선입견을 의미한다. 동굴의 우상은 마치 동굴 속에 있듯이 자연의 빛이 보이지 않는 상태를 비유한 것으로 개인이 가지는 편견을 의미한다. 시장의 우상은 언어의 부적당한 사용에 기인하는 편견을 의미하는데, 시장에서 있지도 않은 풍설이 나도는 것과 같다. 극장의 우상은 논증의 잘못된 규칙이나 철학의 그릇된 학설과 체계에 의하여 일어나는 편견을 무대 위에서 상연되는 가공의 이야기에 비유한 것이다(베이컨, 진석용 옮김, 『신기관』, 한길사, 2016).

최근 들어 경제학의 새로운 분야로 주목받고 있는 행동경제학(Behavioral economics)은 인간을 완전히 합리적인 존재가 아니라 '제한된 합리성(bounded rationality)'을 가진 존재로 본다. 제한된 합리성을 가진 존재로서 인간은 선택과 판단에서 오류를 저지를 수밖에 없다. 베이컨이 지적한 우상들, 즉 우리가 올바른 지식에 도달하는 데 장애가 되는 편견들을 행동경제학에서는 '편향(bias)'이라고 부른다. 편향을 한 마디로 정의하기는 어렵다. 실은 행동경제학자들 사이에서도 서로 정의가 다양하기 때문이다. 행동경제학자는 아니지만 네덜란드 출신의 경제사학자인 조엘 모키르(Joel Mokyr)는 편향을 "사람들이 문화적 특성을 선택할 때 따르게 되는 특정한 패턴"으로 정의한다(모키르, 김민주·이엽 옮김, 『성장의 문화—현대 경제의 지적 기원』, 에코리브르, 2018). 그가 지적하는 편향의 사례는 내용 편향, 직접 편향, 일관성 편향, 확증 편향, 수사적 편향, 빈도 의존성 편향, 합리화 편향, 강압 편향 등이다. 이 밖에도 행동경제학자들이 지적하는 편향으로는 과다 구분 편향, 사후판단 편향 등이 있다. 여러 가지 편향들 가운데 가장 자주 인용되는 것은 확증 편향(confirmation bias)이다.

확증 편향은 자신의 신념이나 기존의 지식과 일치하는 정보는 받아들이고 그렇지 않은 정보는 무시하는 경향을 말한다. 인터넷에서 떠도는 괴담들이 사라지지 않는 이유도 확증 바이어스 때문이다. 아무리 증거를 들이대도 그 증거가 위조된 것이라며 믿으려 하지 않는다. 이미 자신의 마음 속에 확신을 가지고 있기 때문에 다른 말은 처음부터 들리지 않는 것이다. 자신이 지지한 후보가 선거에서 떨어지면 반드시 부정선거가 있었을 것이라고 믿는 것도 같은 이유에서이다. 이런 심리적 태도를 심리학에서는 '인지부조화(cognitive dissonance)'라는 말로 설명하기도 한다. 굳이 차이를 말하자면 인지부조화가 내적인 일관성에서 나타나는 현상이라면 확증 편향은 외적 일관성에서 나타나는 현상이다. 인지 부조화란 사람이 두 가지 모순되는 인지요소를 가질 때 나타나는 인지적 불균형 상태를 의미한다. 이런 인지적 불균형 상태는 심리적 긴장을 유발하게 되고, 사람들은 이 갈등을 해소하기 위해 두 상충요소 중 하나를 선택한다. 이때 대부분의 사람들은 나에게 심리적 안정을 가져다 올 수 있는, 다시 말해서 나에게 더 유리한 요소를 선택하게 된다. 그래서 자기가 듣고 싶은 말만 듣는 것이다. 그러나 리어왕(King Rear)의 비극도 결국은 자기가 듣고 싶은 말만 듣고자 한 데서 비롯되었다.

얼마 전 세상을 떠난 천체물리학자 스티븐 호킹(Stephen William Hawking)은 "지식의 가장 큰 적은 무지가 아니라 과거의 지식이 주는 고정관념이다."라고 말했다. 유명한 디스토피아 소설 『멋진 신세계(*Brave New World*, 1932)』의 작가 올더스 헉슬리(Aldous Leonard Huxley, 1894~1963)는 "기존의 사실들을 무시한다고 해서 그것들의 존재가 사라지는 것은 아니다."라고 지적했다. 여전히 지구가 평평하며 그 아래서는 커다란 거북이가 지구를 받치고 있다고 믿는 사람들처럼, 기존의 지식에 대한 확신이나 종교적 신념은 과학이 그것들이 거짓임을 폭로한 뒤에도 오랫동안 사람들에게 거대한 영향력을 미친다. 그래서 우리가 진리를 인식하고자 한다면 가장 먼저 기존의 지식이 주는 그릇된 신념과 고정관념을 의심하는 데서부터 시작하지 않으면 안 되는 것이다.

인간은 이성적 동물이다

인간은 이성적 동물일까 본능적 동물일까? 인간은 '이성적 동물(Animal Rationale)'이라는 말을 처음 한 사람은 아리스토텔레스이다. 앞에서 이야기했듯이 합리주의란 인간의 인식과정 가운데 이성적인 단계를 절대화하여 사유 또는 이성만이 진리를 발견할 수 있다는 인식론적 태도를 가리킨다. 경험주의나 감각주의에 대립하는 철학 체계로서의 합리주의는 사유만을 진리의 기준으로 삼으며, 인식의 감각적인 단계를 왜곡되고 혼란스런 것으로 배척한다. 그런데 이런 의미에서의 합리주의는 이미 초기 그리스 철학에서부터 나타났다. 엘레아학파(Elea School)는 기원전 6세기 후반에서 기원전 5세기 사이에 그리스의 식민지이던 이탈리아 남부 엘레아를 중심으로 나타난 고대 그리스 철학의 한 분파이다. 엘레아 출신의 파르메니데스(Parmenides, BC515?~BC445?)와 그의 제자 제논(Zēnōn ho Eleates, BC490?~BC430?)이 엘레아학파의 대표적인 인물인데, 이들은 진실로 존재하는 것은 불생·불멸·불변의 존재뿐이라는 일원론의 관점에서 존재의 다양성과 생성·운동·변화를 부정했다. 이들은 감각에 의해 인식된 모든 진리 내용을 부정하면서, 오직 변화하지 않는 존재만이 참 존재인데 이런 존재는 감각을 통해서는 인식될 수 없으므로 추상적인 사유만이 진리를 발견할 수 있다고 주장했다. 이렇게 엘레아학파에서 이미 지각에 대립되는 순수사유에 대한 최초의 적극적인 규정이 나타나는데 논리적 합법칙성이 바로 그것이다. 이후 그리스 철학의 합리주의적 전통은 두 가지 방향으로 발전한다. 하나는 피타고라스와 데모크리토스(Democritos, BC460?~BC370?)의 유물론적 합리주의이며 다른 하나는 소크라테스로부터 플라톤과 아리스토텔레스에게 계승된 관념론적 합리주의이다.

데카르트 이전의 합리주의 철학은 사유를 스스로 내용을 산출해 내는 창조적인 활동으로서가 아니라 이미 존재하는 개념들을 탐색하는 활동으로 간주했다. 합리주의를 새로운 단계로 끌어올린 것은 데카르트와 그 제자들이다.

철학자이자 수학자이며 물리학자였던 데카르트는 독특한 인식론적 합리주의와 자연의 물리적 통일에 관한 학설을 발표함으로써 근대 철학의 창시자들 가운데서도 가장 중요한 지위에 서게 된다. 앞에서도 이야기한 것처럼 데카르트의 철학은 모든 감각적인 지식과 관념에 대한 회의와 부정에서부터 출발한다. 왜냐하면 이것들은 최고의, 그리고 직접적인 확실성을 가지고 있지 못하기 때문이다. 데카르트는 이런 방법을 통해 제1의 기본적인 진리인 의식의 자명성에 도달한다. 모든 것을 의심하고 부정하더라도 내가 생각하며 의식하는 존재라는 것을 부정할 수 없다는 뜻이다.

인식론의 측면에서 볼 때 데카르트는 이원론자였다. 그는 서로 독립적이면서 서로 다른 것으로부터는 도출되지 않는 두 가지 영원한 실체를 자신의 방법론의 출발점으로 삼았다. 물질적 실체(res extensa)와 정신적 실체(res cogitans)가 바로 그것이다. 스피노자는 실체란 두 가지 속성을 가져야 한다고 주장했다. 하나는 논리적 독립성 즉 자기자신에 의해 이해된다는 것이며, 다른 하나는 인과적 자율성 즉 그 자체로서 존재한다는 것이다. 스피노자는 이런 실체 개념을 처음 정의한 철학자가 바로 데카르트라고 평가했다. "나는 생각한다. 그러므로 나는 존재한다."는 명제는 사유의 주체가 그 자체로서 존재함을 의미한다. 아리스토텔레스의 목적론적인 자연관을 비파하면서도 데카르트는 신을 무한한 실체로 인정함으로써 신의 존재를 이론적으로 정당화하려고 했다. 그런 의미에서 데카르트의 이원론은 한편으로는 시민계급의 경제적 성장을 반영한 것이지만, 다른 한편으로는 여전히 강력한 성직자계급과 봉건적 절대주의에 대한 정치적 승인이기도 했다. 그러나 이런 자기모순과 비일관성에도 불구하고 데카르트는 우주를 그 자체로부터 설명하려 했으며, 인간의 윤리적 행동도 인간 자신, 즉 인간 본연의 성질로부터 이끌어냈다는 점에서 모든 근대 철학의 출발점이 된다. "나는 생각한다. 그러므로 나는 존재한다."고 선언했을 때 데카르트는 중세의 위계적 세계관에 대항하여 인간의 주체성을 명확하게 주장한 근대 최초의 인물이 되었던 것이다.

『제1철학에 관한 성찰(*Meditationes de prima philosophia*, 1641)』에는 합리주의자로서 데카르트의 면모를 잘 보여 주는 재미있는 이야기가 나온다. 전능한 악마가 인간을 속이려 할 때도, 악마에게는 생각하는 자신이 필요하다는 것이다(데카르트, 소두영 옮김, 『방법서설/성찰/철학의 원리』, 동서문화사, 2016). 데카르트는 본유관념과 인위관념, 외래관념을 구분했다. 여기서 외래관념은 사유하는 주체의 외부로부터 오는 관념을 의미하고, 인위관념은 자신의 의지에 따라 만들어 내는 관념을 말하며, 본유관념은 인간들이 감각이나 경험에 의존하지 않고 태어나면서부터 개념과 원리들을 가리킨다. 데카르트의 철학에서 가장 많은 논란의 주제가 되어 온 갓은 바로 이 본유관념(idées innées)의 존재이다. 본유관념은 "삼각형의 꼭짓점은 세 개다.", "정육면체의 면은 여섯 개다.", "두 평행선은 서로 만나지 않는다."와 같이 언제나 확실하게 참으로 판단되는 명제들이다. 데카르트의 합리주의를 계승한 라이프니츠(Gottfried Wilhelm Gottfried Wilhelm Leibnitz, 1646~1716)는 본유관념의 존재를 인정했다. 그러나 존 로크나 데이빗 흄과 같은 경험주의자들은 본유관념의 존재를 부정한다. 덧붙여 데카르트는 신의 관념도 확실한 것으로 보고, 신의 존재를 존재론적으로 증명하고자 시도했다. 그러나 이런 존재론적 증명은 나중에 칸트의 비판을 받게 된다.

데카르트는 갈릴레이에 의해 기틀이 마련된 자연과학의 수학적 토대에서 출발해 근대 합리주의 철학의 기초를 만들었다. 갈릴레이는 자연의 여러 현상을 가장 단순한 수학적 요소로 나눈 다음, 수학이 자연현상을 가장 완전하게 설명하고 해석할 수 있음을 증명했다. 데카르트는 모든 인간지식의 기초를 이루는 보편수학을 추구했으며, 라이프니츠도 이와 유사한 보편과학 및 보편언어를 만들고자 했는데, 그는 이 궁극적인 통일을 수학의 본성으로 간주했다. 데카르트의 철학은 라이프니츠를 비롯해 네덜란드의 스피노자와 독일의 볼프(Christian Wolff, 1679~1754) 등에 의해 계승되었다. 합리주의 철학의 전통을 그 정점으로까지 끌어올린 것은 독일의 고전철학자들, 그 가운데서도 특히 칸트와 헤겔이다.

근대 합리주의 철학은 중세의 질곡으로부터 인간의 해방과 인간이성의 자유를 추구함으로써 모든 근대 사상과 철학, 특히 18세기의 계몽운동에 직접적인 영향을 주었다. 물론 엄밀히 말하면 다소 감각주의적인 철학적 인식론에 기초했던 계몽주의는 합리주의 철학과는 대립되는 성격을 가지고 있기도 했다. 일반적으로 계몽주의자들은 영원히 타당한 진리나 단지 사유에 의해서만 합리주의적으로 획득된 체계적이고 독단적이며 형이상학적인 지식을 인정하지 않았다. 하지만 그럼에도 불구하고 계몽주의를 포함한 근대 사상 전체에 미친 합리주의 철학의 영향은 결코 부정할 수 없을 만큼 분명하다. 왜냐하면 모든 근대 사회사상의 출발점이 되는 것은 바로 데카르트에 의해 비로소 정립된 '절대 개인'의 개념이기 때문이다.

검증된 진리만이 진리이다

경험주의는 합리주의에 대한 비판으로서가 아니라 아리스토텔레스적이고 스콜라적인 기존의 철학에 대한 비판으로서 출현했다. 그러나 합리주의와 경험주의가 근대 철학의 두 경향을 대표하게 되면서 경험주의는 자연스럽게 합리주의에 대한 비판으로 자리잡게 되었다. 합리주의가 인식의 형식적 측면 즉 사유의 필연성과 보편타당성이라는 인식의 이상을 추구한 데 반해, 경험주의는 인식의 내용적인 측면 즉 대상의 개별적 특성에 주목해 인식의 현실을 강조한다. 경험주의에 따르면 현실적 인식이 우리에게 보여주는 특징은 감각기관을 통해서만 사물에 대한 지식이 획득될 수 있다는 사실이다. 모든 현실적인 지식은 감각경험에 의존하며, "이미 감각 속에 없는 것은, 지성 속에도 없다."는 경험주의의 명제가 말하는 것처럼 감각적인 인식만이 본질적일 수 있다는 것이다.

합리주의와 마찬가지로 경험주의 철학의 전통은 고대에서부터 이미 존재해 왔다. 고대 그리스의 소피스트(sophist), 소크라테스학파의 일부, 에피쿠로스학파 등이 이 경향에 속한다. 그러나 경험주의적 경향이 유력해진 것은 역시 과학의 발전과 더불어 경험적 사실이 중시되고, 또 인식론이 철학의 중심과제가 된 근대 이후의 일이다. 갈릴레이에 의해서 시작된 자연과학연구의 방법론적인 변혁은 뉴턴의 역학적 자연과학으로 집대성되었다. 진정한 의미에서 근대과학의 출발점이 된 사건은 갈릴레이가 피사의 사탑에서 중력의 법칙을 실험한 것이다. 역학적 자연과학의 이런 성공은 철학의 방법론에 반성을 촉구했다. 자연과학적 방법론에서 수학의 성과에 착안한 것이 합리주의자들이라면, 자연에 대해서 신학적, 철학적 선입견을 버리고 직접적으로 감각경험과 실험에 호소한 것은 경험주의자들이었다. 특히 영국은 경험주의의 전통에서 대륙의 합리주의나 독일 고전철학의 관념론적 전통과는 대조적인 성격을 띤다. 근대 경험주의 철학의 선구자는 베이컨이다. 뉴턴의 업적은 유용한 지식이 어떻게 만들어지고 축적되는가에 대한 과거의 방법론을 전화시킨 것이다. 뉴턴이 갈릴레이로부터 시작된 근대 과학이론을 집대성했다면 베이컨은 그런 과학연구의 방법론을 철학적으로 정립했다는 데 있다.

베이컨은 인간의 정신능력을 기억·상상·이성으로 구분하고, 이에 따라서 학문을 역사·시학·철학으로 구분했고, 다시 철학을 신학과 자연철학으로 나누었다. 이 가운데 베이컨이 가장 관심을 쏟았던 분야는 자연철학이며, 그의 가장 중요한 공헌도 실은 자연과학 분야의 과학적 방법론을 제안한 것이다. 베이컨은 곧잘 "자연은 그에 순종함으로써만 정복할 수 있다."는 말로 자연과학에 대한 자신의 관심을 표명하고는 했다. 베이컨의 철학은 아리스토텔레스 이후로 논리학의 일반적인 방법이었던 연역적 논리에 대한 비판에서부터 출발한다. 연역적 논리의 대표적인 예는 삼단논법이다. 가령 "① (대전제) 소크라테스는 사람이다. ② (소전제) 소크라테스는 사람이다. ③ (결론) 그러므로 소크라테스는 죽는다."는 것이 삼단논법이다. 그런데 이 논리에는 중대한 모순이 있다. 소크라테스는 죽는다는 것은 이 논리의 결론이다. 다시 말해 결론이 도출되기 이전의 전제에서는 아직 소크라테스가 죽는지 아닌지 알지 못한다. 그런데 소크라테스가 죽는지 아닌지 알지 못하면서 어떻게 사람은 모두 죽는다는 전제가 가능한가 하는 문제이다. 따라서 연역적 논리는 그 자체로서 모순이며 우리는 오직 경험과 관찰에 의해서만 진리를 알 수 있다는 것이다. 연역적 논리에 대한 비판 때문에 베이컨의 가장 큰 공헌을 귀납적 논리의 고안이라고 생각하는 경우도 많다. 그러나 베이컨의 진정한 공헌은 논리학의 문제가 아니라 바로 실험을 통해서만 진리를 인식할 수 있다는 과학연구의 근대적 방법론을 정립한 데 있다.

베이컨 이후 경험주의 철학은 토머스 홉스(Thomas Hobbes, 1588~1679)를 거쳐 존 로크에 이르러 보다 구체화된다. 경험주의 철학은 인간의 인식에서 경험이라는 것이 수행하는 역할을 중시한다. 베이컨은 경험을 중히 여기며 자연연구를 해야 한다고 주장하고 자연연구에서의 귀납법의 중요성을 역설했으며, 홉스도 기계론적 자연관을 절대라고 생각하고 정신적인 것도 똑같이 기계론적으로 설명하고자 했다. 유물론자이자 유명론자인 홉스는 개념에 관한 경험주의와 지식에 관한 합리론을 결합하여 모든 관념은 물질이 감각을 자극함으로써 생겨나지만 지식은 그 관념들에 대한 연역적 계산에서 생겨난다고 주장했다. 베이컨과 홉스는 모두 경험주의적 입장에 섰으나 진정한 경험주의 철학의 기초를 세운 사람은 『인간지성론(*The Essay Concerning Human Understanding*, 1690)』을 쓴 존 로크이다(로크, 추영현 옮김, 『인간지성론』, 동서문화사, 2016). 로크에 따르면 인간의 인식은 모두 '감각'과 '반성'이라는 두 가지 경험에서 생기며, 이 경험으로 단순 관념이 주어진다. 아무리 복잡한 관념이라도 그 기원은 단순 관념으로 분해된다는 것이다. 로크는 모든 지식이 감각작용과 반성작용에서 생겨난다고 주장함으로써 데카르트가 인간은 태어나면서부터 개념과 원리들을 가진다고 주장한 본유관념의 가능성을 부정했다. 로크는 본유관념에 대한 주장은 '지식(knowledge)'이 아니라 '의견(opinion)'이라는 말로 비판했다.

경험주의에 대한 가장 흔한 오해는 경험주의자들은 이성을 부정한다는 것이다. 극단적인 경험주의자들 가운데는 그런 경우가 전혀 없지 않지만, 인간에게 이성이 없다면 어떻게 진리를 인식할 수 있을까? 경험만으로는 사실의 선후관계, 즉 '이것 다음에(post hoc)'는 파악할 수 있지만 사실의 인과관계 즉 '이것 때문에(propter hoc)'는 파악할 수 없다. 인간의 개념과 지식이 외부세계에 적용되고, 세계는 감각을 통해 인간에게 작용한다. 그러나 이렇게 얻어진 감각 자료들을 처리하는 과정에는 반드시 이성이 작용하기 마련이다. 그래서 베이컨에서 로크에 이르는 경험주의자들은 인간이 이성적 존재임을 부정하지 않는다. 다만 합리주의자들이 이성만으로 진리를 인식할 수 있다고 생각한 반면에 경험주의자들은 이성만으로는 진리를 인식할 수 없으므로 반드시 경험에 의해 검증되어야 한다고 주장한 것이다. 이성과 경험에 관한 이런 생각은 로크에게서 가장 잘 드러난다. 로크는 감각경험만을 경험으로 인식한 것이 아니라 반성경험, 즉 의심하고 추론하고 비판하는 인간의 사유활동도 경험으로 인정했다. 모든 인식의 기원을 경험에 두었다는 점에서 로크는 경험주의자이지만, 그의 철학체계 속에는 합리주의적인 요소들이 강하게 내재하고 있다. 따라서 로크는 형식적인 의미의 경험주의자라고 평가할 만하다. 그런데 영국의 경험주의가 새로운 방향으로 나아가면서 로크의 합리주의적인 측면에 대한 비판이 나타난다. 유신론적 관념론자인 조지 버클리와 불가지론자인 데이빗 흄이 바로 그들이다.[1] "나는 생각한다. 그러므로 존재한다."는 데카르트의 명제를 빗대 버클리는 이렇게 말한다. "존재는 지각이다(esse est percipi)."라고. 버클리는 인간의 감각 외부의 물질세계의 존재를 부정하면서 물체를 지각된 관념의 복합체로 보는 현상론을 내놓았다. 또 흄은 물질이든 정신이든 모든 개념 속에는 경험으로 확인되는 내용 이외의 것이 들어 있지 않다고 주장했다. 이들은 나의 감각을 통해 인식되지 않은 존재는 존재하지 않는다고 주장한다. 사과가 존재하기 때문에 내가 사과를 감각할 수 있는 것이 아니라 내

1 유신론(theism)은 신의 존재를 긍정하는 철학적 태도를 가리킨다. 유신론은 신의 존재를 부정하는 무신론과 대립되며, 또한 신의 존재는 인정하지만 인간의 이성으로 그것을 파악할 수는 없다고 하는 불가지론(agnosticism)과도 대립된다.

가 감각하기 때문에 사과가 존재한다는 뜻이다.

스코틀랜드 계몽주의를 대표하는 철학자 가운데 한 사람이자 애덤 스미스와도 절친한 사이였던 데이빗 흄은 "이성은 정념(passion)의 노예이다."라고 말했다(흄, 김성숙 옮김, 『인간이란 무엇인가—오성·정념·도덕 본성론』, 동서문화사, 2009). 이성은 그 자체로는 어떤 행위나 판단도 낳지 못하며 그것들을 억제하지도 못하므로, 인간의 행위에 동기가 되는 것은 이성이 아니라 정서적이고 감각적인 자극들이라는 뜻이다. 흄은 그러므로 이성은 정념에 봉사하고 복종하는 것 이외에 다른 어떤 직무도 탐내서는 안 된다고 주장한다. 이성만이 진리를 인식할 수 있다고 생각하는 합리주의에 대한 흄의 비판적 태도를 잘 보여 주는 이야기다. 그런데 흔히 경험론의 계보에 포함시켜 설명하기는 하지만, 흄은 다른 경험론자들과는 확연하게 구분되는 그만의 독특한 개념과 논리를 주장했다. 가령 "오늘 태양이 떠올랐다고 해서 내일 또 태양이 떠오른다고 확신할 수는 없다."는 말에서 잘 나타나듯이, 흄은 단순한 경험이나 귀납적 논리만으로는 진리를 인식할 수 없다고 주장했다. 흄이 보기에 기존의 경험주의는 관습적인 판단에 그칠 뿐이어서 진리의 필연성이나 인과성을 보장할 수 없다. 이 때문에 흄을 회의론자라고 부르기도 하지만, 흄의 회의론은 데카르트의 회의론과는 또 다른 측면을 가지고 있다. 데카르트는 회의를 통해 진리를 향해 나아가지만 흄은 인간이 진리를 인식할 수 있는가를 회의하기 때문이다.

흄은 철학을 두 가지로 구별했다. 첫째는 인간을 행위를 하기 위해 태어난 존재로 보는 것이고, 둘째는 인간을 행위를 하는 존재라기보다 이성적인 존재로 보는 것이다. 이는 실천철학과 이론철학의 구분을 의미한다. 흄에게 형이상학이란 학문이 아니며, 인간의 오성이 절대로 다다를 수 없는 대상에게 다가가려는 허영심의 산물에 지나치지 않았다. 흄은 경험에 의해 직접적으로 감각에 인식된 소재를 '인상(impression)'으로, 간접적이고 재생된 내용을 '관념(idea)'이라고 불렀다. 인간의 사고는 경험으로부터 얻은 소재들을 결합시켜 관념을 얻게 된다. 인간의 사유는 관념의 연합이다. 어떤 대상을 정의할 때 우리는 여러 징표들을 서로 연관시킨다. 하지만 이렇게 만들어진 표상은 사물들의 객관적인 존재나 본질이 아니라 주체의 심리적인 작용일 뿐이다. 흄의 철학에 대한 평가는 상반된다. 특히 마르크스 이후의 유물론 철학은 흄과 버클리의 철학을 가장 반동적인 극단적 주관주의로 비판했다. 그러나 다른 한편 흄의 철학은 근대 철학의 발전에 크게 기여했다. 가령 칸트는 "나는 흄에 의해 독단으로부터 깨어났다."고 평가했다. 흄은 특히 애덤 스미스의 경제사상에 가장 중요한 영향을 미친 인물로 평가된다. 스미스는 스스로 자신의 인생과 학문에 가장 큰 영향을 미친 사람은 그의 스승인 허치슨(Francis Hutcheson, 1694~1746)과 흄이라고 말했다. 그런데 조금 더 시야를 넓혀서 보면, 스미스의 사상과 이론에는 베이컨에서 로크에 이르는 영국 경험주의의 전통이 매우 강하게 영향을 미치고 있음을 볼 수 있다. 그렇다면 애덤 스미스 이후의 근대 경제학은 과연 합리주의의 전통에 서 있을까, 아니면 경험주의의 전통에 서 있을까?

밤하늘의 별, 내 마음 속의 도덕률

경험주의는 대륙으로 전파돼 계몽주의 운동의 발전에 크게 기여한다. 18세기의 프랑스 계몽주의자들은 베이컨을 뉴턴, 로크와 더불어 근대적 사유체계를 정립한 가장 위대한 사상가로 존경했다. 계몽주의자들은 데카르트 철학에서 나타나는 사변적 태도보다는 베이컨과 뉴턴의 사상과 학문에 고유한 과학적 사유와 실험적 태도가 낡은 사회를 변혁시키는 데 더 중요하다고 생각했다. 경험주의의 영향은 프랑스를 넘어 독일의 고전철학자들에게도 영향을 미쳤다. 칸트의 비판철학은 경험주의와 합리주의의 대립을 지양하고, 두 가지 철학적 태도를 전향적으로 통합하여 새로운 인식론을 정립하고자 한 노력의 산물이다. 오늘 태양이 떠올랐다고 내일 또 태양이 떠오를 것이라고 확신할 수는 없다는 흄의 비판은 귀납적 사고방식에 근거한 경험주의의 근본적인 한계를 보여 준다. 흄의 오류는 전제가 잘못된 데 있는 것이 아니라 그로부터 도출된 결론이 잘못된 데 있다. 뜻밖에도 귀납주의에 대한 흄의 비판은 흄의 철학을 가장 격렬하게 비판했던 엥겔스에 의해 반복된다. 엥겔스는 『자연변증법(*Die Dialektik der Natur*)』에서 "관찰로부터 얻어진 경험만으로는 결코 필연성을 증명할 수 없다."고 지적한다(엥겔스, 윤형식 외 옮김, 『자연변증법』, 중원문화, 2007). 같은 전제에서 흄은 인간은 진리를 결코 인식할 수 없다는 결론을 도출한다. 그러나 엥겔스는 반대로 경험만으로는 부족하므로 이성이, 귀납만으로는 부족하므로 연역이 필요하다고 주장한다. 말하자면 인간의 인식은 경험과 이성이 결합될 때만 비로소 완전할 수 있다는 것이다.

비판철학에서 '비판(Kritik)'이란 우리가 일상적으로 사용하는 소박한 의미보다 기존의 사상이나 철학의 명제들을 모두 철저하게 비판적인 사유 속에서 재검토한다는 뜻이다. 칸트는 합리주의와 경험주의 어느 쪽에도 만족하지 못했다. 인식론의 이 두 태도는 모두 "자연과학적 진리의 일면만을 설명해 줄 뿐 과학적 지식이 갖는 실질적 진리성을 확고하게 만들지 못했다."고 평가했기 때문이다. 칸트가 생각하는 실질적 진리란, 뉴턴의 물리학이 그렇듯이 보편적 필연성과 경험적 객관성의 양면을 모두 갖춘 진리를 가리킨다. 칸트에게는 귀납법과 연역법 중 어느 한쪽에만 의존해 세계를 이해하려는 시도는 어느 쪽이든 진리를 객관적으로 설명하고 구현하기에 불충분했던 것이다. 칸트는 합리주의자들처럼 수학이나 물리학의 기본 전제들에 관한 보편적이고 필연적인 지식의 존재를 인정했지만, 신학을 포함해 관념적이고 사변적인 형이상학은 인정하지 않았다. 경험주의에 대해서도 칸트는 진리의 경험성과 객관성에는 동의했지만, 진리의 보편성을 부정하는 데는 동의하지 않았다. 사용하는 용어는 다를지라도 칸트 이전의 철학자들은 대체로 인간의 감성은 현상을 인식할 수 있을 뿐 본질은 오성에 의해서만 인식할 수 있다고 생각했지만, 칸트는 현상세계가 인간의 감성과 오성 모두에 의해 존재한다고 주장했다. 모든 지식이 경험과 더불어 시작한다고 주장했다는 점에서 칸트는 경험주의자로 보인기도 한다. 그러나 다른 한편 칸트는 지식이 경험과 더불어 시작될 뿐 경험에서 생겨난 것은 아니라고 주장했다는 점에서 오히려 합리주의자에 더 가깝다.

데카르트는 명석한 관념은 본유적이며, 비록 인간지성의 한계 때문에 경험에 의존하는 일이 불가피하더라도 원칙적으로 모든 지식은 선험적이라고 주장했다. 데카르트의 철학에서 자주 논란의 주제가 되는 본유관념이 바로 그것이나. 이에 대해 칸트는 인간의 정신은 여러 가지 선험적 개념들과 판단을 갖고 있지만 이 개념들은 경험을 초월해 존재하는 실재와는 관계하지 않는다고 주장함으로써 본유적인 것과 선험적인 것을 구분했다. 칸트의 철학에서 매우 독창적인 개념은 바로 '물 자체(Ding an sich)'이다. 칸트는 자연을 현상과 물 자체로 구분한다. 물 자체는 인간의 인식 능력과 상관없이 존재하는 사물 그 자체를 의미한다. 우리의 인식 능력과 무관하므로 우리는 당연히 물 자체를 인식할 수는 없다. 인간은 단지 사물에 대한 구체적이고 개별적인 현상들만을 인식할 수 있다. 인간의 경험이나 감각은 인식의 재료를 주기는 하지만 그런 과정을 통해 만들어지는 우리의 지식이나 인식은 단지 특수한 상황에 대한 것이지 사물 그 자체에 관한 것은 아니라는 뜻이다.

이처럼 세계를 물 자체와 현상, 경험 이전의 세계와 경험 이후의 세계로 구분하는 데서 더 나아가 칸트는 인간의 인식과정도 두 가지로 구분한다. 바로 선험적인(a priori) 인식과 후험적인(a posteriori) 인식이다. 칸트는 데카르트의 본유관념처럼 인간에게는 경험을 수반하지 않는 선험적인 인식능력이 존재한다고 주장했다. 바로 이 능력을 통해 인간은 선험적인 인식, 즉 보편적이고 필연적인 인식이 가능하다는 것이다. 반면에 인간의 후험적인 인식능력은 경험과 감각을 통해 개별적이고 우연적인 현상들을 인식한다. 이렇게 칸트는 합리주의와 보편주의의 대립을 극복하고자 했다. 인식론에서 자신의 이런 시도를 칸트는 스스로 자연과학에서 천동설을 부정하고 지동설을 주장한 코페르니쿠스의 업적과 비교할 만한 '코페르니쿠스적 전환'이라고 표현했다. 평소

칸트의 성품으로 본다면 그가 자신의 업적에 대해 얼마나 큰 자부심을 가지고 있었는지 알 듯하다.

이미 이야기한 것처럼 경제학이 바라보는 인간형, 즉 '호모 에코노미쿠스'를 교과서에서는 흔히 "윤리적이거나 종교적인 동기와 같은 외적 동기에 영향을 받지 않고 순전히 자신의 경제적인 이득만을 위하여 합리적으로 행동하는 사람"이라고 정의한다. 여기서도 나타나듯이 호모 에코노미쿠스를 정의할 때 가장 중요한 개념은 이기심, 자기이해와 함께 바로 합리성이다. 당연한 이야기지만 이때의 합리성은 좁은 의미에서의 합리주의만을 의미하는 것이 아니라, 모든 인간이 자신의 이성과 경험을 이용하여 합리적인 선택을 할 수 있다는 의미이다. 인간을 이런 관점에서 바라본다는 점에서 경제학은 근대 철학의 산물이다. 막스 베버가 근대성의 핵심을 '미신에서 과학으로'라고 정의한 것과 같은 의미이다. 물론 때로 인간은 합리적이지 못한 선택을 하기도 한다. 그래서 행동경제학에서는 '제한된 합리성'이라는 개념을 사용하기도 한다. 그러나 인간의 합리성이 제한적이고 완전하지 못하다는 말이 반대로 인간이 전적으로 비합리적이라는 뜻은 결코 아니다. 비록 제한적이기는 하지만 그래도 인간은 합리적이라는 뜻이다.

호모 에코노미쿠스의 합리성을 좀 더 좁게 해석하는 경제학자들도 많다. 경제행위에서의 합리성이란 자연과 인간에 대한 보편적이고 총체적인 인식능력을 의미하는 것이 아니라 목적에 대한 수단의 적절함을 의미할 뿐이라는 것이다. 가령 효용극대화를 추구하는 소비자나 이윤극대화를 추구하는 기업에게 어떤 수단이 자신의 효용과 이윤을 극대화시키는 데 적합한가 하는 선택의 문제가 바로 경제학에서의 합리성이라는 뜻이다. 실제로 대부분의 경제학 교과서에서 합리성이라고 말할 때는 이처럼 목적과 수단의 정합성이라는 의미로 사용하는 경우가 많다. 다만 여기서의 오해는 경제학이 인간의 합리성을 협소하게 이해하는 것이 아니라 단지 경제학이 다루는 선택의 문제가 협소할 뿐이라는 점이다. 정치학이나 사회학 같은 다른 학문들이 그렇듯이 경제학은 인간

본성의 모든 측면과 인간행위의 모든 내용을 이야기하지는 못한다. 경제학이 분석할 수 있는 것은 인간의 경제적 행위에 국한된다. 그래서 경제학은 경제행위를 통해 나타나는 인간의 합리성만을 이야기할 뿐이다. 하지만 그렇다고 해서 경제학이 인간을 오직 경제행위에서만, 다시 말하면 수단의 선택에서만 합리적인 존재라고 간주하는 것은 아니다. 당연히 모든 인간은 누구나 어떤 행위에서든 자신의 이성과 경험을 이용하여 합리적으로 선택할 수 있기 때문에 경제행위에서도 합리적일 수 있다. 그리고 바로 그런 믿음, 인간이성에 대한 신뢰에서 경제학은 시작된다. 그래서 경제학은 당위로서 철학이어야 하며, 실제로도 철학이다.

허드슨 강의 기적

2009년 1월 15일 미국 뉴욕에서 155명의 탑승객을 태운 비행기가 새떼와 충돌하는 바람에 추락할 위기상황에 처한다. 관제소는 가까운 공항으로 회항할 것을 지시하지만 은퇴를 1년 앞둔 42년 경력의 기장은 회항이 불가능하다고 판단하고는 허드슨 강에 비상착륙한다. 기장은 관제소의 명령을 거부하고 155명의 생명을 위험에 빠뜨렸다는 이유로 조사를 받게 된다. 조사위원회는 기장의 행동이 무모했다고 비판하지만 기장은 자신의 판단이 옳았음을 주장한다. 여러 번에 걸친 시뮬레이션 결과 만약 비행기가 공항으로 회항하려고 시도했다면 뉴욕 시내에 추락했을 뻔했음이 밝혀진다. 다행히 혐의를 벗게 된 기장에게 기자들이 어떻게 그런 판단을 할 수 있었느냐고 묻자 기장은 이렇게 대답했다. “40년이 넘는 비행 경험에 따른 나의 직관이오.”

인간은 어떻게 진리를 인식할 수 있는가 하는 질문에 대해 스피노자는 세 가지 방법을 제시한다. 첫째는 상상력에 의한 인식이다. 상상력이라는 표현은 자칫 오해의 여지가 있지만, 스피노자가 거론하는 것은 소문, 경험, 단순한 지식 등이다. 아직 이성이 작용하지 않은 단계에서 단순한 지식이나 경험만으로는 진리를 인식하기에 부족하기 때문에 상상력이 필요하다는 뜻이다. 둘째는 이성에 의한 인식이다. 이성을 이용해서 현상들에 공통된 개념과 법칙들을 파악함으로써 진리를 인식할 수 있다는 뜻이다. 조금 도식적으로 정리하면 이 두 가지는 경험주의와 합리주의에 연결된다. 합리주의자답게 스피노자는 진리를 인식하는 수단으로써 경험보다 이성을 더 높은 위치에 놓는다. 그런데 스피노자가 진리를 인식하는 세 번째 방법이자 가장 높은 수준의 방법으로 제시한 것은 '직관'이다. 인간이 진리를 인식하는 방법으로써 경험과 이성은 쉽게 수용할 수 있지만 직관의 경우는 조금 당황스럽다. 우리가 흔히 생각하는 직관은 경험과 이성 이전의 낮은 수준의 감각, 노골적으로 말하면 대충 지레짐작으로 판단하는 것이 바로 직관이기 때문이다.

사전적으로 정의하면 직관(intuition)은 "이성적 사유와 대비되는 의미에서 감각, 지각 및 표상들 속에서 이루어지는 감각적 인식의 인식의 과정, 또는 그런 인식의 산물로서 모든 감각적인 모상형태들을 포괄적으로 가리키는 말"이다. 칸트는 진리의 인식은 오성에 의해서만 가능한데 직관은 감성이므로 진리를 판단할 수 없다고 말했다. 물론 칸트와 다른 생각을 가진 철학자들도 많다. 탈근대의 철학자 니체는 "본능은 모든 이지 가운데 가장 뛰어난 이지"라고 말했다. 진리는 이성 즉 연역적 논리와 직관 즉 본능적 논리에 의해서 판단된다는 뜻이다. 생철학자로 유명한 베르그송도 실재는 고정불변의 사실이 아니라 생성되는 것이므로 직관에 의해서만 이해할 수 있다고 주장하기도 했다.[2] 현상학을 창시한 후설은 자신의 철학적 방법론을 본질직관(Wesensschau)이라고 불렀다. 후설의 현상학은 현상을 초월해서 본질에 도달하고자 한 플라톤

2 생철학(philosophy of life) : 19세기 실증과학에 대립해, 비합리적인 충동적 삶을 중시한 철학적 견해. 기존 철학의 주류가 이성을 중심으로 전개되는 데 반대해 인간의 본성 가운데 비이성적인 측면들, 즉 자연적 존재로서 느낄 수 있는 본능적인 욕구나 감정, 충동적인 의지 등을 강조했다. 실재를 물질의 영역과 의식의 영역으로 구분하고, 인간이 영위하는 삶(生)은 물질에 비해 더 높은 가치를 가진다고 주장했다. 프랑스의 베르그송과 독일의 딜타이(Wilhelm Dilthey, 1833~1911) 등에 의해 발전했다.

이후의 전통적인 철학적 태도에 대해 현상을 통해서 본질에 도달하고자 한다. 본질직관은 직관에 의해서만 본질에 도달할 수 잇다는 뜻이다. 다만 모든 직관이 본질에 대한 인식을 주는 것은 아니다. 개별적 대상들에 대한 경험적 직관은 단편적인 인식을 줄 수 있을 뿐 존재의 본질에는 도달하지 못한다. 이에 반해 본질직관은 우리의 의식에 주어지는 보편적 본질에 대한 직관을 의미한다. 물론 이렇게 다양한 철학자들이 직관이라고 부르는 개념들의 의미는 서로 다르기 때문에, 직관이라는 한 마디로 묶어서 말하기에는 억지가 있기도 하다. 가령 베르그송이 주장하는 직관의 개념에는, 우리가 흔히 생각하는 직관의 의미가 그렇듯이 인간의 오성은 생을 인식하기에 부족하며 생은 직관에 의해서만 인식할 수 있다는 신비주의적인 태도가 강하다. 칸트가 직관에 대해 비판적이었던 이유도 같다. 그러나 스피노자가 직관이라고 부른 것은, 직관에 대해 긍정적이든 부정적이든 다른 철학자들이 주장한 것과는 조금 다른 개념이다. 스피노자는 직관을 이성과 경험의 종합이라고 보았다. 허드슨 강의 기적을 만든 조종사처럼 오랜 경험으로부터 얻어진 지식을 언제든지 필요할 때 사용할 수 있도록 자신 속에 체화한 것이 직관이라는 뜻이다.

프랑스의 수학자 페르마(Pierre de Fermat, 1601~1665)는 자신이 읽던 책의 여백에 3 이상 지수의 거듭제곱수는 같은 지수의 두 거듭제곱수의 합으로 나타낼 수 없다는 메모를 남겼다. 유명한 피타고라스의 정리애서 보듯 2제곱의 경우는 $3^2+4^2=5^2$ 등의 예로 증명된다. 그러나 $X^n+Y^n=Z^n$을 만족하는 3 이상의 n은 존재하지 않는다는 것이다. 이 명제는 흔히 '페르마의 대정리', 또는 '페르마의 마지막 정리(Fermat's last theorem)'로 불린다. 이후 수많은 수학자들이 이를 증명하기 위해서 노력했고 여러 단체들이 막대한 현상금을 걸기도 했지만 실패했다. 결국 페르마가 자신의 추측을 기록한 지 358년이 지난 1995년에 이르러서야 이 정리가 증명되지만 여전히 논란은 그치지 않고 있다. 증명에 페르마가 살았던 당시에는 아직 알려지지 않았던 수학적 방법을 이용했기 때문이다. 무엇보다 이 증명에는 두꺼운 책 한 권의 분량이 필요했다. 그러나 페르마는 책의 여백이 부족해서 자세히 적지는 않겠다고 남겼다. 다시 말하면 책의 여백이 조금 더 많았다면 그 증명을 남겼으리라는 뜻이다. 이 때문에 어떤 수학자들은 페르마가 착각하거나 혼동한 것은 아닌가 생각하기도 한다. 페르마의 주변 사람들은 그의 인품으로 볼 때 페르마가 거짓말을 했을 리는 없다고 증언한다. 무엇보다 페르마는 굳이 그런 거짓말을 할 필요가 없을 만큼 존경받는 수학자이기 때문이다. 다만 페르마는 직접 손으로 그 증명을 검증해 보지 않은 채 충분히 증명할 수 있다고 생각했던 듯싶다. 페르마는 왜 그렇게 확신했을까?

1935년 프랑스의 젊은 수학자들이 당시 프랑스의 대학들에서 사용되던 수학 교재의 부족한 점을 보완하고 새로운 수학 교재를 쓰기 위해 비밀스러운 모임을 만들었다. 이들은 니콜라스 부르바키(Nicholas Bourbaki)라는 필명을 사용했는데, 이는 1870년 프랑스-프로이센 전쟁에서 전공을 세운 샤를 부르바키(Le général Charles Denis Sauter Bourbaki, 1816~1897) 장군의 이름을 빌린 것이다. 그런데 부르바키 모임에는 특별한 전통이 있다고 한다. 나이가 들거나 다른 이유로 더 이상 수학자로서 활동할 수 없게 된 회원을 제명할 때 부르바키는, 얼핏 그럴 듯하지만 실은 증명할 수 없는 명제를 던진다. 요즘 이런 명제를 증명하려고 연구하고 있는데 어떤가 하고 묻는 식이다. 이 때 질문을 받은 원로가 "그건 아무 의미 없는 주제라서 연구할 필요가 없다."고 그 자리에서 직관적으로 대답하면 회원의 자격을 유지하지만, 자칫 "그거 괜찮은데 나도 같이 연구해 볼까"라고 대답했다가는 제명되고 만다는 것이다. 수학은 가장 추상적인 논리의 학문이다. 그렇지만 부르바키 회원들은 논리와 이성 이전에 제대로 된 수학자라면 당연히 수학 문제의 가치에 대한 직관을 가지고 있어야 한다고 생각했던 것이다.

우리나라에도 이와 비슷한 경우가 있다. 흔히 율법을 어기는 승려들을 일컬을 때 쓰는 땡추가 그것이다. 땡추의 어원은 '당취(黨聚)'인데, 당취의 의미에 대해서는 두 가지 설이 있다. 하나는 조선 시대의 숭유억불 정책 때문에 지위가 낮아지고 생활이 어려워진 승려들이 무리를 지어 민간을 괴롭히고 금품을 갈취한 데서 나왔다는 것이다. 다른 하나는 역시 숭유억불 정책으로 곤란을 겪게 된 승려들이 비밀결사를 만들어 민간을 괴롭히는 가짜 승려들을 색출해 처벌한 데서 나왔다는 것이다. 더 나아가 이들은 미륵사상에 기반해 어지러운 세상을 뒤엎고자 하는 이상을 품었다고도 한다. 후자의 어원에 따르면 땡추는 실은 계율을 어긴 승려가 아니라 그런 승려들을 색출하는 사정기관이었던 셈이다. 아무튼 후자에 따르면 당취가 가짜 승려를 색출하는 방법은 부르바키와 비슷하다. 가짜 승려로 의심되는 이를 우연히 만난 것처럼 동행하면서 전혀 의미 없는 선문답을 던져 보는 것이다. 오랜 정진, 즉 경험과 깊은 사유로 선의 이치를 체득한 올바른 수도승이라면 당연히 "그런 화두는 아무 의미가 없으니 붙들고 있지 말라."고 직관적으로 답변할 수 있어야 한다. 그런데 가짜 수도승은 흉내만 낼 뿐 선문답의 깊은 의미를 모르니 그것 참 좋은 화두라며 덥석 물고 만다는 것이다.

계몽주의 시대 독일의 극작가이자 비평가로 유명한 고트홀트 레싱(Gotthold Ephraim Lessing, 1729~1781)은 "처음 떠오르는 생각이 모든 사람의 생각이다."라는 말을 남겼다. 앞에서 소개한 행동경제학에서 자주 사용하는 개념 가운데 '휴리스틱(heuristic)'이 있다. 우리 말로 옮기기 어려워 대부분의 경우에는 휴리스틱이라는 말을 그대로 쓴다. 굳이 번역하자면 어리짐작으로 행동하기, 대충 선택하기 정도이다. 대개의 경우 사람들은 매우 엄밀한 이성적 과정을 거쳐 판단하기보다는 경험에 근거해 적당히 판단한다는 뜻이다. 그렇다고 휴리스틱이 잘못된 판단이나 부정확한 판단을 의미하지는 않는다. 원래 휴리스틱은 발견을 의미하는 그리스어에서 나온 말로, 사전적으로는 학생들이 체험을 통해 스스로 발견하도록 하는 교수법을 의미한다. 행동경제학에서는 매우 복잡한 과정을 거쳐야 도달할 수 있는 결론과 거의 비슷한 결론에 보다 쉽게 도달하는 방법이라는 의미로 사용한다. 말하자면 완전하지는 않지만 과정에 드는 비용과 편익을 계산해 보면 오히려 휴리스틱이 더 합리적인 방법일 수도 있다는 것이다. 휴리스틱의 장점은 흔히 야구에서 외야수들이 뒤를 돌아보지도 않고 공을 잡아내는 모습과 비유된다. 야구선수들은 복잡한 수학적 계산을 통해 공의 낙하지점을 정확히 예측하는 것이 아니라, 경험에 의해서 공이 날아오는 순간 낙하지점을 예측한다. 만약 야구선수들이 복잡한 이성적 판단과정을 거쳐 판단하려 했다면 그 사이에 공은 이미 머리 위를 지나갔을 것이다. 그렇다고 야구선수들이 아무렇게나 판단하는 것은 아니다. 야구선수들은 오랜 훈련과 경험을 통해서 직관적으로 판단하는 것이다.

휴리스틱과 반대되는 사고방식이 바로 '알고리즘(algorithm)'이다. 알고리즘이란 "어떤 문제를 해결하기 위해 명확히 정의된 유한 개의 규칙과 절차의 모임"을 의미한다. 간단히 설명하면 주어진 순서에 따라서 문제를 해결하는 방식이 알고리즘이다. 하지만 이렇게 문제를 해결하기 위해서는 필요한 정보를 모두 가지고 있어야 하며, 그 정보들을 모두 처리할 수 있는 연산능력을 가지고 있어야 한다. 얼마 전 전문기사와의 바둑 대결로 유명해진 알파고(Alpha Go)와 같은 인공지능은 알고리즘에 따라 사고한다. 이에 반해 휴리스틱은 한정된 정보와 한정된 연산능력을 가진 보통사람들의 사고방식이다. 『사피엔스(*Sapiens: A Brief History of Humankind*)』라는 베스트셀러의 저자로 유명한 이스라엘 출신의 역사가 유발 하라리(Yuval Noah Harari)는 한 언론과의 인터뷰에서 알고리즘이 우리를 파괴하기 전에 통찰을 배우라는 말을 했다. 알고리즘이 우리를 파괴한다는 말은 당연히 과장되었다. 그러나 중요한 점은 알고리즘에 사로잡힌 사고방식보다는 직관이 더 중요하다는 사실이다. 프랑스의 생디칼리스트인 빅터 그리펠(Victor Griffuehles)도 너무 오랫동안 생각에 잠기다 보면 결국 우리는 아무것도 이루지 못한다고 지적했다. 물론 그리펠은 직관에 대해서 이야기한 것이 아니라 실천의 중요성에 대해서 한 이야기다.

우리가 진리를 인식하기 위해서는 왜 직관이 필요한가? 이성이나 경험을 이용한 인간의 인식 능력에는 한계가 있기 때문이다. 오스트리아 출신의 수학자이자 논리학자인 쿠르트 괴델(Kurt Gödel, 1906~1978)은 유명한 '불완전성

정리(Incompleeteness theorem)'에서 참이지만 증명할 수 없는 수학적 명제가 존재하며, 수학의 기본 공리들을 사용하는 무모순적인 체계는 스스로 모순이 없다는 사실을 증명할 수 없다고 주장했다. 진리인데 왜 증명할 수 없는가? 인간의 인식 능력에 근본적인 한계가 있기 때문이다. 그리고 이 한계는 이성이나 경험에 의해서가 아니라 직관에 의해서만 이해할 수 있다. 양자역학을 창시한 공로로 노벨 물리학상을 받은 하이젠베르크(Werner Karl Heisenberg, 1901~1976)의 '불확정성 원리(Uncertainty principle)'도 마찬가지다. 불확정성 원리는 입자의 위치와 입자의 운동량을 동시에 정확하게 관측할 수는 없다는 원리이다. 어째서 입자의 위치와 운동량을 동시에 측정할 수 없는가? 역시 인간의 인식 능력에는 근본적인 한계가 있기 때문이다. 하이젠베르크의 불확정성 원리는 경제학자들에게 케네스 애로우의 '불가능성 정리(impossibility theorem)'를 떠올리게 한다. 애로우는 자신의 박사학위논문을 토대로 쓴 『사회적 선택과 개인적 가치(*A Difficulty in the Concept of Social Welfare*, 1951)』라는 책에서 어떤 사회적 또는 집단적 의사결정도 민주적인 동시에 효율적이기는 불가능하다는 정리를 발표했다. 개인의 선택을 충분히 반영할 수 있는 사회적 선택의 다섯 가지 전제조건을 모두 충족시키기는 불가능하기 때문이다. 물론 어디까지나 비유적인 이야기이므로 물리학자 분들의 항의는 정중히 사양하기로 하자.

아주 가끔이지만 경제학을 연구하는 젊은 후학들과 이야기하다 보면 자신이 연구한 내용을 스스로 이해하지도 설명하지도 못하는 경우를 본다. 경제이론에 대한 연구가 부족해서가 아니라 직관이 부족한 탓이다. 페르마가 증명해 보지도 않고 어떻게 $X^n+Y^n=Z^n$을 만족하는 3 이상의 n은 존재하지 않는다고 확신할 수 있었을까? 바로 직관이다. 그러나 이 직관은 대충 어림짐작이 아니라 수학자로서 가장 높은 경지에 이른 사람만이 자신의 경험과 이성을 넘어 판단할 수 있는 직관이다. 스피노자가 진리를 인식하는 세 번째 즉 가장 높은 단계의 방법이 직관이라고 경험과 이성의 종합이라는 그런 의미이다. 소크라테스가 죽는다는 사실을 알지 못하면서 모든 사람은 죽는다고 전제하는 것은 논리적으로 모순이다. 그렇다고 모든 사람이 죽는다는 사실을 경험적으로 확인할 수는 없다. 그렇다면 우리는 어떻게 모든 사람은 죽는다는 것을 알 수 있는가? 모든 인간의 죽음을 경험적으로 확인할 수는 없지만 충분할 만큼의 경험과 모든 생명은 유한할 수밖에 없다는 이성적 판단을 종합하면 모든 인간은 죽는다는 사실을 직관할 수 있기 때문이다. 내일은 또 내일의 태양이 떠오를 것을 우리는 어떻게 확신할 수 있는가? 직관이다.

"밤하늘에 빛나는 별과 내 마음 속에서 빛나는 도덕률"이라는 칸트의 묘비명을 생각나게 하는 또 한 사람이 있다. '관포지교(管鮑之交)'로 유명한 관중(管仲, ?~BC645)의 책 『관자(管子)』에는 "도(道)가 하늘에 있으면 태양이고, 사람에게 있으면 마음이다."라는 말이 나온다. 춘추(春秋) 시대의 정치가이자 행정가인 관중은 제(齊) 나라를 춘추오패 가운데 첫머리의 나라로 만든 명재상으로 유명하지만, 다른 한편 공자(孔子)가 가장 존경한 도덕가이기도 하다. 공자는 관중을 두고 "관중이 없었다면 우리는 머리를 풀고 옷깃을 왼편으로 하는 오랑캐가 되었을 것이다."라고 말했다. 정치가가 도덕가일 수도 있다면 당연히 경제학자도 철학자일 수 있을 터이다. 밤하늘의 별을 올려다보면서 우주탐사선 보이저(Voyager)를 생각하는 것이 과학자의 마음이라면, 도덕률을 생각하는 것이 철학자의 마음이다. 그렇다면 경제학자의 마음은 어디에 있을까?

제4장

경제학은 현실을 재현할 수 있는가?

—논리학으로서의 경제학—

제4장

경제학은 현실을 재현할 수 있는가?

—논리학으로서의 경제학—

미메시스

카스티야의 시골 라만차 지방의 어느 마을에 그다지 재산도 없고 세상에 알릴 만한 이름도 없는 늙은 양반이 살았다. 하는 일이 없어 심심해하던 나머지 늙은 양반은 하루 종일 기사문학에 빠져 살았는데, 그러던 어느 날 문득 자신이 기사라는 망상에 빠지고 말았다. 늙은 양반은 선량하지만 시골뜨기인 농부 산초 판사를 종자로 데리고 비루먹은 늙은 말 로시난테를 타고 기사로서의 모험을 떠난다. 어느 들판에서 늘어선 풍차를 발견한 시골 양반은 풍차를 그리스 신화에 나오는 팔이 100개이고 머리가 50개 달린 거인 삼형제 가운데 하나인 브리아레오스(Briareos)로 착각하고는 "거인이다."라고 외치면서 풍차를 향해 달려들었지만, 그만 돌아가는 날개에 맞아 들판에 내동댕이쳐지고 만다. 바로 르네상스 시대 에스파냐의 가장 위대한 시인인 미겔 데 세르반테스(Miguel de Cervantes Saavedra, 1547~1616)의 『라만차의 비범한 양반 돈키호테(*El ingenioso hidalgo Don Quixote de la Mancha*, 1605)』에서 가장 유명한, 누구나 알 만한 이야기이다(세르반테스, 박철 옮김, 『돈키호테』, 시공사, 2005).

중국 전국시대의 유명한 사상가 가운데 한 사람인 한비(韓非, BC280~BC233)는 『한비자(韓非子)』라는 책을 남겼는데, 여기에는 흥미로운 우화와 비유적인 이야기들이 많다. 그 가운데 하나가 귀신은 그리기 쉬우나 개는 그리기 어렵다는 것이다. 귀신은 본 사람이 없으니 어떻게 그리든 귀신처럼 보이지만, 개는 누구나 그 생김새를 알기 때문에 그리기 어렵다는 뜻이다. 춘추전국 시대를 끝내고 중국을 통일한 진(秦) 나라 시황제(BC259~BC210)가 죽자 환관인 조고(趙高, ?~BC207)는 황제의 유서를 조작해 태자인 부소(扶蘇, ?~BC210)를 자결케 하고 어린 데다가 어리석은 호해(胡亥, BC229~BC207)를 황제에 오르게 한다. 권세가 황제를 능가하기에 이르자 하루는 조고가 사슴 한 마리를 끌고 와서는 황제를 위하여 좋은 말을 구해 왔노라고 말했다. 황제가 이것은 말이 아니라 사슴이 아니냐고 묻자 조고의 권세를 겁낸 주변의 신하들이 모두 말이라고 대답했다고 한다. 아무리 모든 신하가 입을 모아 말이라고 하더라도 우리는 말이 어떻게 생겼는지 알며, 따라서 사슴이 말이 아니라는 것을 안다. 그런데도 그것을 몰랐다니 호해가 어리석기는 어리석었던 모양이다. 그런데 만약 조고가 사슴을 가리켜 말이라고 주장하는 대신 기린이라고 주장했다면 어떨까? 중국의 전설에 나오는 기린을 실제로 본 사람은 아무도 없다. 따라서 조고가 기린은 이렇게 생겼다고 주장했다면 우리는 그 말이 옳은지 그른지 알 수 없다. 조고가 사슴을 도깨비라고 주장했다면 더욱 그렇다.

흔히 돈키호테형 인간이라는 표현은 굳이 긍정적으로 말하자면 행동하는 인간, 조금 더 솔직하게 말하자면 무모하고 맹목적인 인간이라는 의미로 사용된다. 돈키호테가 풍차를 거인으로 착각해 공격하는 장면은 그의 무모함을 보여 주는 가장 좋은 증거이다. 그런데 독일 출신의 예술사학자이자 문예비평가인 아우어바흐(Erich Auerbach)는 『미메시스(*Mimesis: The representation of reality in western literature*, 1946)』라는 책에서 많이 다른 해석을 내놓는다(아우어바흐, 김우창·유종호 옮김, 『미메시스』, 민음사, 2012). 우리는 풍차를 본 경험이 있고 따라서 풍차가 어떻게 생겼는지 알고 있다. 하지만 거인을 직접 본 사람은 없다. 따라서 우리는 거인이 어떻게 생겼는지는 아무도 알지 못한다. 그리스와 로마의 신화에 익숙한 유럽인들에게는 거인이라는 표현이 그리 낯설지 않지만, 우리에게는 그다지 와닿지 않을 수 있으니 거인을 외계인으로 바꾸어 보자. 아무도 외계인을 본 적이 없으므로 우리는 외계인이 어떻게 생겼는지 알지 못한다. 그렇다면 외계인이 풍차처럼 생겼을 수도 있지 않은가? 돈키호테가 이성을 잃은 것이 아니라 실은 돈키호테가 본 것이 정말 거인이었을 수도 있다는 뜻이다. 당신은 과연 지금 당신 옆에 있는 사람이 실은 외계인이 아니라고 확신할 수 있는가?

'미메시스(mimesis)'는 '모방'이라는 뜻이다. 아리스토텔레스가 "예술은 자연의 모방"이라고 말했을 때의 그 모방을 의미하는 그리스어가 바로 미메시스이다. 그런데 모방이라는 말은 다분히 오해의 여지가 많다. 아리스토텔레스가 말하고자 했던 것은 예술이 자연을 단순히 흉내낸다는 의미가 아니라, 사람들이 공유하고 생각하는 내용들을 특정한 추상적 개념이나 미학적인 양식으로 번역한다는 의미에 더 가깝다. 말하자면 현실을 특정한 방식으로 '재현'하는 것이 미메시스이다. 그런데 아리스토텔레스보다 먼저 미메시스라는 개념을 사용한 사람은 바로 플라톤이다. 플라톤의 『국가(*The Republic*)』 「제7편」에는 유명한 '동굴의 비유'가 나온다(플라톤, 왕학수 옮김, 『소크라테스의 변명/국가/향연』, 동서문화사, 2017). 어두운 지하 동굴에 사람들이 살고 있다. 사람들은 어릴 적부터 온 몸이 속박되어 움직이지도 못하고, 뒤돌아보지도 못하는 채로 오직 동굴의 안쪽만을 볼 수 있을 뿐이다. 동굴 입구의 위쪽에는 불이 불타고 있어서 사람들을 뒤로부터 비추고 있다. 사람들의 등 뒤에는 여러 가지 형상이 있지만, 사람들은 횃불에 비친 그림자만을 본다. 사람들은 실체를 볼 수 없기 때문에 자신들이 보는 그림자를 실체라고 믿어 버린다. 플라톤은 동굴에 갇힌 사람들처럼 우리가 현실에서 보는 것은 진정한 실체가 아니며 실체, 즉 이데아의 그림자일 뿐이라고 주장한다. 바꿔 말하면 현실은 이데아의 미메시스인 것이다.[1]

존재와 생성의 문제는 그리스 철학 특히 형이상학의 근본적인 문제였다. 엘레아학파의 창시자인 파르메니데스(Parmenides, BC515?~BC445?)는 존재론의 관점에서 '존재하는 것'만이 있으며, '존재하지 않는 것'은 존재할 수 없는 것이라고 주장했다.[2] 그는 또 존재와 사고를 동일시해 '존재하는 것'은 이성의 대상으로서 사고할 수 있는 것이며 '존재하지 않는 것'은 사고할 수 없다고 주장하기도 했다. 이에 대해 헤라클레이토스(Herakleitos, BC540?~BC480?)는 "만물은 유전하다."며 생성과 변화가 만물의 근본 원리라고 주장했다. 플라톤은 영원, 불멸, 완전의 이데아 세계와 생성, 변화, 불완전의 현상 세계를 구분함으로써 이 두 가지 철학적 태도의 대립을 극복하고자 했다. 그러나 이러한 이분법은 실재의 문제를 충분히 해명하지 못했다. 아리스토텔레스는 불변하는 이데아가 현실 밖에 따로 존재하는 것이 아니라 자연 속에 내재한다고 보아 사물의 형상은 질료와 함께 있다고 설명했다. 사물의 실재 안에 존재와 그 본질이 함께 들어 있다고 봄으로써 이데아와 현상 세계의 이분법을 극복하고자 했던 것이다.

그런데 미메시스에 대한 플라톤과 아리스토텔레스의 태도는 매우 대조적이다. 플라톤이 자신의 이상 국가에서 시인을 추방시킨 사실은 잘 알려진 대로이다. 플라톤에게 동굴의 몽매함에서 벗어나 이데아를 추구하는 일은 모든 인간의 당연한 의무이다. 플라톤이 철인이라고 부른 것은 바로 이데아를 인식한 사람들을 가리키는데, 플라톤에게는 자신의 스승인 소크라테스가 바로

---

1 이데아(idea) : 플라톤 철학의 중심 개념으로 시간과 공간을 초월한 영원하고 참다운 실재를 의미한다. 모든 존재와 인식의 근거는 이데아다. 근대 이후의 철학에서는 객관적 물질과 대비되는 인간의 주관적인 의식, 즉 관념을 나타내는 말로 사용된다.

2 존재론(ontology) : 존재의 가장 보편적인 규정들과 개념들에 관한 철학의 한 분야. 존재를 그 특수한 형태들과는 독립적으로 존재하는 것 그 자체로서 일반적이고 근본적인 규정을 연구하고자 하는 이론이다.

그러한 철인의 모범이다. 그러나 현실의 허상에 사로잡힌 보통의 인간들에게는 이데아를 인식한다는 일이 결코 쉬울 리 없다. 플라톤은 마치 동굴에 갇힌 사람들이 그림자를 실체로 착각하듯이 미메시스는 인간들이 이데아를 향해 나아가는 데 장애가 된다고 생각했다. 현실은 이데아의 재현이고 예술은 그러한 현실의 재현이다. 따라서 예술은 인간이 이데아들 추구하는 데 매우 유해한 악덕이며, 모든 예술가는 국가에서 추방되어야 한다는 것이다.

플라톤이 허상에 빠진 인간들을 동굴에서 벗어나도록 하기 위한 수단으로 생각한 것은 바로 교육이다. 플라톤이 모든 시민들에게 반드시 가르쳐야 할 과목으로 강조한 것은 대수학, 기하학, 천문학 그리고 변증술(dialectic)이다. 플라톤처럼 위대한 철학자가 왜 이런 학문들을 강조했는지 조금 의아할 수도 있지만, 그 시대의 철학자들에게 수학이나 천문학은 우주와 자연의 조화를 탐구하는 학문으로 간주되었다. 가령 기하학의 경우를 보면 그리스인들은 우주가 일정한 비례로 구성되어 있다고 생각했다. 그 시대의 철학자들에게 기하학은 단순히 도형의 면적이나 부피를 측정하는 학문이 아니라 우주의 비례를 탐구하는 학문이었던 셈이다. 플라톤이 자신이 설립한 아카데미아(academia)의 현관에 "기하학을 모르는 자는 이 문을 들어오지 말라."고 썼던 것도 그런 이유에서이다. 그런데 이 과목들 가운데서 철학자가 배워야 하는 최종이자 최상의 학과는 변증술이다.[3] 플라톤에 의하면 수학, 기하학, 천문학 등의 연구는 서곡(pooimion)이며, 변증술이야말로 본곡(nomos)이다. 변증술은 로고스(logos)를 주고받을 수 있는 능력으로, 이 능력 없이는 이데아들을 인식할 수 없다.

플라톤과 대조적으로 아리스토텔레스는 예술이 인간에게 즐거움을 주기 때문에 장려되어야 한다고 주장했다. 예술을 즐기는 것은 인간의 본성이라는 것이다. 플라톤의 이데아론에 대해서도 아리스토텔레스는 비판적이었다. 이데아는 에이도스(eidos)라고 쓰기도 하는데 우리말로는 대개 '형상'으로 번역한다.

3 변증술(dialektike) : 대화를 통해 상대의 논리적 오류를 지적하고 자신의 생각을 설득시키는 논리학의 한 방법. 플라톤은 사물의 본질, 즉 이데아를 설명하는 일을 변증술이라고 불렀다. 대화법이라고도 하는데, 소크라테스의 대화법이 좋은 예이다.

플라톤은 이데아를 궁극적 실체로 인정함으로써 현실을 부수적이고 덜 중요한 것으로 단정했지만, 아리스토텔레스는 현실을 이데아, 즉 형상의 재현에 불과한 세계가 아니라 형상과 질료가 위계적으로 질서 있게 구성된 세계로 생각했다. 물론 그렇다고 해서 아리스토텔레스가 플라톤의 관념주의를 극복했다고 말하기는 어렵다. 다만 라파엘로의 그림 〈아카데미아〉에서 잘 표현된 것처럼 플라톤이 이상주의자였던 반면에 아리스토텔레스는 현실주의자였던 것이다. 자신의 이상국가에서 시인을 추방했던 플라톤이 후대의 시인들에게 영감의 근원이 되고, 시인을 옹호했던 아리스토텔레스가 자신의 의도와는 무관하게 관습과 편견으로부터 자유로워지고자 한 예술가들의 정신을 구속한 중세의 윤리적 기준이 된 사실은 매우 역설적이다.

우리가 자주 사용하는 햄릿형 인간과 돈키호테형 인간이라는 비유를 처음 이야기한 사람은 러시아의 작가인 투르게네프(Ivan Sergeevich Turgenev, 1818~1883)라고 한다. 투르게네프는 『돈키호테』와 『햄릿(Hamlet)』이 같은 해에 집필되었다고 이야기했지만 정확하지는 않다. 남겨진 연대기에 따르면 세르반테스와 셰익스피어((William

Shakespeare, 1564~1616)는 같은 해에 세상을 떠났지만, 이 또한 셰익스피어의 생애에 관한 논란이 많아 확인하기 어렵다. 중요한 것은 이 두 위대한 작가들이 문학을 통해 근대정신을 구현함으로써 르네상스 문학의 정점을 이루었다는 사실이다. 『햄릿』의 배경은 12세기의 덴마크 왕실이다. 하지만 『햄릿』의 등장인물들은 르네상스인들처럼 사고하고 행동한다. 『돈키호테』가 중세의 고정관념에 대한 통렬한 풍자라면, 『햄릿』은 근대인들에게 불가결한 자기성찰의 모습을 보여 준다. 『햄릿』은 연극 무대에서 수없이 공연되었지만, 햄릿을 연기한 배우들 가운데 가장 논쟁적이었던 인물은 아마 프랑스의 국립극장인 코메디 프랑세즈의 주인공으로 한 시대를 풍미했던 여배우 사라 베른하르트(Sarah Bernhardt, 1844~1923)일 듯싶다. 그 시대의 보편적인 관객들은 여배우가 바지를 입고 남성의 역할을 한다는 사실을 쉽게 받아들이지 못했기 때문이다.

관념인가 현실인가?

플라톤의 관념주의는 오랫동안 서양 철학의 역사에서 가장 기본적인 전제들 가운데 하나였다. 가령 독일의 철학자 헤겔은 역사를 변증법적으로 해석한 거의 최초의 인물이지만, 여전히 관념론적 역사관을 버리지는 못했다. 헤겔은 역사를 '절대정신(absoluter Geist)'이 자신을 실현해 가는 과정이라고 주장했다(헤겔, 권기철 옮김, 『역사철학강의』, 동서문화사, 2016). 절대정신이란 헤겔 특유의 용어로, 절대자로서의 이념이 자연으로 외화했다가 자신의 진실태인 자기인식에 도달한 정신을 의미한다. 헤겔에 의하면 플라톤의 이데아처럼 역사 이전에 절대정신이 존재하며, 이 절대정신이 현실에서 자기자신을 구체화시켜 나가는 과정이 바로 역사이다. 헤겔의 역사관에서 가장 중요한 점은 바로 그가 역사를 진보의 관점에서 해석한 거의 첫 번째 철학자라는 사실이다. 헤겔이 주장하는 절대정신은 매우 인간적(?)이다. 인간들처럼 절대정신도 자주 실수를 저지르기 때문이다. 그래서 첫 역사에서 절대정신은 자신을 매우 낮은 수준으로 실현한다. 하지만 그 다음에는 조금 더 높은 수준에서 자신을 실현하고 그

다음에는 또 조금 더 높은 수준으로, 이렇게 절대정신이 자신을 실현해 나가는 과정이 거듭될수록 인류는 더 나은 사회를 건설해 나가고 역사는 진보한다는 것이다. 헤겔의 이런 역사관을 가장 잘 보여 주는 예가 소포클레스의 희곡 〈안티고네(Antigone)〉에 대한 헤겔의 해석이다.

안티고네는 오이디푸스 왕의 딸이다. 오이디푸스가 죽고 그의 아들 폴리네이케스와 에테오클레스는 왕위 자리를 놓고 권력투쟁을 벌인다. 그러다 둘이 동시에 죽자, 안티고네의 외삼촌 크레온이 테바이의 왕이 된다. 크레온은 에테오클레스는 성대히 장례식을 치러주고, 외국 군대를 끌어들인 폴리네이케스의 시신은 매장하지 말도록 명령한다. 그러나 안티고네는 오빠의 시체를 매장하다가 체포되어 스스로 목을 매 죽는다. 〈안티고네〉에 대해 많은 비평가들은 자연법과 실정법의 대립 또는 개인의 양심과 국가권력 간의 대립으로 해석한다. 안티고네는 크레온으로 대변되는 국가권력의 부당한 침해에 맞서 개인의 양심을 지키기 위해 투쟁하는 고매한 영혼이라는 것이다. 물론 반대의 해석도 있다. 안티고네는 가족이라는 사적인 윤리를 지키기 위해 국가라는 공동체의 법과 질서를 거부했기 때문에 파멸을 피할 수 없었다는 것이다. 이러한 두 가지해석에 대해 헤겔은 안티고네와 크레온의 대립은 누구는 선하고 누구는 악하며 누구는 정의롭고 누구는 불의한 것이 아니라 둘 다 선하고 둘 다 정의롭다는 것이다. 다만 안티고네의 유리는 아직 덜 진보한 씨족 사회의 윤리인 반면에 크레온의 윤리는 씨족 사회보다 더 진보한 국가의 윤리이다. 역사가 진보하면 덜 진보한 윤리와 덜 진보한 제도 등은 더 진보한 윤리와 더 진보한 제도 등에 자리를 내어주게 된다. 안티고네의 몰락은 선과 악이 아니라 덜 진보적인 선이 더 진보적인 선으로 진보해 가는 과정에서 불가피한 영웅적 비극인 것이다.

하지만 헤겔을 읽으면서 지우기 힘든 의문은 과연 헤겔이 정말 역사를 절대정신이 자신을 실현해 가는 과정이라고 생각했을까 하는 것이다. 과연 절대정신이라는 것이 현실을 초월해 존재할 수 있는가? 마치 유령이나 거인의 존재처럼 말이다. 거인이 어떻게 생겼는지 본 적도 없고 알지도 못하지만 우리는 풍차가 거인이 아님을 안다. 마찬가지로 합리적인 판단 능력을 가진 사람이라면 유령이나 외계인의 존재를 믿지 않는다. 그렇다면 헤겔처럼 위대한 철학자가 왜 절대정신이라는 개념으로 역사를 설명하고자 했을까? 헤겔은 역사 서술을 세 가지 양식으로 구분했다. 근원적 역사, 반성적 역사, 철학적 역사가 바로 그것이다. 근원적 역사는 사실 그대로의 역사를 의미한다. 반성적 역사는 어떤 목적에 의해 재구성된 역사를 의미한다. 헤겔에게 역사 서술의 가장 높은 단계인 철학적 역사는 바로 철학적으로 해석한 역사를 의미한다. 헤겔이 절대정신이라는 개념을 통해 역사를 설명한 이유도 그러한 초현실적인 존재가 가능하다고 믿었기 때문이 아니라, 역사에 대한 자신의 철학적 해석 즉 진보로서의 역사를 설명하기 위한 수단이었을 터이다.

마르크스의 정치적, 사상적 동지였던 프리드리히 엥겔스는 『루트비히 포이어바하와 독일 고전철학의 종말(*Ludwig Feuerbach und der Ausgang der Klassischen Deutschen Philosophie*, 1888)』라는 책에서 "철학의 가장 중대한 근본 문제는 사유와 존재의 관계에 관한 문제이며, 이 문제에 어떻게 대답하느냐에 따라 철학자들은 두 개의 큰 진영으로 갈라졌다."고 말했다(엥겔스, 남상일 옮김, 『루드비히 포이어바하와 독일고전철학의 종말』, 백산서당, 1989). 우리가 흔히 관념론과 유물론의 대립이라고 표현하는 바로 그 문제이다. 플라톤의 이데아나 헤겔의 절대정신처럼 관념적인 것이 물질적인 것에 선행한다는 주장이 관념론(idealism)이며, 반대로 물질적인 것이 관념적인 것에 선행한다는 주장이 유물론(materialism)이다. 물론 철학자들이 고민하는 문제는 그렇게 단순하지만은 않다. 마르크스주의자들과는 달리 많은 철학자들은 유물론을 실재론의 한 견해로 간주하는 경우가 많다.[4] 그런데 보편 개념의 실재를 인정한다는 점에서 실재론은 반드시 관념론과 대립하지 않는다. 가령 플라톤은 명백히 관념론자지만, 이데아의 실재를 인정한다는 점에서 또한 실재론자이기도 하다. 철학

4 실재론(realism) : 인간의 의식이나 주관으로부터 독립해 존재하는 객관적 존재를 인정하고 그것을 올바른 인식의 목적 또는 기준으로 삼는 철학적 태도.

적으로 실재론의 대립쌍은 관념론이 아니라 유명론이다.[5] 이야기가 너무 멀리 가는 듯하니 다시 미메시스로 돌아가 보자. 엥겔스는 마르크스의 발언을 빌려 존재는 사유에 선행하며, 현실은 관념에 선행한다고 주장했다. 비유하자면 플라톤이 주장한 것처럼 현실이 이념의 미메시스인 것이 아니라 반대로 관념이 현실의 미메시스라는 것이다. 솔직히 이야기하면 사유의 세계에 사는 철학자들에게나 논쟁의 여지가 있을지 모르겠지만 평범한 일상을 사는 우리에게는 너무나 자명한 이야기다. 당연히 관념이 현실의 재현이지 어떻게 현실이 관념의 재현일 수 있는가? 다만 문제는 관념이나 예술이나 철학이 어떻게 현실을 재현하는가 하는 문제이다. 시는 시적인 방식으로 현실을 재현한다. 음악은 음악적인 방식으로 현실을 재현한다. 회화나 조각은 또 그것들에 고유한 방식으로 현실을 재현한다. 그렇다면 경제학은 어떠한가?

경제학은 과학적인가?

경제학은 과학적인가라는 질문은 어딘지 모순적으로 들릴지도 모르겠다. 이미 경제학은 과학이라고 이야기해 놓고서 경제학은 과학적이냐고 물으니 말이다. 그러나 아무개가 '인간'이라는 말과 아무개가 '인간적'이라는 말이 반드시 같은 의미는 아닐 수 있듯이 경제학은 과학이지만 과학적이지는 않을 수도 있다. 경제학자들이 일반인들에게 가장 자주 듣는 질문은 바로 "경제학이 진정으로 과학적이라면 왜 그 많은 경제학자들 가운데 아무도 금융위기를 예측하지 못했나요?"라는 것이다. 심지어 경제학자로서뿐 아니라 베블런 이후로 가장 대중적으로 잘 알려진 저술가로 더 유명한 갤브레이스(John Kenneth Galbraith, 1908~2006)는 "신은 점성술사들을 괜찮아 보이도록 하기 위해 경제학자들을 창조했다."고 비꼬기도 한다. 그런데 일반인들이 오해하고 있는 일

5 유명론(niminalism) : 보편은 단순히 추상적 사고의 산물인 이름에 불과하고, 개별적 사물만이 실재한다는 철학적 태도.

은 경제학은 미래를 예측하는 학문이 아니라는 사실이다.

경제학은 과학적인가라는 질문은 사실 질문 그 자체부터가 모호하다. '과학적'이라는 말의 의미가 먼저 정의되지 않았기 때문이다. 많은 이들은 과학적이라는 말을 현실과 부합한다는 의미로 생각한다. 이런 태도는 이미 앞에서 진리란 사실과 사유의 일치 또는 인식과 실재의 일치라고 정의했던 것과 같다. 그런데 진리에 대해 다른 정의도 있다. 어떤 이들은 진리란 "사유와 사유의 일치"라고 생각한다. 진리인가 아닌가를 결정할 때 중요한 것은 주어진 주장이 실재와 일치하느냐가 아니라 궁극적이고 폐지할 수 없는 기준과 일치하느냐는 데 있다는 것이다. 따라서 주장을 정당화하기 위해서는 신뢰할 만한 기준을 적용하기만 하면 충분하지 그 기준이 사실과 일치하는지 알 필요는 없다. 가령 지구는 둥글다는 기준을 적용하면 충분하지 지구가 정말 둥근지 아닌지는 알 필요 없다는 뜻이다(아두키에비츠, 송병욱 옮김, 『철학 그 문제와 이론들』, 서광사, 1996). 물론 데이빗 흄이 그랬듯이 인간의 인식으로는 실재를 인식할 수 없다. 다시 말해 지구가 둥근지 아닌지를 아예 알 수 없다고 주장하는 회의론자들도 있다. 지구가 둥근지 아닌지 알 수 없으므로 알 필요도 없다는 의미일 수도 있다. 어디까지나 비유일 뿐이지만, 경제학은 회의론으로부터 확신을 이끌어내는 학문인 셈이다.

경제학은 경험주의적 학문인가 합리주의적 학문인가? 경제학은 통계자료들 즉 객관적이고 경험적인 수치들을 이용한다는 점에서 보면 경험주의적 과학이다. 베이컨은 과학을 인간과 물리적 환경의 상호작용은 제한 상태의 극대화 문제라고 말했다. 이는 근대 경제학이 과제로 삼는 극대화 문제와 유사하다. 가령 경제학의 가장 일반적인 문제는 주어진 조건에서 목적함수의 극대화, 즉 소비자의 경우에는 효용극대화를, 또 기업의 경우에는 이윤극대화를 어떻게 실현하는가의 문제이다. 경제학의 다양한 문제들은 모두 이 기본적인 문제의 변형이라고 보아도 크게 틀리지 않는다.

그러나 다른 한편에서 보면 경제학은 합리주의적 과학이다. 왜냐하면 비록 경험적인 통계자료들을 이용하기는 하지만 경제학이 그것들로부터 도출하고자 하는 것은 단순한 경험적 사실이 아니라 보편적 진리이기 때문이다. 마르크스는 사회과학의 방법은 구체로부터 추상으로의 하향과 추상으로부터 구체로의 상향이라는 두 과정을 거친다고 말했다. 근대 경제학 특히 주류 경제학은 마르크스주의 경제학과 전혀 반대의 이념적 경향을 가지고 있지만, 두 학문의 방법론은 매우 비슷하다. 근대 경제학도 경험적 자료들로부터 보편적 이론으로 하향했다가 다시 그 이론을 현실에 적용하는 상향의 과정을 반복하기 때문이다. 근대 경제학이 이런 방법을 구축할 수 있었던 것은 모형과 검증이라는 특수한 수단 덕분이다. 존 스튜어트 밀은 자연과학과 달리 사회과학은 실험이 불가능하다고 주장했다. 물리학은 실험실 안에서 특별한 조건을 만들어 실험할 수 있지만 인간과 사회에 관한 학문인 사회과학이 어떻게 그런 실험이 가능한가 하는 뜻이다. 하지만 홉스나 로크 같은 경험주의자들은 사회과학 가운데 어떤 분야 즉 경제학은 기계론적 접근이 가능하다고 말했다. 경제학은 물질이 대상이기 때문이다. 경제학의 대상이 과연 물질인지 인간인지는 잠시 접어 두고, 근대 경제학자들은 로크의 후예임이 분명하다. 왜냐하면 그들은 경제학이 충분히 실험실에서 조작 가능한 학문이라고 생각하기 때문이다.

경제학자들이 경험과학으로서의 경제학으로부터 보편적 진리를 도출하는 방법은 수학적인 '모형(model)'을 이용함으로써 가능해진다. 경제학이 오래 전부터 수학적 논리를 사용해 왔다는 것은 이미 이야기한 대로이다. 경제학의 방법으로 통계적 도구들을 주장한 윌리엄 페티의 『정치산술(*Political Arithmetic*, 1690)』은 애덤 스미스의 『국부론』보다 거의 100년 전에 출판되었다. 그러나 방법론 논쟁에서 보듯이 모든 경제학자들이 수학적 논리를 주장하는 것은 아니며, 설령 수학적 논리를 사용하더라도 수학적으로 사고한다는 것과 수학적 도구들을 사용한다는 것은 다른 일이다. 앨프레드 마셜은 같은 세대의 경제학자들 가운데 가장 수학에 능숙했음에도 불구하고, 수학을 단지 경제학 연구의 방법으로만 사용하고 그렇게 얻어진 결론을 서술할 때는 모든 수식을 버리라고 말했다. 경제학자들이 지금처럼 수학적 모형에 의존하기 시작한 것은 사실 그렇게 오래된 일이 아니라는 뜻이다. 하지만 마셜의 경고와 반대로 수학적 도구들의 효율성과 단순함이 주는 힘은 언어보다 훨씬 강력하다. 이제 경제학은 언어 대신 기호를 사용하는 기호논리학 또는 수리논리학이 되었다. 이 책의 첫머리에서 인용했던 케네스 볼딩의 재치 있는 비유처럼 "수학은 경제학에 엄격함을 줬지만 불행히 경직성도 주었던" 것이다.

철학자이자 수학자였던 데카르트는 삶의 모든 문제를 해결할 수 있다고 주장했다. 물론 여기에는 그 문제들을 몇 개의 수학식으로 이루어진 연립방정식 체계로 만들 수 있다는 전제조건이 있다. 그 다음에는 이 연립방정식을 풀어 답을 구하기만 하면 된다. 데카르트의 난관은 인생에는 수학식으로 표현할 수 없는 문제들이 대부분이라는 점이다. 그런데 오늘날 경제학자들은 자신들에게 주어진 모든 문제를 연립방정식으로 만들어서 답을 찾아낸다. 경제학자들은 실험실에서 물리학적이거나 화학적인 실험을 하는 대신 컴퓨터 앞에 앉아 모형을 만든다. 하기야 요즘은 물리학자들도 굳이 피사의 사탑에 올라가는 대신 컴퓨터를 이용하는 경우가 더 많기는 하다. 경제학자들이 사용하는 모형은 몇 개의 방정식과 자료들로 이루어진다. 물론 이 수식들이 아무렇게나 만들어지지는 않는다. 경제모형을 구성하는 수식들은 이론과 가설들에 근거해 매우 신중하게 고안된 것들이다. 경제학자들은 모형이라는 말을 자주 사용하는데, 실은 그 의미가 반드시 한 가지인 것은 아니다. 어떤 곳에서는 경제이론들로 이루어진 체계를 경제모형이라고 부르기도 하지만, 다른 곳에서는 그 이론들을 구성하는 가설들의 체계를 경제모형이라고 부르기도 한다. 더 좁은 의미에서는 이 가설들을 검증하기 위한 도구들을 모형이라고 부르기도 한다. 아무튼 오늘날의 경제학자들은 데카르트처럼 종이와 연필로 수학 문제를 풀지는 않는다. 경제학자들이 수식을 컴퓨터 프로그램에 설정한 다음 통계자료들을 입력하면 컴퓨터는 연립방정식의 해(solution)를 찾아 주기 때문이다. 반면에 행동경제학자들은 지금도 종이와 연필을 이용해 실험하기도 한다.

문제는 경제모형을 구성하는 연립방정식에 어떤 변수들을 포함시키고 어떤 변수들을 제외시키느냐는 것이다. 대니 로드릭(Dani Rodrik)은 경제모형을 "특정한 메커니즘을 다른 혼란스러운 영향들로부터 분리해 그것이 어떻게 작동하는지 보여 주기 위한 단순화"로 정의한다(로드릭, 이강국 옮김, 『그래도 경제학이다』, 생각의힘, 2015). 이런 정의에는 이미 모형이란 변수들을 선택하거나 배제하는 문제라는 전제가 포함되어 있다. 우리가 살고 있는 현실은 매우 복잡하며, 현실 속에는 본질적인 것들과 비본질적인 것들이 언제나 혼재해 있기 마련이다. 따라서 현실 속에서 어떤 변수들을 선택하고 어떤 변수들을 버릴 것인가는 모형을 설정하는 데 가장 중요한 문제이다. 너무 많은 변수들을 선택하면 모형은 조금 더 현실적일 수 있지만 변수들 간의 연관을 더 명료하게 설명하기는 어려워진다. 반대로 변수들을 단순화시키면 모형은 그만큼 현실로부터 멀어질 수밖에 없다. 주류 경제학이 모형에 대해 어떤 태도를 가지고 있는가는 가정이 비현실적일수록 모형은 더 정확해진다는 말로 요약된다. 가정이 비현실적이라는 말은 그만큼 많은 변수들을 제거하고 모형을 만들라는 뜻이다. 변수들이 단순해질수록 당연히 변수들 간의 연관도 더 단순해지고 명확해진다. 다만 가정이 비현실적이면 그렇게 만들어진 모형으로부터 도출되는 결론 또한 비현실적이라는 것이 경제학자들의 딜레마이다. 모든 것을 가정하면 아무런 결론도 얻을 수 없고 원하는 결론을 얻으려면 아무 것도 가정할 수 없다는 이 딜레마 앞에서 대부분의 경제학자들은 모형의 현실성보다는 모형의 논리적 일관성을 선택한다. 경제학은 과학적인가라는 질문에 대해 경제학자들과 보통사람들의 생각이 상이한 이유다.

경제학자들이 모형을 다루는 방법을 잘 보여 주는 예가 신자유주의 경제학을 대표하는 밀턴 프리드먼(Milton Friedman, 1912~2006)이다.[6] 지난 20세기의

6 신자유주의(neo-Liberalism) : 국가의 시장개입을 비판하고 시장의 기능과 민간의 자유로운 활동을 중시하는 경제사상 및 이론. 신자유주의라는 용어 자체는 인간 개성의 자유로운 신장을 중시하는 자유주의의 전통적 이념을 유지하면서 고전적 자유주의의 원자론적, 방임적 개인주의의 문제를 극복하려는 사상적 경향을 가리키는 말로 이전부터 사용되어 왔다. 경제학에서는 케인스주의 경제학에 대한 비판으로서 1940년대부터 나타났으나 주류 경제학으로 부상하게 된 것은

후반기를 통틀어 가장 영향력이 큰 경제학자를 한 사람만 꼽으라면 아마 프리드먼일 것이다. 신자유주의 경제학 안에도 다양한 스펙트럼이 존재하지만, 신자유주의 경제사상을 창안한 사람이 프리드리히 하이에크(Friedrich August von Hayek, 1899~1992)라면 신자유주의 경제이론의 토대를 구축한 사람은 프리드먼이다. 특히 프리드먼의 『실증경제학에 관한 에세이(*Essays in Positive Economics*, 1953)』에 실린 「실증경제학의 방법론(*The Methodology of Positive Economics*, 1953)」은 주류 경제학의 방법론에 관한 가장 중요한 저술 가운데 하나이다. 이 글에서 프리드먼은 얼핏 매우 도발적으로 들릴 수 있는 주장을 한다. 경제모형에서는 가정의 현실성은 전혀 문제가 되지 않으며 단지 이론이 얼마나 정확하게 예측하느냐만이 문제가 된다는 것이다. 여기서 예측이란 현실에서 어떤 일이 일어날지를 의미하는 것이 아니라 모형 안에서 어떤 결론이 나타날지를 의미한다. 프리드먼의 말에서 알 수 있듯이 경제학자들이 수학적 모형을 사용하는 첫 번째 이유는 현실성이 아니라 바로 그 내적인 일관성에 있다.

프리드먼은 "이론은 우리가 사실을 인식하는 방법이고, 우리는 이론 없이는 사실을 인식할 수 없다."고 말했다. 경제이론들은 하나 또는 몇 개의 가설들로 이루어진다. 이 가설들이 옳은지 아닌지를 검증하는 방법이 모형이다. 반대로 이론은 모형을 지지해 주는 근거가 되기도 한다. 자연과학자들을 폄하할 마음은 전혀 없지만, 때때로 자연과학에서는 이론 없는 모형도 가능하다. 그러나 경제학에서는 이론 없는 모형은 없다. 경제학의 방법으로서 수학적 모형이 얼마나 강력한가는 모형을 이용해 가설들을 검증해 보면 대부분의 경우 참이라는 결론이 나온다는 사실에서 알 수 있다. "책상은 책상이다(Ein Tisch ist ein Tisch)."라는 동일률처럼 경제모형을 구성하는 가설들은 자기순환적이고 동어반복적인 경우가 많기 때문이다. 가끔 가설들이 거짓이라는 결론이 나오는 경우도 있지만 그다지 걱정할 일은 아니다. 그럴 경우에는 참이라는 결론

1970년대 초반의 세계적인 경제위기 이후이다.

이 나올 때까지 검증을 반복하면 되기 때문이다. 마치 비가 올 때까지 기우제를 지내는 주술사처럼 말이다.

경제학은 왜 미래를 예측할 수 없는가? 먼저 경험과학으로서 경제학은 오직 경험의 범위 안에서만 미래를 예측할 수 있기 때문이다. 경험해 보지 않은 경제위기를 경제학이 예측할 수는 없다는 뜻이다. 하지만 경제학은 단순한 경험과학이 아니라 경험적 자료들로부터 보편적 진리를 도출하고자 하는 과학이다. 논리과학으로서 경제학이 미래를 예측하지 못하는 이유는, 경제학이 추구하는 진리는 사유와 사실의 일치가 아니라 사유와 사유의 일치에 있기 때문이다. 논리와 현실의 정합성이 아니라 논리 그 자체의 정합성을 추구한다는 뜻이다. 그런 의미에서 경제학은 형식논리학에 속하는 학문이다.[7] 논리학은 철학의 여러 분야 가운데서도 독특한 특징을 가진다. 다른 철학 분야들은 연구의 대상과 연구의 방법이 구분된다. 그런데 논리학에서는 연구의 대상이 곧 연구의 방법이다. 논리학, 특히 형식논리학은 근본적으로 사유의 내용이 아니라 사유의 형식에 관한 학문이다. 형식논리학은 사람들이 어떻게 사유하느냐가 아니라 어떻게 사유해야 옳은가의 문제를 다룬다. 다시 말해 형식논리학은 지식의 내용에 관여함이 없이 오직 올바른 추론이 어겨서는 안 될 형식적 규칙만을 다룬다. 많은 철학자들은 형식논리학이 너무 추상적이어서 실질적 내용을 갖춘 지식을 주지 못한다고 비판한다. 심지어 헤겔은 『대논리학』의 서문에서 논리학은 아리스토텔레스 이후로 전혀 발전한 것이 없다고 비판하기도 했다(헤겔, 임석진 옮김, 『대논리학』, 지학사, 1988). 칸트의 선험적 논리학이나 헤겔의 변증법적 논리학은 형식논리학의 그런 한계를 극복하고자 나왔다.[8] 하지만

---

7 논리학(logics) : 논리학은 올바른 사고의 구조와 그 외연적 측면을 다루는 학문이다. 일반적으로 논리학이라고 하면 형식논리학을 가리킨다. 형식논리학은 사유의 내용을 사상하고 오로지 그 형식적 원리, 즉 개념·판단·추리 등의 형식을 연구하는 학문이다. 아리스토텔레스는 형식논리학의 기본원리를 동일률(A는 A이다), 배중률(A이거나 A가 아니거나 둘 가운데 하나여야 한다), 모순률(A이면서 A가 아닐 수 없다) 등으로 정리했다.

8 변증법(dialectic) : 동일률(A는 A이다)을 근거로 하는 형식논리학에 대해 모순 또는 대립을 근본원리로 사물의 운동을 설명하려고 하는 논리. 흔히 A는 A인 동시에 A가 아니라는 말로 표현된다. 변증법이라는 용어는 고대 그리스 철학의 변증술에서 나왔다. 그리스 철학에서 변증법적

이런 비판들에도 불구하고 여전히 형식논리학은 철학적인 그리고 경제학적인 사유의 방법론으로서 강력한 지위를 가지고 있다.

많은 경제학자들은 실증주의를 경제학의 유력한 방법론이라고 생각한다.[9] 그 이유는 실증주의가 가장 올바른 방법이어서가 아니라 솔직히 이야기하자면 그것을 대체할 만한 다른 방법론을 아직 찾지 못했기 때문이다. 그런데 경제학을 경험과학이라고 생각하는 이들은 경제학의 방법을 경험실증주의(empirical positivism)라고 말한다. 경제학의 결론들이 경험적 증거들에 의해 검증되어야 할 뿐 아니라 실제로 검증되고 있다는 뜻이다. 실제로 필립스곡선과 같은 경제이론들은 경험적으로 얻어진 결론이다.[10] 그러나 오늘날의 경제학은 경험실증주의이기보다는 오히려 논리적 진리만을 인정하는 논리실증주의(logical positivism)에 더 가깝다. 물론 여기서 논리적 진리란 당연히 형식논리적 진리, 즉 연역논리의 체계로 결정되는 진리를 의미한다. 논리실증주의의 선구자가 바로 애덤 스미스에게 가장 중요한 영향을 준 데이빗 흄이라는 사실은 의미심장하다. 논리실증주의자들 역시 경제학의 결론들이 검증되어야 한다고 주장한다. 다만 그들이 의미하는 과학적 검증은, 현실에서의 검증을 의미하는 것이 아니라 논리적인 검증 가능성을 의미할 뿐이다. 검증 가능한 명제만이 진리일 수 있다. 하지만 진리를 굳이 검증해야 할 필요는 없다. 바로

논리학을 대표하는 이는 "만물은 유전한다."는 말을 남긴 헤라클레이토스이다. 근대에 와서 변증법이 형식논리학과 대비되는 논리학의 특별한 방법론으로 사용되게 된 것은 헤겔이 자신의 변증법적 논리학을 확립하면서이다. 그러나 변증법이라는 용어 자체는 비교적 광범하게 사용되었다. 칸트도 자신의 논리학에 대해 변증법이라고 부르는 경우가 많았다. 다만 헤겔은 칸트의 논리학도 다른 철학자들과 마찬가지로 아리스토텔레스 이후의 형식논리학에서 전혀 발전하지 못했다고 비판하기도 했다. 헤겔의 변증법적 관념론은 마르크스와 엥겔스에 의해 변증법적 유물론으로 발전한다.

9 실증주의(positivism) : 19세기 후반에 나타난 철학의 한 경향. 형이상학적 사변을 배격하고 사실 그 자체에 대한 과학적 탐구를 강조하며, 관찰이나 실험 등으로 검증 가능한 지식만을 인정한다. 실증주의'라는 말을 처음 사용한 사람은 프랑스의 공상적 사회주의 사상가였던 생시몽(Comte de Saint-Simon, 1760~1825)으로 알려지지만, 실증주의를 철학의 한 경향으로 자리잡게 한 사람은 콩트(Auguste Comte, 1798~1857)이다.

10 필립스곡선(Phillips curve) : 실업률과 임금상승률 사이에는 매우 안정적인 함수관계가 있다는 이론. 영국의 경제학자 필립스(Alban William Phillips)가 실증자료들을 바탕으로 발표했다.

이런 의미에서 경제학은 과학이다.

케인스(왼쪽)와 몇몇 경제학자들은 애덤 스미스가 그랬던 것처럼 경제학을 인간의 본성에 대한 성찰에 근거해 가치판단의 문제를 명시적으로 다루는 도덕과학이라고 생각했다. 이 때문에 케인스의 반대자들은 케인스가 경제학을 심리학으로 타락시켰다고 비난하기도 한다. 반면에 프리드먼(오른쪽)과 더 많은 경제학자들은 경제학을 자연과학처럼 단순화와 추상화를 통해 복잡한 현실의 핵심을 포착해내 설명하는 경제과학으로 생각한다. 그래서 케인스의 경제학은 혼란스럽고 프리드먼의 경제학은 명료하다.

삶에는 지도가 없다

1879년 에스파냐 북부 칸타브리아의 법률가이자 아마추어 고고학자인 사우투올라(Marcelino de Sautuola, 1831~1888)는 어린 딸과 함께 알타미라(Altamira)의 동굴에서 구석기 시대의 벽화를 발견한다. 그러나 한동안 고고학자들은 이 유적이 구석기 시대의 유물임을 인정하지 않았다. 구석기 시대의 원시인들이 남긴 유물이라고 보기에는 동굴의 벽화가 너무 사실적이었기 때문이다. 조금 과장하자면 그 벽화들은 르네상스 시대의 화가 미켈란젤로가 시스티나 성당의 천장에 그린 그림만큼이나 세밀했다. 고고학자들의 이런 확신은 이후 시대인 신석기 시대나 청동기 시대의 유물들과 비교해 볼 때 더욱 확고해졌다. 신석기 시대의 벽화들은 매우 단순하고 거칠어서 누가 보더라도 원시적(?)이었기 때문이다. 당연히 그보다 훨씬 앞선 구석기 시대인들이 이런 벽화를 남긴다는 것은 불가능한 일로 여겨졌다. 그러나 다양한 과학적 검증 수단들을 이용해 이 벽화들이 제작된 시기를 조사해 보니 알타미라의 벽화는 구석기인들이 남긴 유적임이 분명했다. 도대체 이런 기묘한 모순을 어떻게 설명할 수 있을까? 과거의 고고학자들이 미처 이해하지 못했던 일은, 인간의 미적인 능력이 발달하면 할수록 현실을 있는 그대로가 아니라 더 추상화된 형상으로 표현한다는 사실이다. 감탄스러울 정도로 세밀하고 정교한 구석기인들의 벽화보다 어딘지 서투르고 거칠고 엉성할 정도로 단순해 보이는 신석기인들의 유물이 실은 대상의 본질적인 특징과 속성들을 더 정확하게 포착해 낸 훨씬 더 높은 수준의 미적 능력의 발현이었다. 보는 대로 그리는 그림에서 아는 대로 그리는 그림으로의 진보가 신석기인들의 단순화된 그림 속에 구현되어 나타났다는 뜻이다. 어느 아마추어 화가가 파블로 피카소(Pablo Picasso, 1881~1973)에게 자신이 그린 고양이 그림이 피카소의 작품보다 더 사실적이라고 자랑하자 피카소가 5분 만에 똑같은 그림을 그려 보여 줬다는 일화와 같은 맥락의 이야기다. 피카소가 자만심에 빠진 아마추어 화가에게 말하기를 나는 이미 여섯 살 때 당신이 그린 것과 똑같은 그림을 그렸다고 했다 한다.

비슷한 예는 문자를 가지고서도 설명할 수 있다. 알파벳의 A는 뿔 달린 황소의 머리를 모사한 페니키아 문자에서 왔다. 우리가 표음문자라고 부르는 언어들 대부분이 처음에는 표의문자였다는 뜻이다. 표의문자가 구체라면 표음문자는 추상이다. 뿔 달린 황소 머리로 담을 수 있는 내용은 제한적일 수밖에 없다. 하지만 뿔 달린 황소 머리가 알파벳 A가 됨으로써 더 많은 내용들을 표현하고 기록할 수 있게 되었었다. 과학이나 철학도 마찬가지다. 경제학자들이 수학적 도구들을 사용하는 데 대한 가장 흔한 오해는 수학적 도구들을 사용한다는 사실 그 자체가 잘못되었다고 생각하는 일이다. 호모 에코노미쿠스라는 인간형이 실제로 현실에 존재하느냐는 비판에 대해서 이미 이야기한 것처럼, 모든 과학적 개념들은 현실 그 자체가 아니라 현실로부터 도출한 추상일 뿐이다. 수학적 도구들은 다른 다양한 과학적 방법들과 마찬가지로 현실에서 진리를 추상해 내는 도구들 가운데 한 가지일 뿐이라는 뜻이다. 그러므로 경제학이 추상화의 방법을 사용한다고 해서 잘못은 아니다. 문제는 현실을 추상화한다는 데 있는 것이 아니라 어떻게 추상화하느냐에 있다.

경제학자들이 수학적 모형을 사랑하는 가장 큰 이유는 그 명료성 때문이다. 케인스의 『고용, 이자 및 화폐에 관한 일반이론(*The General Theory of Employment, Interest and Money*, 1936)』에는 '야성적 충동(animal spirit)'이라는 유명한 표현이 나온다. 인간이 반드시 합리적 이성에 따라 행동하기만 하는 것이 아니라 때로는 논리적으로 설명할 수 없는 본능적인 충동에 따라 행동하기도 한다는 뜻이다. 케인스가 쓴 글들은 때로 너무 모호하다 못해 서로 모순된다는 비판을 받기도 한다. 이에 대해 케인스는 우리가 살고 있는 현실이 그만큼 모호하고 모순되기 때문이라고 대답한다. 케인스만이 아니라 언어를 이용해 자신의 생각을 표현한 경제학자들의 글은 거의 다 모호하다. 마르크스가 그렇고 슘페터도 그렇다. 우연이지만 케인스와 슘페터는 마르크스가 세상을 떠난 1883년 같은 해에 태어났다. 심지어 수학자였던 앨프레드 마셜도 똑같은 비난을 받았다. 앞에서 인용했던 케네스 애로우의 이야기를 다시 들어 보자. "우리는 마셜이 가르쳐 준 길을 따라왔지만, 그 길은 너무 꾸불꾸불했다." 반면에 수학적 기호로 자신의 생각을 표현하는 경제학자들의 글은, 설령 그들의 주장이 정반대의 것일지라도 무엇을 주장하는지 매우 명료하게 이해된다는 공통점을 가진다. 경제학이 서로 대립하는 법칙을 발견했다는 이유로 두 사람 모두 노벨상을 받는 유일한 학문이라고 조롱받는 이유이기도 하다.

정치경제학이라는 이름으로 불리던 경제학을 정치학으로부터 독립시킨 것은 바로 신고전학파 경제학자들 그 가운데서도 특히 앨프레드 마셜이다. 마셜은 자신의 책에 『정치경제학원리』라는 이름 대신 『경제학원리』라는 이름을 처음 붙인 경제학자이며, 케임브리지대학에 독립된 경제학과를 개설함으로써 정치학과나 행정학과에 때로는 철학과에 부설된 하위 전공에 불과했던 경제학을 독립된 학문으로 확립한 사람이기도 하다. 무엇보다도 마셜의 가장 큰 공헌은 오늘날에도 경제학 교과서들에서 거의 그대로 사용되고 있는 수요(demand), 공급(supply), 균형(equilibrium) 등의 개념을 정리하고, 비교정학(comparative statics)이라는 방법론을 정립한 것이다. 경제학에서 가장 중요한 개념 가운데 하나인 균형은 수요와 공급이 동일한 점에서 만나 안정을 이룬 상태를 가리킨다. 이때 수요와 공급은 단순한 수량이 아니라 시장에서 작동하는 힘(momentum)들이다. 그런데 마셜은 개별 시장에서만 균형이 가능하다는 부분균형이론을 제시했다. 사람은 누구나 배가 고프면 빵에 대한 욕구를 가지고 날이 추우면 옷에 대한 욕구를 가진다. 빵에 대한 욕구와 옷에 대한 욕구가 다르듯이 빵에 대한 수요와 옷에 대한 수요도 전혀 다른 성격의 것이다. 따라서 우리는 빵의 시장에서의 균형과 옷의 시장에서의 균형을 각각 분석할 수 있을 뿐 빵 시장의 균형과 옷 시장의 균형을 동시에 분석할 수는 없다. 애초에 그런 균형은 존재하지도 않기 때문이다.

그런데 마셜의 부분균형이론에 이의를 제기한 경제학자가 있다. 바로 레옹 왈라가 그 사람이다. 흔히 애덤 스미스를 경제학의 아버지라고 부르지만 솔직히 20세기의 경제학자들에게 스미스는 마틴 루터처럼 너무 멀리 존재하는 인물이다. 현대 경제학자들에게 경제학의 아버지가 누구냐고 물으면 과연 어떤 대답이 나올까? 아마 어떤 이들은 당연히 마셜의 이름을 들 테지만, 다른 이들 어쩌면 더 많은 이들은 왈라야말로 자신들이 공부한 경제학의 아버지라고 부를 듯싶다. 슘페터도 『10대 경제학자: 마르크스에서 케인스까지(*Ten great economists: from Marx to Keynes*, 1951)』에서 왈라를 가리켜 모든 경제학자들 가운데서도 가장 위대한 경제학자라고 불렀다(슘페터, 정도영 옮김, 『10대 경제학자』, 한길사, 1998). 왈라의 이름을 경제학의 역사에서 불멸이게 만든 것은 바로 그의 일반균형이론(general equilibrium theory)이다. 일반균형이론이란 수억 개의 시장이 존재하더라도 그 모든 시장에서 동시에 균형이 성립하는 일반균형이 가능하며, 당연히 경제학은 일반균형의 존재를 수학적으로 증명할 수 있다는 것이다. 감히 말하기는 참으로 불경스런 이야기지만, 현실에서 과연 일반균형이 존재하는가는 모르겠다. 왜냐하면 현실에서는 수억 개의 시장을 구성하는 수요와 공급의 모든 힘들이 정지해 있지 않고 끊임없이 움직이기 때문이다. 따라서 하나의 시장에서 균형이 성립했다 하더라도 다른 시장에서 균형이 성립할 동안 앞선 시장의 균형은 이탈해 버릴 것이다. 그렇다고 왈라가 잘못되었다고 말할 수는 없다. 균형을 정지된 상태가 아니라 모든 힘들이 그런 상태를 향해 운동하는 과정으로 이해하면 일반균형도 충분히 가능한 개념이기 때문이다. 더 중요한 사실은 왈라가 일반균형의 존재를 수학적으로 증명했다는 데 있다. 경제학자들이 왈라를 존경하는 이유는 마치 애덤 스미스가 '주피터의 보이지 않는 손'이 수많은 천체들이 조화를 이루면서 운행하도록 작동한다고 말한 것처럼, 왈라는 수억 개의 시장에서 모든 힘들이 균형을 이루고 그래서 시장은 더할 나위 없이 완벽하게 조화롭다는 믿음을 주기 때문이다. 밤하늘에는 수억 개의 별이 빛나고 시장에서는 수억 개의 균형이 빛난다고 생각해 보면, 마치 칸트가 밤하늘에는 별이 빛나고 내 마음에는 도덕률이 빛난다고 말한 것처럼 경이롭다. 여기서 마셜을 위한 변명 한 마디만 덧붙이자. 마셜은 경제학을 인간의 일상적인 삶을 분석하는 학문이라고 말했다. 왈라의 일반균형이론은 아름답고 경이롭기는 하지만 그 덕분에 경제학은 우리들의 일상의 삶으로부터 멀어지고 말았다.

형식논리학의 과제가 사람들이 어떻게 사유하느냐가 아니라 어떻게 사유하는 것이 옳은가의 문제라는 점은 앞에서 이야기한 대로이다. 중요한 점은 어떻게 사유하느냐와 어떻게 사유해야 옳으냐의 구분은 이미 사람들이 올바른 사유의 방법처럼 사유하지 않는다는 것을 의미한다. 이제 사유를 행동으로 바꿔 생각해 보면 문제가 어디에 있는지 더 분명해진다. 경제학은 사람들이 이렇게 행동해야 옳다는 전제에서부터 출발한다. 하지만 문제는 사람들이 그렇게 행동하지 않는다는 점이다. 그래서 경제이론들이 근거하는 모형들은 그 전제에서부터 이미 현실적일 수 없다. 만약에 과학적이라는 말을 현실적이라는 의미로 이해한다면 경제학은 그 전제에서부터 이미 과학적일 수 없다.

경제학자들은 자신들이 사용하는 수학적 모형의 의의를 흔히 지도에 비유한다. 지도는 우리가 쉽게 길을 찾아갈 수 있도록 도와준다. 지도는 현실이 아니다. 하지만 때때로 지도는 현실보다 더 현실을 잘 보여주기도 한다. 현실에는 내게 필요하지 않은 정보도 많지만 지도에는 내가 원하는 정보들이 요약되어 있기 때문이다. 그런 의미에서 지도는 현실의 고의적인 왜곡, 그러나 유용한 왜곡이다. 경제학이 사용하는 모형도 지도와 마찬가지로 현실 그대로가 아니다. 하지만 때때로 모형들은 현실보다 현실을 더 잘 설명해 주기도 한다. 물론 그렇지 않을 수도 있다. 어느 경우이든 모형이 매우 유용하다는 점만은 분명하다는 것이 경제학자들이 모형에 의존하는 이유이다. 그런데 낯선 곳을 여행하다 보면 지도에는 있는 길이 없거나 반대로 지도에 없는 길이 있는 경우도 많다. 이럴 때 우리는 지도를 버려야 하는가, 반대로 현실을 부정해야 하는가? 어느 누구도 지도와 현실을 착각하지는 않는다. 경제학자들은 자신들이 하는 작업을 물리학자들의 실험과 비교하는 경우가 많다. 가령 물리학자들은 인위적으로 만들어진 진공 상태에서 실험하지만 현실에서 진공 상태는 거의 존재하지 않는다. 물리학자들은 현실에 존재하지 않는 추상적 환경에 온도, 밀도, 습도 등의 조건을 추가하면서 점점 더 현실에 가까운 환경을 만들어 간다. 마찬가지로 경제학자들이 가장 기본적인 시장 형태로 생각하는 완전경쟁시장은 현실에 존재하지 않는다. 경제학자들은 완전경쟁이라는 추상적 환경에 경쟁자의 수, 정보의 불완전성, 진입장벽 등과 같은 조건들을 추가함으로써 점점 현실에 가까운 환경을 만들어간다. 이렇게 비교해 보면 경제학을 연구하는 일과 물리학을 연구하는 일은 거의 비슷한 작업처럼 여겨진다. 그러나 가장 중요한 차이점은 물리학자들은 자신들이 실험실 안에 있다는 사실을 결코 잊지 않는 반면에 경제학자들은 자주 자신들이 실험하는 모형의 세계와 현실의 세계를 착각한다는 것이다.

근대 물리학의 아버지인 뉴턴은 투기에도 관심이 많았다고 한다. 뉴턴은 경제사에서 유명한 사건인 남해회사 거품 붕괴로 2만 파운드라는 큰돈을 잃기도 했는데, 이를 두고 "천체의 움직임은 계산할 수 있어도, 사람의 광기는 도저히 측정할 수가 없다(I can calculate the movement of the stars, but not the madness of men)."고 말했다는 일화가 있다.[11] 행동경제학자이자 노벨상 수상자인 리처드 세일러(Richard Thaler)는 신자유주의 경제학의 메카인 시카고대학에서 열린 한 토론회에서 법경제학자로도 유명한 리처드 포스너(Richard Posner) 판사와 "사람은 과연 합리적인가?"라는 문제를 놓고 논쟁을 벌인 적이 있다. 세일러는 경제학의 가장 기초적인 개념 가운데 하나인 '매몰비용(sunk cost)'을 예로 들어 설명했다. 매몰비용은 이미 지불된 비용 가운데 회수할 수 없는 비용을 가리킨다. 바꿔 말하면 미래의 효용에 아무런 영향을 미치지 않으므로 어떤 선택을 할 때 고려하지 않아야 할 비용이다. 그러나 현실에서 사람들은 매몰비용을 의사결정에 포함시킴으로써 잘못된 선택을 하는 경우가 많다. 그런데도 경제학은 사람들이 매몰비용은 고려하지 않는다고 가정한다. 사람들이 어떻게 행동해야 옳으냐와 실제로 어떻게 행동하느냐가 다르다면 경제학은, 더 나아가서 과학은 과연 어떤 인간형을 전제해야 옳은가? 아쉽게도 경제학은 사람들이 어떻게 행동하느냐가 아니라 어떻게 행동해야 하느냐를 전제함으로써 현실과 다른 결론에 도달한다. 경제학이 현실에서 인간

---

11 남해회사(The South Sea Company)는 1711년 영국의 재정위기를 타개하기 위해, 노예무역을 통해 얻는 이윤으로 국채를 갚아나갈 목적으로 만들어진 특권회사이다. 무역업의 부진으로 경영이 어려워지자 금융회사로 전환했는데, 1720년 불법적인 투기조작으로 불과 몇 개월 사이에 주가가 10배나 뛰었다가 폭락하면서 많은 투자자들이 파산한 사건으로 큰 사회적 파문을 일으켰다.

의 행동을 예측하지 못하는 이유이다.

경제학자들이 모형에 집착할수록 나타나는 가장 심각한 문제는 영화 〈매트릭스(The Matrix, 1999)〉 속의 삶처럼 그럴수록 점점 더 현실과 가상을 착각함으로써 직관을 잃어 버린다는 점이다. 사람이 반드시 합리적으로 행동하지만은 않는다는 말이 사람이 반드시 비합리적이라는 의미는 아니다. 행동경제학에서는 이를 '제한된 합리성(bounded rationality)'라는 개념으로 설명하기도 한다. 사람은 때로 비합리적이지만 그래도 합리적으로 행동할 때가 훨씬 많다는 뜻이다. 그래서 경제학은 호모 에코노미쿠스를 합리적 인간이라고 정의하는 것이다. 그러나 경제학이 더 과학적이기 위해서는 합리적인 인간형뿐 아니라 비합리적인 인간형까지도 설명할 수 있어야 한다. 오늘날 경제학자들에게 부족한 것이 무엇일까? 왜 경제학자들이 현실을 제대로 설명하지 못한다고 비판받는 것일까? 오늘날 경제학자들에게 이성과 경험은 충분하지만 그만큼의 직관을 가지지 못했기 때문은 아닐까? 거인이 어떻게 생겼는지 본 적도 없고 알지도 못하지만 우리는 풍차가 거인이 아님을 안다. 생각하기에 따라서 직관은 매우 어려운 일처럼 여겨지지도 하지만, 반대로 매우 쉬운 일일지도 모른다. 우리가 추상화된 모형과 이론 속에서 무엇이 발생하는지 예측하려 애쓰는 대신 현실을 있는 그대로 숙고하고자 노력한다면 말이다.

염세주의 철학자로 잘 알려진 아르투어 쇼펜하우어(Arthur Schopenhauer, 1788~1860)는 『의지와 표상으로서의 세계(*Die Welt als Wille und Vorstellung*, 1818)』에서 이렇게 말한다. "수학은 수량과 용량을 정확하게 언급한다. 그러나 이것은 항상 상대적일 뿐이므로, 다시 말해 하나의 표상과 다른 표상의 비교이고 그것도 단순히 크기만을 고려할 뿐이기 때문에 우리가 중요하게 찾는 정보는 아니다."(쇼펜하우어, 권기철 옮김, 『의지와 표상으로서의 세계』, 동서문화사, 2008). 수학적 도구로는 세계의 상대성은 파악할 수 있지만 세계의 근원적인 절대성은 파악할 수 없다는 뜻이다. 같은 책에서 쇼펜하우어는 또 이렇게 말한다. "우리는 자연과학적 설명을 넘어 세계에 대한 근본적인 성찰을 갈망한다." 경제학이 추구해야 할 목표도 마찬가지다. 우리는 경제현상에 대한 수학적 설명을 넘어 삶에 대한 근본적인 성찰을 갈망하지 않으면 안 된다.

신고전학파 경제학을 완성한 마셜(왼쪽)과 왈라(오른쪽)는 경제학의 도구로서 수학적 방법에 대한 두 사람의 상반된 태도만큼이나 그들의 인생에도 극적인 반전이 있다. 마셜은 처음에 신학자가 되고자 했으나 수학과 물리학을 선택했다가 결국에는 경제학자가 된다. 반면에 왈라는 수학시험에 실패해 원하는 대학에 진학하지 못한 경험이 있다. 마셜이 수학을 한정된 목적에만 사용해야 한다고 주장한 이유는, 경제학을 근본적으로 인간을 탐구하는 학문이라고 생각했기 때문이다.

제5장

시장은 역사적인가 선험적인가?

— 가치론으로서의 경제학 —

제5장

시장은 역사적인가 선험적인가?
— 가치론으로서의 경제학 —

태초에 시장이 있었다

제국주의 열강이 아시아와 아프리카 민족들을 무력으로 침략하여 지배하던 시절, 이탈리아는 베두인(Bedouin)들이 평화롭게 살던 오늘날의 리비아 지역을 침략한다. 베두인은 아랍어로 도시가 아닌 곳, 즉 사막에 사는 사람들을 뜻한다. 베두인의 지도자인 오마 묵타르(Omar Mukhta, 1862~1931)는 적을 물리치는 것만이 평화로 가는 유일한 방법이라는 『쿠란(*Koran*)』의 정신에 따라 항전에 나선다. 이탈리아군에 의한 무자비한 양민 학살이 지속되지만 묵타르는 사막전과 산악전에서 뛰어난 전술로 현대 병기로 무장한 이탈리아군을 계속 패퇴시킨다. 이탈리아군은 5천여 명의 베두인을 강제로 수용소에 구속시키고, 이미 일흔이 넘은 묵타르를 생포해 공개리에 교수형에 처한다. 영화 〈사막의 라이온(Lion Of The Desert, 1981)〉은 이 전쟁을 소재로 만든 작품이다. 흔히 무슬림에 대해 "한 손에는 쿠란, 한 손에는 칼"이라는 말을 인용하는 이들이 있다. 그런데 이 말이 사실이라면 과연 무슬림들은 어느 손에 쿠란을 들고 어느 손에 칼을 들었을까? 이 말은 실은 스콜라 철학의 대부인 토마스 아퀴나스(Thomas Aquinas, 1224~1274)가 만든 말이다. 토마스 아퀴나스의 시대는 십자군전쟁(Crusades)이 한창이던 때인데, 제1차 원정(1095~1099)의 성공 이후 십자군은 이슬람세력에 계속 패퇴했을 뿐 아니라, 같은 기독교 국가들을 침략해 약탈에 나서는 등의 만행으로 교회와 교황의 권위는 떨어질 대로 떨어진 상태였다. 아퀴나스의 발언은 그런 현실을 부정하고 싶은 자기위로의 욕구에서 나온 것이지 실제의 진실과는 거의 다른 이야기다.

원래 묵타르는 이슬람 경전인 『쿠란』을 가르치던 교사였는데, 영화를 보면 이탈리아군과의 전투 사이에 잠시 쉬는 시간에도 그는 아이들을 가르친다. 이 때 묵타르가 말하기를, 『쿠란』의 첫머리에는 "태초에 알라가 균형을 창조하셨다."는 말씀이 나온다는 것이다. 그래서 찾아보았더니 첫머리에는 아니지만 『쿠란』에는 분명히 그런 말씀이 있다. 이 위대한 경전이 균형을 사랑하신다는 사실은 진심으로 감탄스럽다. 『성경』의 「창세기」는 "하나님이 가라사대 빛이 있으라 하시매 빛이 있었고 그 빛이 보시기에 좋았더라."고 말씀한다. 그런데 인류의 문학적 유산 가운데 가장 위대한 작품 가운데 하나인 도스토예프스키(Fyodor Mikhailovich Dostoevsky)의 미완성 대작 『카라마조프의 형제들(*The Brothers Karamazov*, 1880)』에는 매우 의미심장한 대화가 나온다. 신앙심이 독실한 농부가 버림받은 사생아를 데려다 키우면서 『성경』을 가르친다. 그런데 세상에 불만투성이인 어린아이가 묻기를, 『성경』의 말씀처럼 하느님이 첫째 날에 빛을 만들고 넷째 날에 해와 달과 별을 만들었다면 도대체 첫째 날의 빛은 어디에서 왔느냐는 것이다. 신제도학파의 대표적인 경제학자인 윌리엄슨(Oliver Williamson)은 감히 『성경』의 말씀을 빌려 "태초에 시장이 있었다."고 말한다. 물론 어디까지나 비유적인 표현일 뿐이다. 설마 태초에 시장이 존재했을 리는 없다. 그렇다면 시장은 도대체 언제 어떻게 탄생했을까? 우리는 시장경제에서 살고 있고, 당연히 경제학은 시장을 전제로 모든 이론을 전개한다. 그런데도 정작 그 어느 경제학 교과서도 시장이 언제 어디서 왔는지 설명해 주지 않는다. 참으로 의아한 일인데 더 의아한 일은, 그 교과서를 가르치는 경제학자들이나 그 교과서를 공부하는 경제학도들 가운데 누구도 이렇게 의아한 일을 전혀 의아해 하지 않는다는 사실이다.

1947년의 부활절 저녁, 스위스의 작은 휴양지 몽페를랭(Mont Pelerin)에서 경제학자들의 모임이 열렸다. 이 모임의 좌장은 오스트리아 출신의 프리드리히 폰 하이에크였으며, 하이에크의 스승이라 할 루드비히 폰 미제스(Ludwig Heinrich von Mises, 1881~1973)를 비롯해 당대의 저명한 경제학자들 다수가 이 모임에 참가했다. 참가자들 가운데 맨 끝자리에는 뒤에 노벨 경제학상을 받게 되는 시카고 대학의 조지 스티글러(George Joseph Stigler, 1911~199)와, 역시 노벨상을 수상한 통화주의(monetarism) 경제학의 창시자인 밀턴 프리드먼이 있었다. 20세기의 가장 위대한 경제학자들 가운데 두 사람인 케인스와 슘페터는 이 모임에 참가하지 않았다. 케인스는 바로 그 전 해에 갑작스러운 심장마비로 세상을 떠났다. 물론 세상을 떠나지 않았다 하더라도 케인스는 이 모임에 초청을 받지도 않았을 것이며 참가하지도 않았을 터이다. 이날 모인 경제학자들의 공통점은 바로 마르크스와 케인스에 반대한다는 데 있었기 때문이다. 역시 초청을 받지 못한 슘페터는 이 모임의 소식을 듣고는 '쓸데없는 짓'이라고 간단히 치부해 버리고 말았다고 한다. 그러나 이날의 모임은 경제학의 역사에서뿐 아니라 20세기 후반의 자본주의에 매우 중요한 사건이 되었다. 오늘날 유행하는 신자유주의(neo-liberalism)라는 사상은 바로 이 모임에서부터 시작되었다고 해도 틀리지 않기 때문이다.

몽페를랭의 모임에서 가장 눈에 띄는 특별한 참가자는 『열린 사회와 그 적들(*The Open Society and It's Enemies*, 1945)』로 유명한 철학자 칼 포퍼(Karl Raimund Popper, 1902~1994)이다. 포퍼가 '열린 사회의 적들'이라고 부른 대상은 바로 하이에크가 자본주의의 적으로 여겼던 사회주의와 전체주의였다(포퍼, 이한구 옮김, 『열린 사회와 그 적들』, 민음사, 2006). 그런데 이 책에서 포퍼가 전체주의를 지지하는 사상가들로 지목한 것은 플라톤, 헤겔, 그리고 마르크스이다. 포퍼가 마르크스를 지목한 것은 충분히 이해할 만하다. 그렇지만 헤겔이 전체주의를 지지했다는 포퍼의 주장에 대해서는 조금 더 설명이 필요하다. 이제 곧 더 자세히 이야기하겠지만, 하이에크는 인위적으로 사회질서를 구성할 수 있다는 사고에 대해 지극히 비판적이었다. 앞에서 이야기한 것처럼 헤겔은 역사를 진보의 개념으로 해석한 철학자이다. 헤겔의 진보적 역사관이 마르크스의 역사관에 큰 영향을 미친 사실은 잘 알려진 바이지만, 포퍼가 보기에 헤겔의 역사관은 그 자체로서 이미 전체주의적인 결론을 피할 수 없었다. 헤겔은 그렇다 치고 포퍼는 왜 또 플라톤을 전체주의를 지지하는 철학자라고 비판했을까? 스승인 소크라테스가 그리스의 민주주의에 위협이 된다는 이유로 사형을 선고받은 것처럼 플라톤이 이상국가로 묘사한 철인이 통치하는 국가에서는 개인의 자유가 규제받고 억압받을 수밖에 없다. 물론 플라톤에게는 그런 행동들이 부도덕하고 비윤리적인 일탈이나 방종으로 보였을 터이다. 하지만 건강에 좋다고 국민들을 모아놓고 국민체조를 시키거나 모든 국민들에게 국기에 대한 맹세 따위를 강요하는 국가는 파시스트 국가일 수밖에 없다. 토머스 모어의 『유토피아』에 대해서도 전체주의적이라고 비판하는 평론가들이 있는 것과 같은 이유이다.

1970년대 초에 일어난 세계경제의 위기와 케인스주의 경제학의 쇠퇴 이후 지난 40여 년 동안 경제이론과 현실 양쪽 모두에서 가장 큰 영향력을 행사하고 있는 신자유주의 사상을 꼭 지적해 누가 만들었다고 말하기는 어렵다. 그러나 이 사상을 지금의 위치에 올려놓는 데 가장 중요한 공헌을 한 사람이 프리드리히 하이에크라는 사실만은 분명하다. 하이에크는 『자유헌정론(*The Constitution of Liberty*, 1960)에서 사회질서를 '인위적 질서(made order)'와 '자생적 질서(spontaneous order)'로 구분했다(하이에크, 김균 옮김, 『자유헌정론』, 자유기업센터, 1998). 자생적 질서는 말 그대로 스스로 형성된 질서이며, 구성적 질서는 인위적으로 만들어진 질서이다. 자생적 질서는 인간의 본성에 부합되기 때문에 대다수의 사회구성원들이 이를 선택하고 준수한다. 시장경제가 바로 자생적 질서의 가장 훌륭한 예이다. 반면에 인위적 질서는 사회주의나 전체주의처럼 소수의 사람이 대중에게 강요하는 질서이다. 따라서 이런 질서는 장기적으로 존속될 수 없으며, 반드시 붕괴되고 만다는 것이 하이에크의 주장이다. 이처럼 하이에크와 주류 경제학자들은 시장을 스스로 만들어진 질서라고 부른다. 그러나 시장이 언제 어떻게 만들어졌는지에 대해서는 아무도 말해 주지 않는다. 이쯤 되면 태초에 시장이 있었다는 말도 더 이상 비유가 아닌 듯이 들리기도 한다.

포퍼는 반증 가능한 이론만이 과학이라는 주장으로 유명하다. 가령 "나는 당신을 사랑한다."거나 "장미꽃은 아름답다."와 같은 명제들은 주관적 판단이므로 반증할 수 없다. 따라서 이런 명제들은 과학이 아니다. 반면에 "빛은 굴절한다."거나 "경제가 성장할수록 인구가 증가한다."와 같은 명제들은 반대되는 증거를 가지고 반증할 수 있다. 그래서 과학적 토론의 대상이 된다. 물론 반증 가능하다는 말이 반드시 그 명제가 틀렸다는 의미는 아니다. 반증의 명제 또한 언제든지 다시 반증될 수 있기 때문이다. 포퍼의 반증 가능성은 논리실증주의자들이 주장하는 검증 가능성과 통하는 개념이다. 논리실증주의자들은 어떤 진리가 반드시 현실에서 검증되어야 하는 것은 아니라고 주장한다. 다만 논리적으로 검증 가능함을 증명하기만 하면 충분하기 때문이다. 마찬가지로 반증가능성은 수순하게 논리적인 개념이지 현실적인 개념은 아니다. 포퍼가 오류를 찬양했다는 등의 이야기는 잘못 만들어진 신화에 가깝다.

신자유주의자들만이 아니라 대부분의 경제학자들은 시장이 한정된 자원을 배분하는 데 있어 가장 효율적인 제도라고 주장한다. 그런데 어느 경제학 교과서를 보더라도 왜 시장이 가장 효율적인가에 대한 증명은 없다. 시장이 가장 효율적으로 자원을 배분한다는 명제는 과연 반증 가능한가? 만약 이 명제가 반증 가능하지 않다면 경제학은 과학이 아닌가? 당연히 시장이야말로 가장 완벽한 제도라고 믿는 하이에크에게 포퍼의 주장에 대해 어떻게 증명할 것인가 묻는다면 과연 무엇이라고 대답할는지 흥미로운 일이다. 앞에서 과학과 종교의 차이를 이렇게 이야기했다. 인간이 삶의 과정에서 이런저런 문제들에 부딪힐 때 당면한 문제를 자신의 힘으로 풀어보려는 지성적 태도가 과학이라면, 그 해결을 초월적 타자에게 의존하는 정감적 태도가 종교이다. 그렇다면 시장을 대하는 신자유주의자들의 태도는 과연 과학인가 종교인가?

학문 분야는 달랐지만 포퍼(오른쪽)와 하이에크(왼쪽)는 매우 친밀한 사이였다. 포퍼는 자신의 사상에 가장 중요한 영향을 준 인물로 하이에크를 꼽았으며, 『열린 사회와 그 적들』을 하이에크에게 헌정했다. 하이에크 또한 포퍼에 대한 각별한 관심과 애정을 이야기하고는 했다. 신자유주의 사상의 창안자로서 지금은 당연히 경제학자로 불리지만, 원래 하이에크가 비엔나대학에서 연구한 전공은 법학이었다. 화폐와 경기변동에 관한 연구의 공적을 이유로 노벨상을 받았지만, 하이에크가 평생을 거쳐서 고민한 주제도 경제이론이나 경제현상의 분석이 아니라 법질서의 문제였다. 하이에크에게 시장은 그런 질서에 가장 부합하는 제도였다.

시장의 조건

경험주의와 합리주의의 대립을 넘어서 인식론적 논리학의 새로운 지평을 연 철학자는 칸트이다. 칸트에 의하면 판단에는 분석판단과 종합판단이 있고 또 선천적 판단과 후천적 판단이 있다. 분석판단은 "원은 둥글다."라는 말처럼 술어 개념이 주어 개념 속에 포함되어 있는 판단으로서, 주로 해명적 역할밖에는 못하기 때문에 우리의 인식을 조금도 확장시켜 주지 못한다. 그러나 종합판단은 "공은 금색이다."라는 말처럼 주어 개념에다 주어 개념에 포함되어 있지 않은 술어 개념을 첨가해 주는 판단으로 우리의 인식을 확장해 주므로 확장 판단이라고도 한다. 여기에 또 판단이 경험에 의존하느냐 경험 이전의 것이냐에 따라 '선험적인' 인식과 '후험적인(a posteriori)' 인식이라는 구분이 생기게 된다. 앞에서도 여러 번 나왔지만 '선험적'이라는 개념은 경험에 의존하지 않은 혹은 경험에 선행하는 것을 가리키는 개념이다. 이렇게 두 가지 기준으로 구분하면 인간의 판단은 네 가지로 구분할 수 있다. 바로 후천적 종합판단, 후천적 분석판단, 선천적 종합판단, 선천적 분석판단이 그것이다. 그러나 후천적 분석판단은 사실상 있을 수 없기 때문에 판단의 종류는 세 가지로 된다. 회의론자들은 선천적 종합판단이라는 것은 불가능하다고 주장한다. 그렇다면 철학의 가장 중요한 영역 가운데 하나인 형이상학은 설 자리가 없어진다. 칸트가 어떻게 선험적 종합판단이 가능한지를 규명하고자 한 이유이기도 하다.

칸트는 확실한 지식은 선험적 종합에 의한 것이거나 그것에서 논리적으로 추리된 것으로 보았다. 그는 확실한 지식의 예로서 '7+5=12'라는 수학적 명제를 들고, 그것을 종합적 판단이라고 했다. 왜냐하면, 주어인 '7+5'는 술어인 '12'를 개념적으로 포함하지 않기 때문이다. 또한 칸트는 이 판단을 선험적이라고 주장했다. 주어와 술어의 결합이 경험에 의존해 인식되는 것이 아니라 순수한 직관에 의해서 인식되기 때문이다. 칸트는 신, 인간의 자유, 영혼의 불멸성 등과 같이 경험적 대상이 주어지지 않은 대상에 대해서도 인간 정신이 순수한 사유를 통해 인식할 수 있다는 전통적인 형이상학 특히 그 당시 유행하던 라이프니츠주의적인 형이상학에 대해서 오류라고 비판했다. 그 대신 칸트는 수학과 자연과학의 명제들을 검토하면서 "7+5=12"라고 하는 수학적 명제, "직선은 두 점 사이의 최단 거리이다."라고 하는 기하학적 명제, 그리고 "모든 물체적인 변화에서 물질의 양은 일정불변이다."라고 하는 자연과학적 명제는 모두가 종합판단이면서 보편성과 필연성을 가지기 때문에 선험적 판단이라고 주장했다. 선험적이면서도 종합적인 판단이 가능하다는 뜻이다. 칸트는 이를 초월적(transzendental) 형이상학이라고 불렀다. 칸트 이전의 형이상학이 대상에 기반을 두지 않는 관념적 형이상학이라면 칸트의 형이상학은 대상에 기반을 두면서도 선험적인 것을 긍정함으로써 스스로를 구별했던 것이다.[1] 그렇다면 과연 시장은 선험적 존재인가 역사적 존재인가?

시장이 언제 어떻게 탄생했는가라는 질문에 대답하기 위해서는 먼저 시장이란 무엇인가를 정의할 필요가 있다. 때때로 시장은 교환이 이루어지는 구체적인 공간을 가리키기도 한다. 사람들이 시장이라는 특정한 공간에 모여 교환활동을 하는 이유는 무엇일까? 진화론을 만든 찰스 다윈(Charles Robert Darwin, 1809~1882)은 『종의 기원(*On the Origin of Species*) *by means of Natural Selection or the preservation of favoured races in the struggle for life*, 1859)』을 발표하기 훨씬 이전에 『산호초의 구조와 분포(*The Structure and*

1 칸트를 읽으면서 어려운 일 가운데 하나는 그의 독특한 용어의 문제이다. 칸트 철학의 가장 중요한 개념들인 'a priori'와 'transzendental'에 대해 과거의 번역서들에서는 주로 '선험적'과 '초월적'이라는 용어를 썼다. 물론 학자에 따라서 다른 번역어를 사용하기도 한다. 그런데 최근 한국칸트학회에서 'a priori'를 '아 프리오리'로, 'transzendental'을 '선험적'으로 번역하기로 함으로써 묘한 논쟁이 벌어지고 있다. 기존의 번역어를 보편화시키는 데 주요한 역할을 했던 학자들이 반발한 것이다. 이 문제는 단순히 번역용어의 문제가 아니라 칸트 철학에 대한 해석의 문제이므로 전공자가 아닌 문외한이 감히 언급할 일은 아니다. 과거에도 두 용어를 '선천적'과 '선험적', '선험론적' 또는 '초험적' 등으로 번역한 경우가 없지 않으니 'transzendental'을 '선험적'이라고 번역했다고 해서 꼭 잘못된 것은 아닐 터이다. 다만 'a priori'를 '아 프리오리'라고 옮길 것 같으면 'transzendental'도 차라리 '트란스젠덴탈'로 옮기면 이런 논란은 피할 수 있지 않았을까 싶기는 하다.

Distribution of Coral Reefs, 1842)』라는 책에서 영양이 부족해서 산호초가 서식하기에 불리한 환경조건에서 오히려 더 많은 산호초가 서식한다는 사실을 발견했다. 생물학자들은 이런 현상을 '다윈의 역설(Darwin's paradox)'이라고 부른다. 시장의 탄생도 역설적이다. 중세에도 동방을 오가면서 무역을 벌인 큰 상인들이 많았다. 부유한 상인과 장인들이 모여 살던 큰 도시도 많았다. 그러나 자본주의적 의미에서의 시장은 부유한 도시의 상인들이 아니라 시골의 가난한 농부들 사이에서 나타났다. 생물학자들을 더 놀라게 한 일은 해양생물의 25%가 0.1%의 산호 근처에 모여 산다는 사실이다. 그러나 경제학자들에게는 이런 사실이 전혀 놀랍지 않다. 왜냐하면 오래전부터 경제학자들은 '집적의 이익'을 알고 있기 때문이다. 해양생물들이 모여 사는 이유는 사람들이 시장에 모이는 이유와 같다. 판매자들이 모여 있어야 소비자들이 찾아오고, 소비자들이 모여 있어야 판매자들이 찾아온다는 사실은 너무 자명해서 경제학자들은 굳이 언급해야 할 필요를 느끼지 못한다.

그런데 경제학에서 말하는 시장은 구체적인 장소의 의미보다 눈에는 보이지 않지만 교환이 이루어지는 추상적인 과정이나 그런 메커니즘을 의미하는 경우가 많다. 당연히 교환과 상업은 근대 이전에도 존재했다. 교환은 역사 시대 이전에도 존재했고, 특히 그리스를 중심으로 이루어진 고대 지중해 문화는 많은 부분 상업의 융성에 의존했다. 중세에도 유럽 사회는 이슬람 상인들을 통해 동방과의 교역을 유지했다. 그러나 근대 자본주의 이전의 사회에서는 대부분 자급자족이 경제활동의 기본적인 원리였다. 시장과 교환이 전면화된 것은 자본주의 이후의 현상이다. 교환이 성립하려면 두 가지 전제가 필요하다. 첫 번째 전제는 분업이다. 경제주체들이 동일한 재화를 가지고 있다면 교환이 이루어질 리 없다. 당연히 서로 다른 재화들 사이에서만 교환이 가능하기 때문이다. 경제주체들이 서로 다른 재화를 가지고 있다는 말은 사회적 분업이 이루어지고 있음을 의미한다. 교환의 두 번째 전제는 바로 사적 소유이다. 내 것이 아닌 재화를 내가 교환할 수는 없기 때문이다. 그렇다면 시장은 아마 분업과 사적 소유가 탄생하면서 비로소 탄생했음이 분명하다. 경제학의 아버지로 불리는 애덤 스미스의 『국부론』이 핀 공장에서의 분업에 대한 이야기로 시작하는 것도 바로 그런 이유에서일 것이다.

사람들은 왜 분업을 하는 것일까? 얼핏 엉뚱하게 들릴지 모르겠지만 애덤 스미스는 그 이유를 사람들이 교환 본성을 가지고 있기 때문이라고 설명한다(스미스, 김수행 옮김, 『국부론』, 동아출판사, 1992). 분업은 인간의 지혜의 결과가 아니라 하나의 물건과 다른 물건을 거래하고 교환하는 성향(propensity of exchange)으로부터 나오는 필연적인 결과라는 것이다. 여기서 주목해야 할 점은 스미스가 분업이 교환의 원인이 아니라 교환이 분업의 원인이라고 설명하고 있다는 점이다. 분업이 먼저 일어나고 그 결과로 교환이 이루어는 것이 아니라 인간의 본성 가운데 교환 성향이 있기 때문에 그 결과로 분업이 일어난다. 여기서 스미스는 분업이 진행되기 위해서는, 그에 앞서 교환의 장소가 형성되어 더 많은 생산물을 가져와도 살 사람을 발견할 수 있다는 확신이 있어야 한다고 지적한다. 시장의 두 가지 의미, 즉 공간으로서의 시장과 기능으로서의 시장이 『국부론』에서부터 이미 서로 분리될 수 없다는 점을 명확히 설명하고 있는 것이다.

하지만 인간에게 교환 본능이 있어서 교환한다는 방식의 설명은 동어반복의 순환논리에 빠지게 된다. 인간의 본성은 신에 의해 선험적으로 주어진 것이 아니라 진화의 과정에서 만들어진 것이기 때문이다. 그렇다면 인간은 언제부터 교환 본성을 가지게 되었는가 하고 다시 묻지 않을 수 없게 된다. 이런 질문에 대해 스미스는 이 성향이 더 이상 설명이 불가능한 인간의 원초적인 본능들 가운데 하나인지 이성과 인간의 재능의 결과인지는 우리의 연구 주제가 아니라는 말로 더 이상의 설명을 비껴간다. 그 대신 스미스의 강의 내용을 그의 사후에 편집해 출간한 『법학강의(*Lectures on Jurisprudence*)』에서는 교환 성향의 진정한 기초는 인간의 본성 가운데 매우 지배적인 설득 성향(principle of persuade)에서 나온다고 설명한다(스미스, 미크·라파엘·스테인 엮음, 서진수 옮김,

자유기업원, 2002). 인간의 전생애가 설득 능력을 기르는 데 소비되므로 그 결과 재화를 교환하기 위해 필요한 능력이 획득된다는 것이다. 이런 설명은 『국부론』보다 먼저 스미스의 이름을 유명하게 만들어 준 『도덕감정론(*The Theory of Moral Sentiments*, 1759)』에서 가장 중심적인 개념인 '동감(sympathy)'의 원리에 더 가깝게 이해된다(스미스, 박세일·민경국 옮김, 『도덕감정론』, 비봉출판사, 2009).

엥겔스(오른쪽)의 『가족, 사유재산, 국가의 기원』은 다윈(왼쪽)의 『종의 기원(*On the Origin of Species, On the Origin of Species by Means of Natural Selection, the Preservation of Favoured Races in the Struggle for Life*, 1859)』보다 루이스 모건(Lewis Henry Morgan, 1818~1881)의 『고대사회(*Ancient Society*, 1977)』와 같은 동시대의 인류학적 연구들에 근거한 바가 더 크다. 다만 마르크스와 엥겔스의 역사이론이 다윈의 진화론으로부터 많은 영향을 받은 것은 분명하다. 마르크스는 『자본』을 다윈에게 증정하겠다는 뜻을 직접 밝혔으나 다윈은 가족들의 신앙심을 이유로 마르크스의 제안을 정중하게 거절했다.

가족, 사유재산, 또는 분업의 기원

애덤 스미스가 경제학의 아버지로 불린다는 것은 역설적으로 그때까지 경제이론의 수준이 지금의 관점에서 보면 그다지 정교하지 못했다는 뜻이기도 하다. 그래서 스미스는 경제이론으로 설명하기 어려운 대목에 오면 그것이 바로 인간의 본성이기 때문이라고 설명하고는 했다. 물론 다른 관점에서 보면 인간의 본성이라고 할 만큼 인류는 오래전부터 분업을 해 왔다는 의미로 생각할 수도 있겠다. 마르크스와 평생을 같이한 사상적, 정치적 동지였던 프리드리히 엥겔스는 『가족, 사유재산, 국가의 기원(*Der Ursprung der Familie, des Privateigenthums und des Staats*, 1884)』에서 인류 최초의 분업은 자식을 생산하기 위한 남녀 사이의 분업이었다고 말한다(엥겔스, 김대웅 옮김, 『가족, 사유재산, 국가의 기원』, 두레, 2012). 하지만 남녀 사이의 분업은 반드시 인류가 인간으로서 지상에 출현하기 이전부터 존재했었다고 말하는 편이 더 옳을 것이다. 우리가 이야기하는 분업은 당연히 경제활동에서의 분업이다. 원시공동체 시대의 인류는 노동생산성이 매우 낮아 자연으로부터 생존에 필요한 만큼의 먹을거리를 획득하기 위해서는 집단을 이루어야만 했다. 분업은 아마 인류가 집단생활을 영위하면서부터 이미 시작되었을 것으로 짐작된다. 함께 조개를 잡고 나무열매를 따먹으면서 인류의 조상들은 자연스럽게 노동의 분업을 시작했으리라는 뜻이다. 물론 처음 나타난 공동노동의 형태는 아직 분업이라기보다는 단순협업이었을 것이다. 단순협업이란 동일한 노동을 여러 사람이 함께하는 것을 의미하며, 분업은 서로 다른 노동을 함께하는 것을 의미한다. 가령 여러 사람이 나란히 서서 함께 모를 심는 일은 단순협업이다. 그러나 모를 심는 사람, 못줄을 잡는 사람, 노동생산성을 높이기 위해 노래로 흥을 돋우는 사람, 새참을 나르는 사람으로 서로 역할을 나누어 함께 일하면 이는 분업이 된다.

현생인류의 조상은 다 알다시피 크로마뇽인이다. 과거의 고고학자들은 크로마뇽인이 네안데르탈인으로부터 진화했거나 그렇지 않더라도 제법 먼 후대에 출현했다고 생각했다. 하지만 최근의 고고학적 성과들에 의하면 크로마뇽인과 네안데르탈인은 비슷한 시기에 이웃한 지역에서 살았다고 한다. 말하자면 크로마뇽인은 네안데르탈인과의 경쟁에서 이김으로써 인류의 조상이 되었다는 뜻이다. 그런데 발굴된 유골들을 비교해 보면 네안데르탈인들은 크로마뇽인보다 훨씬 건장한 체격을 가지고 있었다고 한다. 육체적 능력에서는 네안데르탈인들이 더 유리했다는 뜻이다. 그렇다면 크로마뇽인들의 지능이 더 높았을까? 고고학자들도 당연히 그렇게 짐작했지만 역시 유골을 비교해 보니 네안데르탈인의 두뇌 용적이 크로마뇽인의 그것보다 더 컸다고 한다. 머리가 크다고 반드시 지능이 더 높으냐는 반론도 가능하겠지만, 일반적으로 영장류들의 지능을 비교할 때는 두뇌의 용적을 기준으로 삼는다. 크로마뇽인이 육체적 능력도 지적 능력도 모두 네안데르탈인보다 불리했는데 어떻게 경쟁에서 이긴 것일까? 인류학자들은 크로마뇽인들의 사회성이 훨씬 더 발전했기 때문이라고 생각한다. 크로마뇽인들의 분업 정도가 더 발전했다는 뜻이다.

최초의 분업은 아마 생물학적인 차이에서 나타났을 것이다. 남성과 여성의 분업, 노인과 청년의 분업, 좀 더 힘센 사람과 그렇지 못한 사람의 분업 등이 그것이다. 루소는 『인간불평등기원론(*Discours sur l'origine et les fondements de l'inégalité parmi les hommes*, 1754)』에서 선천적 재능의 차이가 불평등을 만들었다고 주장했다(루소, 최석기 옮김, 『인간불평등기원론/사회계약론』, 동서문화사, 2016). 그러나 인류 역사의 초기 단계에서는 선천적인 육체적 능력의 차이나 지적 능력의 차이가 단순히 서로 다른 작업을 담당하게 했을 뿐 그것만으로 불평등의 이유가 되었으리라고 생각하기 어렵다. 더 힘이 센 사람은 더 무거운 짐을 들기는 했을 테지만, 아직 공동체 내에서 사유재산이 출현하기 이전에는 그런 차이가 불평등을 만들지는 않는다는 뜻이다. 아무튼 이런 종류의 분업들 가운데서 가장 중요한 것은 남성과 여성 사이의 분업이었다. 남성들은 수렵과 어로에 종사한 반면 여성들은 채집에 종사했다. 분업이 더 높은 수준으로 발전하게 된 계기는 농경이 시작되면서부터이다. 농경이 채집활동으로부터 발달해 왔으리라는 것은 명백하다. 처음에는 채취를 담당하던 여성들이 농경을 담당하고 남성들은 여전히 어로와 수렵에 종사했다. 최초의 농민은 남성이 아니라 여성이었다는 뜻이다. 수없이 되풀이되는 야생식물의 생장을 보면서 어떤 법칙성을 발견하게 됨으로써 원시시대의 인간들은 비로소 식물을 재배하기 시작했다.

최초의 농업은 주거지에 가까운 작은 규모의 토지에서 한두 종류의 식물을 재배하는 데 지나지 않았을 터이다. 하지만 비록 그 수확량이 얼마 되지 않더라도 농경의 시작은 인간의 경제생활에서 매우 중대한 의의를 가진다. 이제부터 인간은 자신의 생존을 전적으로 자연의 우연에 맡기는 대신 의식적, 계획적으로 경제생활을 운영할 수 있게 되었기 때문이다. 비로소 인간은 자연의 소극적 존재에서 적극적 존재로 변신하게 된 것이다. 그런데 생산력이 점점 높아지면서 노동의 분업은 사회적 분업으로 발전하게 된다. 원시공동체 사회의 가장 중요한 특징은 생산수단과 노동생산물 양쪽 모두가 공동으로 소유되었다는 사실이다. 즉 생산물은 공동으로 생산될 뿐만 아니라 공동으로 소비되었다. 그러나 이런 공동소유는 자기목적으로서 사회화된 현상이 아니라 생산력이 지극히 낮았기 때문에 나타날 수밖에 없었던 인간생존의 조건이었다. 다시 말해서 이 시기의 낮은 생산력에서는 잉여생산물이 존재하지 않았기 때문에 공동체 내의 일부 성원에 의한 생산물의 전유는 다른 공동체 성원의 생존기회를 박탈하는 것을 의미했다. 따라서 이 시기에는 생산물의 전유도, 그것에 기초한 계급의 분화도, 사적 소유도 아직 출현할 수 없었다. 그러나 생산력의 발전으로 잉여생산물을 만들어지자 공동체 내부에서 분배의 불평등이 나타나기 시작했다. 생산력의 발전으로 공동체의 규모가 커지고 조직이 발달하면서 공동체의 성격도 변화했다.

농업의 중요성이 커지면서 농업의 담당자도 점차 여성에서 남성으로 옮겨가게 되었다. 농업에 더 많은 노동력이 필요해진 반면 농경과 목축으로 인해 과거에 중시되었던 수렵이나 어로 활동이 더 이상 일상적인 경제활동에서 제외되자 자연히 보다 체력이 강한 남성들이 농업을 담당하게 되고 여성들은 특수한 생활영역으로서 가사에 보다 많이 종사하게 된다. 이런 변화는 모계사회에서 부계사회로 이행하는 데 중요한 계기가 되었다. 가부장제가 출현함으로써 씨족을 단위로 했던 단일 공동체는 각각의 가부장이 통솔하는 여러 대가족들로 분할되기 시작했다. 인류가 집단을 형성하여 생활했던 것은 낮은 생산력의 극복을 위해서였다. 집단 자체가 생산력의 표현이었던 것이다. 도구의 발달과 생산력의 성장은 낮은 생산력의 극복을 위해 필요했던 집단성을 약화시켰다. 무엇보다 생산력의 발전은 씨족 성원 전체에 의한 공동노동의 필요성을 감소시켰고, 점차 가족노동이 그것을 대체하게 되었다. 생산력의 발달에 따라 노동단위의 분할과 축소가 나타나고, 그 결과 가족이라는 새로운 생산 및 생활단위가 출현하게 되었다. 가부장제가 확립된 이후에도 원칙적으로는 생산수단의 공유, 공동노동, 생산물의 평등분배라는 기본질서가 유지되었다. 기본적 생산수단인 토지와 삼림, 호수 등은 공동지로서 여전히 공동체의 소유였다. 그러나 점차 공동소유의 원칙은 토지의 소유 및 그 이용에만 국한되게 되었다. 처음에는 노동도구나 가축 등이 먼저 사유화되기 시작했고 가옥과 택지, 택지에 딸린 텃밭 등이 점차 사유화되었다. 경지는 공동체의 규제 아래 일정기간 가족단위의 분배가 이루어졌고, 수확물은 개별 가족들에 속하게 되었다.

그런데 농경의 시작에 관한 여러 가설들은 얼핏 매우 자명한 듯 보이지만 실은 매우 신비롭기도 하다. 인류는 농부가 되기 훨씬 전부터 야생 상태에서 곡물이 어떻게 자라는지에 대한 상당한 지식을 갖고 있었다는 데 많은 이들이 동의한다. 다만 본격적으로 농부가 되겠다는 선택을 하지 않고 있었을 뿐이다. 농부로의 전환을 꺼렸던 이유는 농업이 처음 등장했을 당시에는 그 대체방식으로서의 수렵이나 채취에 비해 생산성이 높지 않았기 때문이다. 실제로 농경을 시작하면서 인간은 정말 더 풍요로워졌는가라는 얼핏 너무 당연해 보이는 질문에 대해 의문을 가지는 인류학자들이 적지 않다. 가령 농경 이전의 수렵 시대에는 식량을 구하기 위해 하루에 4~5시간만 노동하면 충분했다. 그런데 농경을 시작하면서 인류는 하루에 열 시간 이상을 노동해야만 했다. 그렇다고 해서 농경사회의 인류가 이전의 인류들보다 더 만족스러운 식생활을 즐겼는지도 모른다. 고고인류학자들의 연구를 보면 초기의 농업은 수렵과 채취 경제에 비해 훨씬 더 고된 작업이었는데도, 같은 시간을 일했을 때 얻어지는 칼로리의 양은 높지 않았다고 한다. 사냥을 하고 열매를 따 먹던 시절에 비하면, 허리가 부러지도록 일하고 얻는 영양소도 다양하지 못했다. 한 시간의 노동으로 얻어낼 수 있는 열량으로 비교해본 결과, 이들 농부들의 생산성은 수렵과 채취에 종사하는 미개인들의 생산성의 63%밖에 되지 않았다. 그래서 인류학자들은 농경 이전의 사회를 오히려 '원초적 풍요의 사회(original affluent society)'라고 부르기도 한다. 물론 이는 인류가 농경을 처음 시작했을 때의 일이고, 기술과 도구가 발전하면서 농경의 생산력이 수렵과 채취에 비해 훨씬 더 높아진 것은 분명하다. 문명의 발전도 그래서 가능했다고 해야 옳을 터이다.

분업과 함께 사적 소유는 교환의 두 번째 전제조건이다. 내 것이 아니면 내 마음대로 처분할 수도 없고 남의 것과 교환할 수도 없기 때문이다. 분업의 발전과 사적 소유의 출현은 서로 밀접하게 영향을 주고받으면서 거의 동시적인 사건으로 일어났다. 원시공동체 내에서 사적 소유와 경제적 불평등을 확대시킨 것은 무엇보다도 생산력의 증대에 따른 잉여의 창출이었다. 물론 처음부터 잉여생산물이 공동체 내부에서 사유화된 것은 아니었다. 잉여생산물은 다른 공동체와 교환되는 것이 일반적이었다. 따라서 소유라는 관념은 처음에는 우리 공동체의 소유와 다른 공동체의 소유를 구분하는 정도의 관념에 불과했다. 그러나 공동체 내부에서 잉여생산물의 관리와 교환을 담당하는 지배층이 출현하게 되고, 생산력 증대에 따른 사적 소유의 진전은 점차 이런 지배층에 부를 축적시키게 되었다. 아직 맹아적인 형태이기는 하지만 공동체 내부에서 계급적 불평등이 나타나기 시작한 것이다. 생산력의 증대로 보다 많은 인구를 부양할 수 있게 되면서부터 촌락공동체의 규모도 점차 확대되어 갔다. 서로 다른 혈연을 가진 구성원들이 하나의 공동체로 조직됨에 따라 자연히 구성원들 간의 갈등과 이해의 대립도 빈번하고 복잡해져 갈 수밖에 없었다. 이를 해결하기 위해서는 씨족공동체와는 다른 규율이 필요하게 되었다. 법이나 제도가 나타나고 이를 담당하기 위한 별도의 기구와 관리자들이 출현했다. 처음에는 공동체 내에서의 역할분담에 지나지 않았던 차이들이 점점 지배자와 피지배자의 관계로 나타나게 된 것이다. 엥겔스는 위에서 인용한 『가족, 사유재산, 국가의 기원』에서 생산력의 증대와 잉여생산물의 축적이 어떻게 원시공동체를 해체시켜 사유재산과 계급적 불평등을 만들고, 가족과 국가기구를 출현시켰는가를 자세히 설명한다. 다만 최근의 인류학 연구에서는 농경의 시작과 잉여의 생산이 사회적 불평등을 만든 것이 아니라 그 이전부터 이미 사회적 불평등이 상당한 정도로 진행되고 있었다는 주장도 있다. 물론 잉여의 발생이 경제적 불평등을 더 확대시키기는 했을 테지만, 이미 사회적 불평등이 존재했기 때문에 경제적 잉여의 사적 수탈과 전유도 용이했다는 뜻이다. 그렇다면 불평등은 경제적 문제가 아니라 오히려 사회적, 정치적 문제라고 해야 옳다.

보로로족의 장례식 모습. 구조주의와 문화상대주의로 잘 알려진 인류학자 클로드 레비-스트로스(Claude Lévi-Strauss, 1908~2009)는 『슬픈 열대(*Tristes Tropiques*, 1955)』라는 책에서, 브라질 내륙의 여러 원주민 부족들이 수렵채취 사회에 살고 있었을 때는 매우 풍요로웠으나 백인들이 들어오면서 그들의 삶이 파괴되었다고 주장했다. 문명과 미개가 모두 서구인의 욕망이 발명한 상상의 실체에 불과하다는 것이다. 프랑스의 철학자이자 사회학자인 장 보드리야르(Jean Baudrillard)도 『소비의 사회(*La Société de consommation*, 1970)』에서 인류학자 마셜 살린스(Marshall David Sahlins)의 『석기시대 경제학(*Stone Age Economics*, 1972)』를 인용하면서, 빈곤은 재화의 양이 부족하다는 데 있지 않으며 단순한 목적과 수단의 관계에 있지도 않다고 말한다. 빈곤은 인간과 인간의 관계(rapport entreles hommes)에서 비롯되며, 따라서 사회적 상태이다. 빈곤은 미개 사회가 아니라 문명의 발명품이다. 미개인들을 기아 상태에서도 풍요롭게 생활할 수 있도록 한 것은 사회관계의 투명성과 상호부조이다.

지식의 상인

1980년 미국의 대통령 선거에서 로널드 레이건(Ronald Reagan)이 당선되자, 축하 파티에 참석한 공화당원들은 모두 애덤 스미스의 초상이 인쇄된 넥타이를 맸다고 한다. 레이건 대통령이나 영국의 대처(Margaret Thatcher) 총리의 신보수주의 정책이 신자유주의 사상에 그 뿌리를 두고 있다는 사실은 굳이 언급할 일이 아니다.[2] 어쩌면 파티에 참석한 공화당원들에게는 레이건의 승리가 시장의 승리로 여겨졌을지도 모르겠다. 하지만 그렇다면 무엇에 대한 시장의 승리인가? 무엇보다도 공화당원들이 자신의 얼굴을 목에 매고 나온 일을 정작 애덤 스미스는 어떻게 생각했을지 궁금하다. 모르겠지만 아마 스미스가 그

2 신보수주의(neo-Conservatism) : 1980년대 미국에서 팽배했던 지배적 정치조류. 자유지상주의, 미국 제일주의 등을 추구하며 전통적 가치를 지향한다. 원래는 20세기 초 서유럽에서 진보주의에 대립하여 자유주의적 전통을 보존하려는 정치적 신념체계를 지칭한다. 경제정책에서는 규제 축소, 민영화, 복지예산 감축 등을 주요내용으로 한다.

일을 자랑스러워했을 것 같지는 않다. 애덤 스미스의 『국부론』에서 가장 핵심적인 아이디어는 국부의 원천이 교환, 즉 상업이나 무역이 아니라 생산에 있다는 것이다. 그럼에도 불구하고 스미스는 자신이 살았던 시대, 정확하게 말하면 이제 막 그 시대로 이행하는 과정에 있던 새로운 시대의 표상을 '상업사회'라고 불렀다. 오늘날 우리가 '부르주아 사회'라고 부르거나 더러는 조금 더 순화해서 시민사회라고 부르기도 하는 사회가 바로 그것이다. 물론 정확하게 말하자면 애덤 스미스가 살았던 것은 새로운 시대가 완전히 확립되지는 못한, 이제 막 그런 사회가 출현하려 하던 때이다. 아무튼 스미스에 의하면 분업과 교환이 보편화된 사회에서는 모든 사람들이 일면식도 없는 타인의 노동생산물로 자신의 생활을 꾸려갈 수 있게 된다. 바로 빵집 주인과 정육점 주인의 노동생산물이 나의 일용할 양식이 된다는 뜻이다. 상업사회란 바로 이런 사회다.

사람들은 왜 교환을 하는가라는 질문을 고민한 철학자는 당연히 애덤 스미스만이 아니다. 같은 시대를 사는 이들은 같은 시대적 과제를 고민하기 마련이기 때문이다. 스미스가 활동하던 시대는 영국을 시작으로 유럽의 여러 나라에서 막 산업혁명이 시작되고 자본주의라는 새로운 경제체제가 성장하려던 때이다. 이 시대의 많은 사상가와 철학자들은 교환의 본질에 대해 고민했다. 스미스의 사상에 가장 큰 영향을 미쳤던 데이빗 흄은 지구상의 다른 지역들은 서로 다른 물자를 생산한다고 말한다(흄, 김성숙 옮김, 『인간이란 무엇인가: 오성·정념·도덕 본성론』, 동서문화사, 2009). 그렇다면 분업은 서로 다른 물자를 생산하는 지역적 차이에서 비롯된다. 그런데 이어서 또 흄은 사람들은 태어날 때부터 각 직업에 맞는 능력을 타고나며, 특정 직업에 열중하다 보면 그 직업에 더 완전해진다고 설명한다. 그렇기 때문에 교환과 거래가 나타난다는 것이다. 더 나아가 흄은 이러한 현상들이 자연법의 질서에도 부합하다고 주장한다. 이처럼 분업에 대한 흄의 설명은 지리적 차이에서 비롯되는지 개인의 재능의 차이에서 비롯되는지, 개인의 재능의 차이가 지역적 차이를 만든다는 뜻인지 모호하다.

분업에 대해 스미스와 대조적인 설명을 내놓은 사람은 이미 인용한 장 자크 루소이다. 철학자 이마누엘 칸트에게는 매일 똑같은 시간에 규칙적으로 산책해서 사람들이 그를 보고 시계를 맞추었다는 이야기가 늘 따라다닌다. 물론 "그래도 지구는 돈다."는 갈릴레이의 이야기처럼 과장된 일화지만, 그런 칸트가 딱 한 번 산책을 잊어버린 적이 있다고 한다. 밤새워 책을 읽느라 그만 늦잠을 잤기 때문인데, 그 날 칸트가 읽었던 책이 바로 프랑스의 계몽사상가 장 자크 루소의 『에밀(*Emile*, 1762)』이다(루소, 정병희 옮김, 『에밀』, 동서문화사, 2007). 『에밀』은 흔히 교육에 관한 책으로 알려져 있다. 이 책에서 루소는 여러 쪽에 걸쳐 분업과 교환에 대해 이야기한다. 사람들이 왜 교환을 하는가에 대해 루소는 교환이 사람들에게 이익을 주기 때문이라고 지극히 경제학적으로 대답한다. 얼핏 보기에 사람들이 교환을 하는 이유는 본성 때문이라는 스미스의 대답이 더 계몽적인 반면에 교환이 이익이 되기 때문이라는 루소의 대답은 더 경제학적이다. 다만 그 사정을 들여다보면 루소가 이야기한 것은 사회적 분업이고, 스미스가 이야기한 것은 작업장 내에서의 분업이다. 물론 스미스가 사회적 분업에 대해 몰랐다는 뜻은 아니다. "우리가 저녁식사를 걱정하지 않는 것은 푸줏간 주인이나 양조장 주인, 빵집 주인의 자비심 덕분이 아니라 자신의 이익을 추구하려는 그들의 욕구 덕분"이라는 『국부론』에서 가장 유명한 구절도 일정한 수준의 사회적 분업을 전제하지 않으면 있을 수 없는 이야기다. 다만 스미스는 생산을 이야기할 때는 작업장 내 분업을 이야기하고, 교환을 이야기할 때는 사회적 분업을 이야기함으로써 두 가지 형태의 분업이 가지는 의의를 섞어서 설명한다. 두 가지 분업이 가지는 의미의 차이를 알지 못한 것은 아니되 제대로 구분하지는 못했다는 뜻이다. 하지만 다른 관점에서 본다면 스미스와 루소의 간극은 인간의 본성은 자신의 이익을 추구하는 데 있다는 말로 절충될 수 있을지도 모르겠다. 스미스가 『국부론』을 쓴 궁극의 목적은 바로 인간의 본성을 더욱 심오하게 통찰해보려는 데 있었다. 어쩌면 스미스는 교환에 기초한 경제체제, 다시 말해 우리가 시장경제라고 부르는 이 체제야말로 인간의 본성에 가장 부합하는 경제체제임을 이야기하고 싶었는지도 모르겠다. 인간에게 교환 본능이 있어서 분업을 한다는 말은, 이 질서가 인간의 본성은 물론 자연의 법칙과 더 나아가서 우주의 질서에 가장 부합한다는 뜻이기 때문이다.

루소와 더불어 프랑스의 계몽주의 운동을 대표하는 사상가이자 문학가인 볼테르(François Marie Arouet Voltaire, 1694~1778)는 스미스가 상업사회라고 부른 이 시대의 정신을 더 노골적으로 보여준다. 볼테르는 스스로를 '지식의 상인'이라고 불렀다. 이 표현에는 특별한 의미가 들어 있다. 중세사회에서 상인은 천대받는 계급을 넘어 불온한 집단으로 간주되었다. 봉건적 경제체제는 토지에 기반을 둔 사회인데, 상인들은 토지에 자신들의 터전을 두지 않기 때문이다. 상인들로서는 다분히 억울한 일이기도 하다. 그들이 토지에 기반을 두지 못한 이유는 그들 스스로의 선택이 아니라 토지로부터, 자신들의 고향으로부터 추방된 결과이기 때문이다. 게오르그 짐멜은 「이방인(*Der Fremde*, 1908)」이라는 글에서 "경제사 전반을 통해 이방인은 상인으로, 상인은 이방인으로 등장한다."고 지적했다(짐멜, 김덕영·윤미애 옮김, 『짐멜의 모더니티 읽기』, 새물결, 2006). 이방인은 그 본성상 토지소유자가 아니기 때문이다. 여기서 토지란 물리적 의미에서뿐 아니라 공시에 삶의 본질이라는 상징적인 의미에서 이해되어야 한다. 이 삶의 본질은 특정한 사회의 공간적 영역에 뿌리를 내리고 있지 않은 경우라도, 적어도 그 이념적 영역에 뿌리를 내리고 있다. 그런데 오히려 그렇기 때문에 이방인들은 현실로부터 일정한 거리를 유지하는 객관성을 가질 수 있다.

게오르그 짐멜이 이방인이자 상인이라고 부른 두 가지 속성을 모두 가진 사람들이 바로 유대인이다. 셰익스피어의 유명한 작품 〈베니스의 상인(*The Merchant Of Venice*, 1596)〉에서 샤일록은 왜 그렇게 미움을 받을까? 안토니오를 향한 샤일록의 원한에는 이유가 있다. 안토니오 때문에 자신의 딸이 죽었다고 생각했기 때문이다. 게다가 안토니오는 평소에도 늘 샤일록을 경멸하고 모욕했다. 그러나 샤일록을 향한 안토니오의 경멸에는 이유가 없다. 굳이 이유를 찾자면 오직 그가 유대인이기 때문이다. 유대인을 향한 유럽 사회의 증오에는 두 가지 이유가 있는데, 하나는 유대인들이 예수를 고발했기 때문이고 다른 하나는 그들이 토지로부터 추방된 사람들이기 때문이다. 『성경』의 「마태복음」 3장 7절에는 요한이 세례를 받으러 온 바리새인과 사두개인을 향해 '독사의 무리'라고 분개하는 대목이 나온다. 난데없이 「마태복음」을 이야기하는 이유는 역사에서 이 장면이 여러 번 반복되기 때문이다. 종교개혁을 주창한 마르틴 루터는 두 집단을 향해 독사의 무리들이라고 불렀다. 하나는 중세의 억압에 항의해 봉기를 일으킨 농민들이고 다른 하나는 바로 유대인들이다. "나는 당신의 견해에 반대하지만 그 때문에 당신이 억압받는다면 당신의 편에서 투쟁하겠다."며 관용(tolerance)'의 정신을 주장한 볼테르도 유대인에 대해서는 노골적인 적대감을 표현했다. 막스 베버의 절친한 동료였던 베르너 좀바르트(Werner Sombart, 1863~1941)도 유대인에 대한 경멸을 숨기지 않은 인물이다. 그는 유대인의 심성을 이기주의, 돈에 대한 추구, 그리고 자기이익에 대한 계산에서 찾았다. 『유대인과 경제생활(*Die Juden und das Wirtschaftsleben*, 1911)』에서 좀바르트는 유대교의 윤리와 정신이 근대 자본주의를 형성했다고 주장했다. 이런 주장은 베버가 『프로테스탄트 윤리와 자본주의 정신』에서 근대 자본주의가 종교개혁 이후 확장된 금욕적 프로테스탄티즘(Protestantism)의 윤리에 의해 발전했다고 주장한 것과 대조적이다. 두 사람 사이의 근본적인 차이는 베버가 자본주의를 긍정하고 그래서 프로테스탄트 윤리에 대해서도 긍정한 반면에, 좀바르트는 자본주의에 대해 부정적이었고 당연히 유대인에 대한 그의 관점 또한 부정적이었다는 데 있다.

마르크스가 「유대인 문제에 대하여(Zur Judenfrage, 1843)」에서 자신의 자본주의 비판을 유대인 문제에 대한 비판에서 시작하는 이유도 여기에 있다(마르크스, 김문현 옮김, 『철학의 빈곤』, 동서문화사, 2016). 마르크스는 이렇게 말한다.

"유대인은 이기적이다. 그러나 부르주아 사회에서는 누구나 그렇다. 유대인은 배타적이다. 그러나 부르주아 사회에서는 배타적 관심 이외에 아무것도 없다." 마르크스는 특히 보수적인 부르주아계급의 지식인들뿐 아니라 스스로 진보적이라고 주장하는 지식인들, 가령 한 때는 자신의 동지들이었던 청년 헤겔학파의 철학자들조차도 유대인 문제에 대해서만은 편견에 차 있다고 비판했다. 같은 이유에서 경제사와 문명사에 관한 많은 저작들은 유대인이 어디로 이주하는가를 관찰하는 일이 여러 민족과 국가의 흥망을 평가하고 전망하는데 매우 중요하다고 지적하기도 한다. 유대인을 포용하는 나라들이 강대국들 사이의 경쟁에서 승리하는 일이 많기 때문이다(김명섭, 『대서양문명사』, 한길사, 2001). 유럽 서쪽 끝의 포르투갈이 가장 먼저 대서양으로 진출하면서 강대국으로 부상할 때 유대인들은 포르투갈의 유대인들은 자유롭게 금융과 상업활동을 경영했다. 하지만 완고한 가톨릭 권력이 들어서면서 유대인들을 내쫓은 이후 포르투갈은 급속히 쇠약해졌다. 유대인들은 네덜란드로, 영국으로 이주했고 이제는 이들 국가가 강대국으로 부상했다. 유대인들이 마지막으로 이주한 것은 바로 신대륙이다. 여기서 중요한 것은 유대인들이 가진 부와 금융적 자산들이 아니다. 다양한 가치를 수용할 줄 알고 사회적 소수자들을 존중할 줄 아는 국가가 경제적으로 부유해질 뿐 아니라 윤리적으로나 문화적으로도 더욱 성숙해진다는 뜻이다.

애덤 스미스가 『국부론』에서 "자신의 이익을 추구하려는 그들의 욕구"라고 서술한 인간의 본성을 두고 많은 책들은 '이기심'으로 번역한다. 그러나 정작 스미스는 이기심이라는 표현보다는 '자애심'이라는 표현을 더 자주 사용했다. 우리도 대체로 그렇듯이 이기심이라는 표현이 주는 부정적인 어감 때문이다. 아무튼 호모 에코노미쿠스의 속성을 이야기할 때도 첫 번째로 이야기되는 것은 바로 이기심이다. 그렇다면 스미스에게 이기심 또는 자애심의 의미는 무엇일까? 바로 사람들은 누구든 경제적 동기에 반응한다는 것이다. 쇼펜하우어의 표현처럼 존재의 근거율이 시간과 공간이라면 행위의 근거율은 동기이다. 오해를 피하기 위해 덧붙이면 당연히 사람들은 윤리적이거나 정치적이거나 심미적인 동기에 대해서도 반응한다. 그러므로 인간은 경제적 동기에 대해서도 반응한다고 표현하기로 하자. 무엇보다도 지금 우리가 이야기하고 있는 주제는 인간의 경제적 선택행위에 대해서라는 점을 잊지 말기로 하자. 볼테르는 이러한 인간의 본성에 대해 애덤 스미스보다 더 노골적인 언어로 공감을 표현한다. 역사학자인 제리 멀러(Jerry Muller)는 『자본주의의 매혹(*Mind and Market*, 2002)』이라는 책에서 볼테르가 두 가지 측면에서 상업사회를 철학적으로 정당화했다고 말한다. 첫째는 시장을 통한 부의 추구와 부의 획득을 정치적으로 합리화했다는 점이다. 둘째는 부의 소비를 도덕적으로 합리화했다는 점이다(멀러, 서찬주·김청환 옮김, 『자본주의의 매혹』, 휴먼앤북스. 2015).

볼테르와 애덤 스미스 사이에는 의미심장한 인연이 있다. 1763년 애덤 스미스는 당시의 유력한 정치가이자 나중에 재무장관으로 〈타운센드 법(Townshend Acts)〉을 만드는 데 주도적인 역할을 하는 찰스 타운센드(Charles Townshend, 1725~1767)의 제안을 받아들여 그의 의붓아들이자 뒷날 제3대 버클루 공작(Duke of Buccleuch)이 되는 헨리 스콧(Henry Scott, 1746~1812)의 가정교사로 함께 프랑스를 여행한다.[3] 프랑스에서 스미스는 볼테르를 비롯한 계몽주의자들을 만나는데, 스미스를 만난 볼테르는 "스미스라는 이 사람은 정말 대단하다. 프랑스에는 이만한 인물이 없다."고 감탄했다고 한다. 스미스도 볼테르에 대해 "눈부신 재능과 덕성을 소유한 인물"로 평가했다. 스미스가 『국부론』을 집필하는 데에는 이때 프랑스에서 만난 계몽주의자들로 받은 영향이 크다. 재미있는 일은 볼테르도 영국을 방문한 적이 있는데, 공식적으로는 권세 있는 귀족에게 결투를 신청한 일 때문에 바스티유감옥에 투옥 당했다가 망명을 조건으로 석방되었기 때문이다. 그러나 실제 이유는 자신의 새 작품인 〈앙리아

---

3 영국 의회가 1767년 이후에 통과시킨 아메리카의 식민지에 관한 일련의 법령을 통칭해 일컫는 말. 이 법령들의 기획자가 당시의 재무장관이던 찰스 타운센드이기 때문에 〈타운센드 법〉이라고 불린다. 어디까지를 포함하는지는 연구자들 사이에서도 견해 차이가 있지만, 〈세입법〉, 〈보상법〉, 〈관세위원회법〉, 〈부해사 재판법〉, 〈뉴욕 제한법〉 등이 여기에 해당한다. 미국 독립전쟁의 발단이 되었다.

드(La Henriade, 1728)〉가 프랑스에서 검열에 걸리자 영국에서 출판하기 위해서라는 이야기가 있다. 〈앙리아드〉는 〈낭트 칙령(Édit de Nantes, 1598)으로 프랑스의 종교전쟁을 종식시킨 앙리 4세(Henri Ⅳ, 1553~1610)를 찬양한 서사시이다.[4] 당시의 프랑스는 루이 14세(Louis XIV, 1638~1715)가 〈낭트 칙령〉을 폐지하고 신교도들을 탄압한 이후 정치적으로는 물론 경제적으로도 큰 혼란을 겪고 있었다. 1685년 루이 14세는 신교의 자유를 약속한 〈낭트 칙령〉을 폐지했다. 이로 인해 대략 20만 명의 신교도 상공인과 기술자들이 해외로 이주하면서 프랑스의 경제와 산업은 큰 피해를 입게 된다.

영국에서 볼테르가 가장 감명을 받은 일은 서로 다른 종교의 지도자를 만나 함께 차를 마시면서 대화하는 모습이다. 여기서 볼테르가 얻은 결론은 바로 상업적 활동은 사회를 부유하게 만들기 때문이 아니라 다른 활동들 가령 종교적인 열정보다 덜 위험하기 때문에 가치 있다는 것이다. 영국에서 귀국한 직후에 발표한 『철학서한(*Lettres philosophiques sur les Anglais*, 1733)』에서 볼테르는 "영국의 젊은 귀족들이 상인에 대해서 가지고 있는 호감과 프랑스를 비롯한 대륙의 귀족들이 상인에 대해서 가지고 있는 혐오 가운데 어느 것이 진실한 애국의 길인지 나는 알지 못한다."고 말한다. 볼테르는 정치적, 사상적 자유와 상업적 자유를 분리시켜 생각하기를 거부했다. 양심의 자유가 없는 곳에서 무역의 자유가 허용되는 경우는 거의 없기 때문이다. 영국인을 부유하게 만든 상업이 마찬가지로 영국인들을 자유롭게 만들었다는 것이 볼테르의 주장이다.

볼테르는 아이작 뉴턴이 국장으로 웨스트민스터 성당에 묻히는 것을 보고는 "영국에서는 일개 교수가 자신의 천직에 뛰어났단 이유만으로 위대한 왕처럼 묻히는 일이 벌어진다"고 말했다. 그만큼 프랑스에 비해 영국은 과학을 중시했고, 비교적 계급보다는 실리를 추구했다는 이야기다. 그 당시 프랑스에서

4 1598년 앙리 4세가 낭트에서 공포한 칙령. 위그노(Huguenot)—프랑스의 신교도들을 부르는 이름—에게 조건부 신앙의 자유를 허용하면서 약 30년간 지속된 프랑스의 종교전쟁, 즉 위그노 전쟁(1562~1598)을 종식시키는 계기가 되었다.

는 루이 14세가 중상주의자 콜베르(Jean Baptiste Colbert, 1619~1683)를 재무장관으로 등용해 강력한 부국강병책을 추진했다. 중상주의는 흔히 상업을 중시하는 정책으로 생각되지만, 실은 상업과 국내 산업 모두를 장려하는 정책이다.[5] 중상주의 정책의 핵심은 오히려 그 수단에 있는데, 독점과 특권을 이용해 산업을 육성하고 그 대가로 국가의 재정을 확보하자는 것이다. 콜베르의 이름을 따 프랑스의 중상주의는 콜베르주의(Colbertism)라고 부르기도 하는데, 루이 14세의 사망 이후에도 프랑스에서는 독점과 특권에 의한 산업육성정책이 추진되고 있었다. 영국에서도 국가는 무역과 산업을 장려했지만, 프랑스와 비교할 때 영국에서는 훨씬 광범한 경쟁적 환경이 조성되어 있었다. 스미스는 상인과 제조업자들을 신중하게 만드는 것은 바로 경쟁이라고 지적했다. 물론 이런 비교는 상대적인 것이어서, 스미스는 당시의 영국사회에 여전히 독점과 규제가 만연하고 있음을 비판하기도 했다.

상업사회에 대한 볼테르의 결론은 얼핏 렉서스와 올리브 나뭇가지를 비교한 어느 저술가를 연상시킨다. 렉서스는 물론 너무 유명한 일본의 자동차 이름이다. 이 저자는 일본인들은 렉서스 자동차를 만들어 부자가 된 반면에 중동에서는 여전히 아무 데도 쓸모가 없는 올리브 나무를 차지하기 위해서 싸우기 때문에 빈곤하다고 주장한다(프리드먼, 장경적 옮김, 『렉서스와 올리브 나무』, 생각의나무, 2009). 이런 주장이 굳이 틀린 말이라고 생각하지는 않는다. 그러나 반드시 옳다고도 생각되지 않는다. 사람은 경제적 동기에 반응하지만 반드시 경제적 동기에만 반응해야 하는 것도 아니기 때문이다. 종교적 인간이 경제적 인간을 함부로 평가해서는 안 되는 것처럼, 경제적 인간이 자기 기준대로 종교적 인간을 평가하는 일도 옳지 않다. 어떤 이들에게는 자동차가 훨씬 더 소중한 가치일 수 있지만 다른 이들에게는 올리브 나무가 훨씬 더 가치 있는 대

5 중상주의(Mercantilism) : 봉건제로부터 자본주의로의 이행기의 국가 형태인 절대주의의 성립기에서 산업혁명 시기까지 유럽에서 지배적이었던 경제정책과 경제이론을 총칭하는 말. 상업과 화폐의 취득을 국부의 원천으로 생각하고 보호무역주의를 주장했다는 점에 공통점이 있으나 일관적인 체계를 갖추지는 못했다. 애덤 스미스가 『국부론』을 발표한 가장 직접적인 이유 가운데 하나도 바로 중상주의를 비판하기 위한 것이었다.

상일 수도 있다. 교황청을 방문한 문재인 대통령 내외에게 교황 성하께서 올리브 가지를 선물로 주신 이유도 여기에 있을 터이다. 어떤 이들에게는 올리브 나무가 분쟁의 상징이지만 다른 이들에게는 올리브 나무가 평화의 염원이기도 하다. "영혼을 가진 지성적 존재로 사람들을 대하면 모든 것을 잃지는 않는다. 반대로 사람들을 소떼로 취급하면 모든 것을 잃게 된다. 언제가 그 뿔로 당신을 들이받게 될 테니까."

한 가지 더 덧붙이자면 볼테르가 스스로를 '지식의 상인'이라고 부른 데에는 다른 주목해야 할 내용이 있다. 한쪽에서 보면 주목해야 할 내용이 상인이라는 표현이지만 다른 한쪽에서 보면 그 상인이 지식을 판다는 일이다. 요즘은 '이것의 상인'이라거나 '저것의 상인'이라는 표현이 그리 낯설지 않다. 심지어는 '죽음의 상인'이라는 표현까지도. 하지만 볼테르의 시대에는 지식이 상업의 대상이 된다는 것이 매우 특별한 일일 수밖에 없었다. 고대부터 근대 초기까지 일반인들에 비해 특별한 지적 능력을 가진 사람들을 부르는 이름은 철학자이거나 현자였다. 현자는 다른 이들에게 지혜, 즉 삶에 대한 통찰을 주는 사람들이다. 그러나 계몽주의 이후에 보편화된 '지식인(intellectual)'이라는 이름은 삶에 대한 지혜가 아니라 일상생활에 유용한 정보를 주는 사람들이다. 볼테르는 바로 그러한 새로운 유형의 지식인의 가장 전형적인 인물이다. 볼테르의 별명이 '페르네의 현인'이라는 사실을 두고 보면 앞뒤가 맞지 않은 이야기처럼 들리기도 한다. 페르네는 볼테르가 망명 시절에 살았던 스위스의 시골 마을 이름이다. 하지만 그 시대의 사람들은 아직 지식인이라는 개념을 몰랐다는 점을 이해하자. 아무튼 지식인가 현인인가, 누가 더 옳고 누구는 틀렸다고 말할 수 없다. 다만 지식에 대한 새로운 태도 때문에 경제학이 철학이기보다는 과학으로 여겨지게 되었다는 점을 부인하기도 어렵다.

시장은 우리를 자유롭게 하는가?

경제학에서 가장 자주 인용되면서 가장 많이 오해받는 인물은 역시 애덤 스미스일 듯싶다. 많은 이들이 스미스가 시장에서는 저절로 최적의 자원배분이 이루어진다고 주장했다고 안다. 시장에서는 이른바 '보이지 않는 손(invisible hand)'이 작동하기 때문이다. 그러나 『국부론』에서 이야기하는 보이지 않는 손은 그런 의미가 아니다. 뿐만 아니라 『국부론』의 어디를 보더라도 그런 맥락의 주장을 찾기 어렵다. 애덤 스미스가 상업사회를 적극적으로 긍정한 이유는 다른 곳에 있다. 스미스는 상업이 보다 문명화된 행동들을 이끌어낼 것이라고 주장했다. 물론 이런 생각은 스미스의 절친이던 데이빗 흄과 볼테르를 비롯한 당시의 계몽주의자들에게 일반적인 사고방식이기도 했다. 다만 스미스는 근면, 절약, 사려 깊음 등과 같은 인간적 덕목들이 상업사회에서 어떻게 개발되는지를 설명한 거의 최초의 인물이다(멀러, 서찬주·김청환 옮김, 『자본주의의 매혹』, 휴먼앤북스. 2015). 스미스는 사회의 경제적 진보의 동력을 그 사회를 구성하는 개인들이 자신의 생활 상태를 개선하기 위해 끊임없이 노력하는 데서 찾았다. 사람들이 흔히 생각하는 자원배분의 최적 기구로서의 시장이라는 개념은 실은 스미스가 아니라 하이에크와 같은 신자유주의자들에 의해 만들어진 것이다. 시장이 어떻게 자원을 배분하는가에 대해 하이에크는 근대 사회의 가장 두드러진 특징 가운데 하나인 노동의 분업이라는 현상을 '지식의 분업(division of knowledge)'이라는 개념으로 확장한다. 전통적인 경제이론은 모든 경제주체들에게 정보가 완전히 공개되어 있다고 가정하기 때문에 현실경제에서 빈번히 발생하는 불균형을 적절히 설명하지 못한다. 이에 대해 하이에크는 정보의 완전성과 조건들의 고정성이라는 가정을 버리고 지식의 분업이라는 개념을 통해 변화하는 현실을 분석하고자 시도했다. 시장경제에서 가장 확실한 지식은 바로 가격이다. 하이에크에 따르면 시장가격의 기능은 개인이 필요로 하는 지식을 수집해서 전달하고 수많은 경제활동을 조정하는 데 있다. 가격을 통해 개인들은 무엇을 어떻게 생산하면 좋은지, 자신이 지니고 있는 자원을 최소의 비용으로 이용하는 방법은 무엇인지 등을 학습하게 된다. 가격은 시장에 존재하는 수많은 지식과 정보를 응축한 형태로 표시하고 있는 신호이다. 그런데 개별적이고 구체적인 지식에 기초한 개인들의 경제활동을 거시적 차원에서 조정하고 하나의 질서로서 형성시켜 주는 힘이 무엇인가? 하이에크는 그 답을 경쟁에서 찾는다. 경쟁은 개인들이 불완전하게 지니고 있는 지식과 정보를 현실에서 일어나고 있는 사실의 변화에 대하여 조정해 나가는 과정이며, 불완전한 지식을 각자의 목적에 맞게 보완해 나가는 과정이다. 경쟁은 모든 진화와 관련된 절차이며, 의식하지 못하는 사이에 사람들로 하여금 새로운 상황에 반응하도록 만든다.

하이에크는 사회질서를 '인위적 질서'와 '자생적 질서'로 구분했다. 자생적 질서는 말 그대로 스스로 형성된 질서이며, 구성적 질서는 인위적으로 만들어진 질서이다. 자생적 질서는 인간의 본성에 부합되기 때문에 대다수의 사회구성원이 이를 선택하고 준수한다. 시장경제가 바로 자생적 질서의 가장 훌륭한 예이다. 시장경제는 분업이 광범하게 진전되고 지식이 분산되면서 수많은 개인들의 행위의 결과로서 사회질서가 나타나는 추상적이고 자발적인 질서이다. 자본주의 사회에서는 바로 이 추상적이고 자발적인 사회질서를 통해 생산성을 최대한으로 높일 수 있으며, 그에 따라 풍요로운 물질적 부를 향유할 수 있다. 자생적 질서는 각각의 구성요소가 그들의 일부에게만 직접적으로 영향을 주거나 어느 누구에게도 그 총체가 알려질 필요가 없는 수없이 많은 상황에 스스로 적응한 결과이다. 반면에 인위적 질서는 사회주의나 전체주의처럼 소수의 사람이 대중에게 강요하는 질서이다. 따라서 이러한 질서는 장기적으로 존속될 수 없으며, 반드시 붕괴되고 만다. 하이에크는 독일과 이탈리아의 파시스트 정부는 물론 케인스가 추구한 복지국가도 똑같은 결과를 초래할 것이라고 주장했다. 하이에크는 자의적인 강제력을 사용하지 않고서도 시장메커니즘에 의해 자발적인 경제질서가 형성된다는 점을 강조했다. 개인의 자유가 보장되는 사회는 자의적 강제력을 통한 사회보다 훨씬 더 바람직한 성과를 낳는다는 것이다. 중앙집권화된 계획경제보다 분권화된 시장경제가 더 효율성을 보장할 수 있는 체제인 이유도 같다.

사회경제사상사에서 보면 인위적 질서를 옹호하는 사상이 '구성적 합리주의(constructivist rationalism)'이며, 자생적 질서를 옹호하는 사상이 '진화적 합리주의(evolutionary rationalism)'이다. 구성적 합리주의는 불완전할 수밖에 없는 인간의 이성능력에 대한 과도한 신뢰를 바탕으로 사회의 모든 제도를 설계하고, 구성원들에게 필요한 자원을 중앙 계획당국이 효율적으로 배분할 수 있다는 사상이다. 하이에크는 구성적 합리주의를 '사이비 개인주의(false individualism)', 진화적 합리주의를 '진정한 개인주의(true individualism)'라고 부르기도 한다. 사이비 개인주의 즉 구성적 합리주의 사상은 근대 합리주의 철학의 아버지로 불리는 르네 데카르트에서 시작하여 토머스 홉스와 장 자크 루소 등을 거쳐 마르크스에게까지 이어진다. 반면에 진정한 개인주의, 즉 진화적 합리주의는 영국 경험론 철학의 아버지인 프랜시스 베이컨에서 시작되어 로크와 데이빗 흄을 거쳐 애덤 스미스에 의해 발전한다. 하이에크의 두 가지 개인주의는 칼 포퍼의 순진한 합리주의(naive rationalism)와 비판적 합리주의(critical rationality)에 해당한다. 재미있는 일은 베이컨에서 시작된 영국 경험주의 철학의 주요한 두 계승자인 홉스와 로크에 대한 하이에크의 평가가 정반대라는 점이다. 이는 아마 인민주권에 대한 두 사람의 사상이 다른 데서 비롯된 듯싶다. 홉스와 로크는 모두 주권이 인민에 있으나 필요에 의해 국가에 양도되었다고 주장한다. 문제는 국가가 그 주권을 인민의 의지와 다르게 사용할 경우 인민은 어떻게 행동해야 옳으냐는 데 있다. 홉스는 인민의 주권의 본래 소유자라 할지라도 이미 국가에 양도되었으므로 그 주권을 어떻게 사용할 것이냐는 전적으로 국가의 권리라고 주장했다. 반면에 로크는 주권의 양도는 인민의 의지에 따라 주권을 사용한다는 조건부 양도이므로 국가가 인민의 의지와 다르게 주권을 사용할 경우에는 인민들이 국가를 전복할 수 있다고 주장했다. 그래서 하이에크가 보기에 로크가 개인들의 권리를 옹호한 반면 홉스는 국가주의자로 보였던 것이 아닐까 싶다. 여기에 또 한 가지, 하이에크가 사이비 개인주의자로 분류한 사상가들 가운데는 공리주의 철학자 제러미 벤담(Jeremy Bentham, 1748~1832)도 포함된다.[6] 벤담의 공리주의는 고전학파의 경제학은 물론 오스트리아학파를 포함한 신고전학파의 경제사상에서 가장 기본적인 원리 가운데 하나이다. 공리주의의 '공리'와 신고전학파 경제학의 핵심 개념인 '효용'은 같은 단어(utility)의 다른 번역일 뿐이다. 그런데도 하이에크가 벤담을 사이비 개인주의자라고 부른 이유는 벤담이 사회개혁가였기 때문일 것이다.

보이지 않는 손이라는 표현을 쓰지는 않았지만 하이에크의 자생적 질서에 관한 주장은 신자유주의들이 생각하는 보이지 않는 손의 개념에 가장 가깝다. 그런데 실은 애덤 스미스도 이와 유사한 관점에서 보이지 않는 손이라는 표현을 사용한 적이 있다. 다만 『국부론』에서는 아니다. 보이지 않는 손이라는 말이 너무 유명하다 보니 『국부론』에는 보이지 않는 손이라는 말이 당연히 수백 번 이상 나올 것이라고 생각하는 사람들이 적지 않다. 그런데 정작 『국부론』에는 보이지 않는 손이라는 말이 꼭 한 번 나온다. 실은 스미스의 모든 저작을 다 찾아보아도 보이지 않는 손은 오직 세 번만 나온다. 한 번은 말한 것처럼 『국부론』에서이고, 한 번은 『국부론』에 앞서 스미스의 이름을 유명하게 만들어 준 『도덕감정론』에서이다. 그런데 이보다 앞서 스미스가 보이지 않는 손이라는 말을 처음 사용한 것은 조금 뜻밖이게도 그의 사후에 발견된 유고인 「천문학의 역사(The History of Astronomy)」라는 논문에서이다. 스미스의 표현을 그대로 인용하면 "주피터의 보이지 않는 손(invisible hand of Jupiter)이 천체의 운행을 조화롭게 이끈다."고 되어 있다. 수많은 행성과 천체 물질들이

6 공리주의(utilitarianism) : 인간 행위의 윤리적 기초를 개인의 이익과 쾌락의 추구에 두고, 무엇이 이익인가를 결정하는 것은 개인의 행복이므로 '도덕은 최대 다수의 최대 행복을 목적으로 한다'고 주장하는 철학 사조. 이를 최대행복의 원리(greatest happiness principle)라고 부른다. 이 사상은 근대 시민사회의 윤리적 기준이 되었으며, 영국 고전학파 경제학의 사상적 기초가 되었다.

서로 충돌하지 않고 운행하는 이유가 주피터의 보이지 않는 손이 그들을 조정하기 때문이라는 뜻이다. 경제학의 아버지가 웬 천문학이라고 생각할 수 있지만, 이미 이야기한 것처럼 스미스의 시대까지도 천문학과 물리학은 철학자들이 반드시 가져야 할 기본적인 소양 가운데 하나로 여겨졌다.

그런데 스미스는 왜 창조주나 더 단순한 표현으로 신의 보이지 않는 손이라고 하지 않고 굳이 로마인들의 옛 신화를 들고 와 주피터의 보이지 않는 손이라고 말했을까? 어쩌면 신의 손은 혹시라도 종교적으로 해석될 여지가 있지만 주피터의 손은 그럴 여지가 거의 없을 듯싶기 때문이 아닐까 싶다. 말하자면 스미스에게 보이지 않는 손은 어디까지나 비유적인 표현이었을 뿐이어서 혹시라도 읽는 이들이 오해하지 않기를 원했다는 뜻이다. 하지만 스미스의 의도가 무엇이었든지 간에 스미스의 표현은 마치 우주가 창조주에 의해 설계되었다는 의미로 여겨지는 것도 사실이다. 다윈의 『종의 기원』이 발표된 이후 창조론과 진화론이 대립하면서 진화론을 지지하는 근거들이 발견되면서 창조론에 선 일부 과학자들과 매우 극소수의 신학자들이 제기한 이론이 '지적 설계론'이다. 우주는 신이 처음 창조한 이후로 고정된 것이 아니라 처음부터 신의 뜻에 따라 진화하도록 설계되었다는 것이다. 지적 설계자가 없다면 어떻게 우주가 이처럼 조화로울 수 있느냐는 것이 그들의 주장이다. 하지만 지적 설계론의 근본적인 한계는 그 지적 설계자는 도대체 누가 설계했느냐는 데 있다. 그토록 복잡한 질서를 조화롭게 운영할 수 있을 만큼 초월적인 존재는 과연 누가 설계했을까? 시장에 대한 하이에크의 설명은 행성들의 조화에 대한 스미스의 설명을 연상시킨다. 그렇다면 무수한 개인들의 지식과 욕구를 조화롭게 운영하기 위해는 과연 주피터의 보이지 않는 손이 필요한가? 그렇다면 그 손은 과연 누가 설계한 것인가?

『노예의 길(*The Road to Serfdom*, 1944)』에서 하이에크는 파시즘(fasism)과 공산주의는 서로 정반대의 체제처럼 여겨지지만 사실상 동일하다고 비판했다(하이에크, 김이석 옮김, 『노예의 길: 사회주의 계획경제의 진실』, 나남, 2006). 조금이라도 정부개입을 용인하면 정부는 스스로 자기의 영역을 확대해 가기 마련이고, 마침내는 경제의 모든 결정이 정부에 의해 이루어지는 사회주의, 특히 국가사회주의로 나아갈 수밖에 없기 때문이다. 하이에크는 이러한 경제체제들을 묶어 집산주의(collectivism)라고 불렀는데, 모든 집산주의는 정부로 하여금 정부 자신을 유지하기 위해 억압적이고 폭력적이 될 수밖에 없게 한다고 주장했다. 하이에크에 따르면 모든 집산주의에는 두 가지 중심적 특징이 있다. 첫째는 그 집단이 공통적으로 받아들이는 목적체계를 가질 것이며, 둘째는 이런 목적들을 달성하기 위하여 그 집단에게 최대한 권력을 부여하려는 욕구이다. 중앙집권적 계획경제는 필연적으로 전체주의적 정치체제를 가지게 되고, 이는 소련에서처럼 모든 시민이 국가의 노예가 되는 길이라는 것이다. 사회주의자들은 필연의 왕국으로부터 자유의 왕국으로 가는 길(the road to freedom)을 약속했지만, 현실에서 그것은 예속으로 가는 길(the road to serfdom)이 될 수밖에 없다는 것이다.

집산주의를 비판하면서 하이에크는 애덤 스미스를 인용한다. 그런데 하이에크에서부터 애덤 스미스의 얼굴이 들어간 넥타이를 매고 당선 축하 파티에 참석한 공화당원들까지 이들이 생각하는 스미스의 모습은 정반대의 얼굴을 가지고 있다. 『국부론』에서 스미스는 국가를 상업사회가 의존하는 가장 중요한 기구라고 표현했다. 정부의 권위와 안전은 인류의 자유와 이성과 행복이 번성하는 필요조건이다. 스미스는 상인과 제조업자들의 비열한 약탈과 독점정신은 그가 누구이든 간에 인류의 주인인 것처럼 행동한다고 비판했다. 따라서 자본가가 내놓는 새로운 법률은 심사숙고하고 실험한 후에야 적용해야 한다. 그래야만 공공의 이익을 지킬 수 있기 때문이며, 반대로 그렇지 못하면 자본가들에게 농락당하고 또 지배당할 것이기 때문이다. 스미스가 국가를 긍정한 이유는 국가가 경쟁을 제한하고 규제하기 때문이 아니라 반대로 국가가 독점을 원하는 자본가들의 탐욕을 제한하기 때문이다. 자본가가 자신의 탐욕을 추구할 자유를 인정하는 것은 그로 하여금 다른 개인들의 자유를 억압하고 침해할 자유를 인정하는 것과 같다는 뜻이다. 그렇다면 과연 시장에서 개인의 자유를 보장할 조건은 무엇인가?

자유로부터의 도피

시장은 어떤 곳인가? 흔히 근대 법학의 아버지로 불리는 이는 네덜란드의 법학자이자 정치가인 휘호 흐로티위스(Hugo de Grotius, 1583~1645)이다. 근대 자연법사상의 형성과 발전에서 흐로티위스의 선구적 의의는, 그가 자연법을 인간의 모든 법률뿐만 아니라 신의 계시보다도 더 우월한 것으로 설정했다는 점과 자연법을 세속화시켰다는 점에 있다. 흐로티위스의 법철학은 "개인은 사적인 목적을 위해 세상을 이용할 권리를 가진다."는 말로 요약된다. 흐로티위스 이후 자연법적 사회이론과 국가이론의 발전에 가장 중요한 기여를 한 사람은 영국의 경험주의 철학자이자 계몽사상가인 홉스와 로크이다. 이들은 자신을 보존하는 일이야말로 인간의 가장 기본적인 의무라고 주장했다. 국가와 사회의 목적도 개인의 안전을 보장하는 데 있다. 애덤 스미스의 관점에서 본 사회는 개인들로 구성되어 있다. 그런데 개인은 자신에게 이익이 있을 때만 교환을 통해 타인과 관계를 맺는다. 이러한 교환은 인간의 중요한 본성이다. 따라서 사회는 개인이 이기심에 따라 서로 교환하는 교환체이다. 스미스에게 시장은 개인의 이기심에 가장 부합하는 제도이다. 스미스가 상업사회라고 부른 새로운 사회를 독일의 철학자 프리드리히 헤겔은 부르주아 사회(die Burgerliche Gesellschaft)라고 불렀다. 헤겔에게 부르주아 사회, 즉 시민사회는 모든 사람이 자율적인 개인으로 인정받는 공간이다. 그들의 인격과 재산은 법에 의해 보호받는다. 개인들 사이의 상호관계는 그들의 욕구를 만족시키는 시장을 통한 상호작용에 기초한다. 헤겔에게 시장은 개인이 필요로 인식하는 새로운 욕구를 창출하는 곳이다. 그래서 헤겔은 『법철학』에서 시민사회를 '욕망의 체계'라고 불렀다(헤겔, 임석진 옮김, 『법철학』, 한길사, 2008). 로크와 스미스와 헤겔 모두 시장을 자원배분의 효율성이라는 관점이 아니라 개인의 자유라는 관점에서 파악하고 있는 것이다. 이렇게 보면 하이에크가 시장을 개인주의라는 관점에서 설명하고 있는 일도 잘못되지 않다. 문제는 실제로 시장에서 개인들이 얼마나 자유로운가이다.

하이에크가 두 가지 개인주의를 구분하는 기준은 바로 이성의 힘을 어떻게 볼 것인가 하는 문제다. 하이에크에게서는 이성에 대한 근원적인 불신이 노골적으로 드러난다. 세계는 이성에 의해 개혁되는 것이 아니라 오직 자생적으로 발전할 뿐이기 때문이다. 하이에크 사상의 출발점은 인간의 인식은 불완전하다는 것이다. 이는 두 가지 의미를 가지는데, 하나는 인간의 사고능력의 불완전성이며 다른 하나는 지식의 불완전성이다. 지식은 다시 추상적이고 일반적인 사실들에 관한 이론과 구체적이고 특정한 사실들에 대한 정보로 구분되는데 하이에크는 이 두 가지 모두 부족하다고 주장한다. 『개인주의와 경제질서(*Individualism and Economic Order*, 1948)』에서 하이에크는 인간은 합리적인 존재가 아니라 오히려 비합리적이고 오류에 빠지기 쉬운 존재라고 주장했다(하이에크, 박상수 옮김, 『개인주의와 경제질서』, 자유기업센터. 1998). 따라서 이러한 오류들은 사회적 과정 속에서만 정정될 수 있다. 그런데 사회주의는 이처럼 불완전한 인간의 인식능력으로 합목적적인 사회를 건설하고자 시도하는 '치명적 자만(facial conceit)'의 결과일 뿐이다(하이에크, 신중섭 옮김, 『치명적 자만: 사회주의의 오류들』, 자유기업원, 2005). 물론 인간의 인식능력은 불완전하다. 하지만 그렇다고 인간의 인식이 전혀 무능력한가?

마르크스의 『자본』 제3권과 엥겔스의 『사회주의: 공상에서 과학으로(*Socialisme: utopique et socialisme scientifique*, 1880)』에는 "필연의 왕국(Reich der Notwendigkeit)에서 자유의 왕국(Reich der Freiheit)으로"라는 표현이 나온다(엥겔스, 나상민 옮김, 『공상에서 과학으로』, 새날, 2006). 당연히 자연법칙은 인간이 자의로 바꿀 수 없다. 문제는 인간이 자연법칙을 이해할 수 있느냐는 것이다. 인간이 자연법칙을 이해하지 못하면 수동적으로 자연법칙에 순종하면서 살 수밖에 없다. 필연의 노예에 머문다는 뜻이다. 그러나 인간이 자연법칙을 이해하면 자신을 위해 자연법칙을 이용할 수 있다. 예를 들어 물이 높은 곳에서 낮은 곳으로 떨어지는 이유는 중력이라는 자연법칙 때문이다. 인간은 이 법칙을 자의로 바꿀 수는 없지만 중력의 법칙을 이용하면 수력발전소를 만들 수도 있고 경우에 따라서는 기계장치를 이용해서 물을 거꾸로 흐르게 할 수도 있다. 흔히 시장을 거슬릴 수는 없다고 말한다. 보수주의자들이 개입주의 국가를 비판할 때 흔히 쓰는 말이다. 시장은 자연법칙과 같고 당연히 인간이 시장을 거슬릴 수는 없다. 하지만 그렇다고 마치 꿀벌들이 자신이 무엇을 하는지 인식하지도 이해하지도 못한 채 그저 본능에 이끌려 집을 짓 듯이, 이기심이라는 본능에만 의지한 채 시장의 자연법칙에 자신의 운명을 맡기고 수동적으로 삶을 사는 인간이 진정으로 자유로운가? 아니면 이성의 힘을 이용해 시장의 자연법칙을 이해하고 자신을 위해 이용하는 인간이 더 자유로운가? 굳이 하이에크를 변명하자면, 하이에크가 이성의 힘을 전적으로 부정하는 것은 아니며 다만 그 한계를 지적하고자 할 뿐이다. 위에서 이야기한 것처럼 인간의 지식은 불완전하다. 인간이 가지고 있는 정보가 부족하기 때문에 이성보다 정보의 전달망으로서 시장이 더 중요하다는 뜻이다. 하이에크가 주장하고자 하는 가장 핵심적이고 결정적인 내용은 바로 인간의 이성은 경험에 의해서만 진보할 수 있다는 것이다. 진화는 인간의 의도적인 설계가 아니라 여러 세대의 적자생존을 거쳐 발전해 가는 과정이다. 하지만 하이에크의 이런 주장은 인간사회의 진보를 생물학적 진화와 동일한 과정으로 주장한 사회진화론을 떠올리지 않을 수 없게 한다. 이미 폐기처분되어 무덤 속에 들어간 사회진화론이 하이에크에 의해 되살아난 것이다.

영국의 정치가 윈스턴 처칠(Winston Leonard Spencer Churchill, 1874~1965)은 민주주의는 최악의 정치제도지만, 우리가 아는 제도들 가운데는 최선의 것이라고 말했다. 풍자인지 해탈인지는 모르겠지만 매우 재치 있는 표현이기는 하다. 처칠을 빌려 비유하자면 시장은 최악의 제도지만 우리가 아는 제도들 가운데서는 최선의 것이다. 사회주의자가 아닌 대부분의 경제학자들이 시장이 효율적인 자원배분을 위해 최선의 방법이라는 데 동의한다. 경제학자들의 오류는 최선의 제도를 유일한 제도나 완전한 제도와 혼동한다는 데 있다. 많은 경제학자들이 실험실 안의 인위적으로 설정된 환경과 실험실 밖의 현실을 혼동하는 것과 마찬가지다. 시장이 자생적 질서라는 데에는 충분히 공감할 수 있다. 그런데 시장이 자생적이라는 말은 스스로 생성하고 발전하고 변화한다는 뜻이다, 더 나아가 생성하고 발전하는 질서들은 궁극적으로 언젠가는 소멸할 수도 있다. 따라서 시장이 자생적 질서라고 주장하기 위해서는 시장이 언제 어디서 어떻게 생성되고 발전해 왔는가를 설명하지 않으면 안 된다. 그러나 주류 경제학자들, 특히 신자유주의자들이라고 불리는 이들 가운데 어느 누구도 시장의 역사성에 대해서 설명해 주는 경제학자는 없다. 신자유주의자들이 묘사하는 시장은 마치 태초에 시장이 있었다는 말처럼 고정불변의 질서이다. 그러나 폴라니의 『거대한 변환(*The Great Transformation*, 1944)』에서 케네스 볼딩의 『사랑과 공포의 경제학(*The Economy of Love and Fear: A Preface to Grants Economics*, 1973)』에 이르기까지 많은 경제학자들이 지적하고 있듯이 자원을 배분하는 방법에는 여러 가지 제도가 있으며, 이들은 반드시 대립적이거나 선택적이기보다는 오히려 상호보완적이라는 사실을 올바로 인식할 필요가 있다. 시장의 기원을 탐구한 것은 경제학자들이 아니라 칼 폴라니(Karl Paul Polanyi, 1886~1964)처럼 경제학의 경계에 서 있는 문화학자들, 경제학자라고 불러도 좋을지 어떨지 모르겠지만 설령 그렇더라도 주류 경제학자는 결코 아닌 사람들이다(폴라니, 박현수 옮김, 『거대한 변환: 우리 시대의 정치적·경제적 기원』, 민음사, 1997). 시장의 자생성을 주장하면서 시장의 역사성을 부정하고, 마치 역사를 초월해 시장이 선험적으로 존재해 온 것처럼 가정한다는 점에 경제학의 원초적 결함, 앞에서 그리스 비극에 대해 잠시 이야기했던 표현을 빌면 경제학의 하마르티아(hamartia)가 있는 것이다. 시장의 역사성을 부정하면서 시장을 완전한 질서로 주장하는 하이에크의 주장 또한 치명적 자만에 불과할 수 있다는 뜻이다.

경제학의 역사에서 폴라니의 위치는 매우 독특하다. 계몽주의 시대에 자주 사용되던 사회계약이라는 개념에서 보면 홉스는 국가와 같은 외부적 규칙에 의해 형성되는 설계주의적 사회계약을 주장한다. 만인에 대한 만인의 투쟁 상태를 극복하기 위해서는 사회 구성원들 사이에 합의된 규칙이 필요하다는 뜻이다. 반면에 데이빗 흄은 외부적인 규칙이 아니라 인간본성의 내부적 규칙에 따르는 자생주의적 규칙이 가능하다고 주장한다. 홉스를 설계주의적 사회계약론이라고 한다면 흄은 자생주의적 사회계약을 주장하고 있다. 이런 흄의 사상은 멩거를 거쳐 오스트리아학파의 전통 속에서 하이에크로 이어진다. 그런데 어떤 경제학자들은 이 전통 사이에 폴라니를 포함시키기도 하다. 폴라니는 오스트리아-헝가리제국 출신이기는 하지만 오스트리아학파와는 거의 연관이 없다. 그런데도 굳이 폴라니를 이 전통 속에 포함시키려 시도하는 이유는 폴라니 역시 시장을 자생적인 질서로 보기 때문이다. 그러나 폴라니가 생각하는 시장의 자생적 발전은 하이에크를 비롯한 신자유주의자들의 생각과 전혀 다르다. 폴라니는 근본적으로 시장을 이기심에 근거한 교환의 장이 아니라 인간의 이타적 본성에 근거한 협력과 호혜의 장으로 생각한다. 폴라니에게 시장이 자생적으로 발전하는 제도라는 의미는 그런 호혜성의 발전과정이라는 의미다.

케인스 경제학의 의의를 단순히 재정지출과 같은 정부개입으로 실업을 줄이고 성장률을 높이는 것으로 이해하는 사람들이 많다. 신자유주의자들은 그런 이유로 케인스를 비난하기도 한다. 하지만 케인스는 시장에 대한 더 높은 통찰을 주고자 한다. 하이에크는 케인스의 경제학과 마르크스주의가 국가개입과 계획을 주장한다는 점에서 다르지 않다고 주장했다. 하지만 이는 좀 많이 과장된 주장이다. 케인스는 생애를 통해 단 한 순간도 사회주의자였던 적이 없기 때문이다. 다만 케인스와 마르크스에게는 세상을 바라보는 유사한 관점이 있기는 하다. 케인스는 "장기에는 우리 모두 죽는다(In the long run we are all dead).”는 유명한 말을 남겼다. 이에 대해 케인스에게 경쟁 심리를 가졌던 슘페터는 “케인스 씨는 자녀가 없어서 장기에 관심이 없다.”고 비꼬기도 했다. 굳이 슘페터가 아니더라도 케인스의 주장은 흔히 오해받는다. 하지만 케인스는 장기에 관심이 없거나 무시해도 좋다는 의미에서 그렇게 말한 것이 아니다. 케인스의 의도는, 가령 당장 적당한 처방을 하면 살 수 있는 환자가 있다고 가정하고 지금 이 환자를 살리더라도 언젠가는 죽을 것이다. 그렇다면 어차피 죽을 사람이라면 지금 이 환자를 살리지 말고 그냥 죽도록 내버려 두어야 옳은가 하는 이야기다. 불황이나 실업과 같은 문제들을 시장에 맡겨 두면 언젠가는 시장의 자기조정능력에 의해 저절로 해결될 수 있을 것이라는 점을 케인스도 잘 안다. 하지만 케인스는 그렇다고 지금 당장 적절한 처방으로 그런 문제들을 해결할 수 있는데도 굳이 장기에 시장이 스스로 해결할 때까지 기다릴 것인가 하고 묻는 것이다.

케인스는 우리 시대의 세 가지 과제를 정치적 안정, 경제적 번영, 그리고 개인의 자유라고 요약했다. 케인스에 반대하는 이들은 흔히 시장에 대한 국가의 개입을 주장함으로써 케인스가 개인의 자유에 대한 국가의 억압을 용인했다고 비판한다. 그러나 케인스와 신자유주의자들의 차이는 개인의 자유를 옹호하느냐 부정하느냐가 아니라, 개인의 자유란 무엇인가 하는 데 있다. 『노예의 길』에서 하이에크는 “자유는 더 높은 어떤 정치적 목적을 위한 수단이 아니라 그 자체로서 최고의 정치적 목적이다.”라고 주장한다. 그러나 케인스는 개인이 시장에서 자유롭기 위한 필요조건은 무엇인가 하고 묻는다. 정치적 안정과 경제적 번영 없이 어떻게 개인이 시장에서 자유로울 수 있는가 하는 말이다. 직장을 잃은 실업자가 과연 시장에서 자유로울 수 있는가? 오늘 일용할 양식을 구하지 못한 가난한 가장이 과연 시장에서 자유로울 수 있는가? 케인스주의나 더 나아가 마르크스주의에 대한 주류 경제학자들의 사고는 에리히 프롬(Erich Seligmann Fromm, 1900~1990)의 『자유로부터의 도피(*Escape from Freedom*, 1941)』를 연상시킨다(프롬, 김석희 옮김, 『자유로부터의 도피』, 휴머니스트,

2012). 자유에 대한 두려움이 전체주의를 낳았다는 프롬의 주장처럼, 국가개입이나 계획에 의존하는 심리는 시장경제가 주는 자유에 대한 불안감 때문에 나타난다는 뜻이다. 하지만 개인들은 왜 시장의 자유에 불안감을 느끼는 것일까? 시장의 자유는 정의되지 않은 자유이기 때문이다. '정의되지 않은'이라고 표현한 이유는 통제되지 않다거나 조정할 수 없다는 표현은 오해를 부를 여지가 많기 때문이다. 낯선 곳에 가면 사람들은 대개 불안감을 느낀다. 만약 인간이 어두운 우주의 한 공간에 떨어진다면 그 불안감은 과연 얼마나 할까? 하이에크는 시장에서 인간이 자유롭다고 주장하지만 정의되지 않은 시장은 불안하고 위험한 무정부상태, 코스모스(cosmos) 이전의 카오스(chaos)에 더 가깝다. 그래서 사람들은 하이에크가 아니라 케인스에게서 오히려 위안감과 안정감을 느끼는 것이다.

영국의 역사가이자 철학자인 이사야 벌린(Isaiah Berlin, 1909~1997)은 자유를 '적극적 자유(positive liberty)'와 '소극적 자유(negative liberty)'로 구분했다. 소극적 자유는 "외부의 간섭이나 방해가 없는 자유", "내 의지나 행동에 누구도 개입하고 간섭하지 않는 자유"를 의미한다. 내가 어떤 행위를 하는 데 타인이나 국가권력과 같은 외부의 간섭을 받지 않는다는 뜻이다. 반면 적극적 자유는 자기자신이 주체가 되어 특정한 가치를 추구하고 실현하기 위해 필요한 자유이다. 흔히 "누가 나 자신의 주인인가?"라는 질문으로 표현된다. 그런데 벌린은 소극적 자유만 진정한 자유라고 주장한다. 자유는 자유 그 자체이지 그 이상은 아니라는 것이다. 주류 경제학자들이 주장하는 시장에서 개인의 자유는 벌린의 소극적 자유에 가깝다. 시장에서는 누구든 타인의 간섭이나 통제 없이 자신이 원하는 대로 행동할 수 있다. 하지만 어떤 이들에게는 이런 소극적 자유가 부족할 수도 있다. 왜 시장에서 우리는 더 적극적으로 우리가 원하는 가치를 추구하면 안 되는가? 왜 시장에서 우리는 더 나은 삶을 요구하면 안 되는가? 왜 시장에서 나는 내 삶의 주인이 되지 못하는가? 물론 나 자신이 내 삶과 내 행위와 내 선택의 주인이 된다는 것은 매우 힘든 일이다. 주체성에는 그만큼의 책임과 때로는 두려움이 따르기 때문이다. 어쩌면 신자유주의 경제학이 소극적 자유에 자신을 제한하는 이유도 바로 여기에 있을 터이다. 그러나 어떤 이들은 지금까지 두 발을 딛고 살던 대지로부터 떠난다는 두려움을 극복하고 푸른 하늘을 향해 비상하기를 원하기도 한다.

나란히 프랑스의 계몽주의 운동을 대표하는 사상가이면서 정작 볼테르(왼쪽)와 루소(오른쪽)가 서로 불화했다는 일은 잘 알려진 사실이다. 두 사람의 불화가 서로의 재능과 명성에 대한 질시에서 왔는지 두 사람의 계급적, 경제적 처지의 차이에서 왔는지는 단적으로 말하기 어렵다. 아마 두 가지 모두 그 이유가 되었을 터이다. 루소는 이해하기 힘들 정도로 자기모순을 가진 인물이었지만 볼테르도 그에 못지않았다. 낡은 체제와 사상에 대해 가장 전투적으로 투쟁한 계몽주의자이면서 동시에 볼테르는 금전적인 성공에 대한 집착도 그만큼 강렬한 인물이었다. 돈에 대한 볼테르의 집착은 너무 지나칠 정도여서 불법적인 금융 스캔들로 곤욕을 치르기도 했다.

제6장

노동, 토지, 돈

— 역사철학으로서의 경제학 —

제6장

노동, 토지, 돈

— 역사철학으로서의 경제학 —

진보로서의 역사

"진리는 시간의 딸(venitas filia temporis)"이라는 말이 있다. 르네상스 시대의 인문주의자들이 자주 인용하던 말이다. 지금 당장은 거짓이 진실을 숨기리라도 시간이 흐르면 결국에는 진실이 거짓을 이긴다는 뜻이다. 나는 이 말을 때로는 역사가 후퇴하는 듯이 보이고 그래서 좌절감과 무력감을 느끼는 경우도 있지만 결국 역사는 진보한다는 의미로 이해한다. 더러는 그 현장에서는 역사의 퇴보처럼 보이던 사건들이 시간이 지난 뒤에는 더 큰 진보를 위한 밑거름인 경우도 많다. 프리드리히 헤겔이 말한 것처럼 역사에는 '이성의 간지(List der Vernunft)'가 작용하기 때문이다. 위대한 철학자들의 사상을 점수를 매기고 순위를 정한다는 일은 있을 수 없다. 그럼에도 헤겔이 서양철학사에서 가장 특별한 지위를 차지하고 있는 철학자임은 분명하다. 헤겔의 특별한 업적은 그때까지 형이상학의 영역에 머물러 있던 철학을 역사와 사회로 확장시킨 데 있다. 그렇다고 헤겔이 철학을 세속의 영역으로 내렸다는 뜻은 아니다. 반대로 세속 사회를 철학의 영역으로 끌어올린 데 헤겔의 위대함이 있다.

역사에서 진보라는 문제는 헤겔에 의해 본격적으로 철학적 탐구의 주제가 되었다. 앞에서도 잠시 인용한 것처럼 헤겔은 "전체가 진리다(Das Wahre ist das Gane)."라고 말한다(헤겔, 김양순 옮김, 『정신현상학』, 동서문화사, 2016). 헤겔은 전체 또는 총체를 개인이 신과 역사와 맺는 관계라고 정의했다. 헤겔은 현실을 전체로 파악하고자 한다면 역사를 분석하라고 말한다. 헤겔은 역사서술을 세 가지로 구분했다(헤겔, 권기철 옮김, 『역사철학강의』, 동서문화사, 2016). 첫째는 근원적 역사 즉 있는 그대로의 역사이다. 이는 '역사의 아버지'로 불리는 그리스의 역사가 헤로도토스(Herodotus, BC484~BC425)의 『역사(*Histories*)』나 투키디데스(Thukydides, BC460~BC400)의 『펠로폰네소스 전쟁사(*History of the Peloponnesian War*)』처럼 역사가가 직간접적으로 보고 들은 사건들을 표상과 직관을 이용해 서술하는 일을 가리킨다. 둘째는 반성적 역사로서, 사유와 오성을 이용해 역사를 개관하고 이로부터 교훈을 끌어내거나 비판하는 일이다. 반성적 역사는 그 목적과 내용에 따라 다시 일반적 역사, 실용적 역사, 비판적 역사, 그리고 전문적 역사로 구분된다. 마지막으로 철학적 역사는 말 그대로 역사에 대한 철학적 해석을 의미한다.[1] 문화사학이라는 새로운 영역을 개척한 부르크하르트는 역사철학이란 켄타우로스, 즉 일종의 형용모순이라는 재미있는 말을 남겼다.[2] 역사 즉 동등배열(Koordinieren)은 철학이 아니며, 철

1 역사철학(Philosophy of History) : 역사과정과 역사인식을 다루는 철학의 한 부문. 역사의 본질, 의의, 과정 등을 고찰하는 역사형이상학(역사존재론)과 역사 연구의 방법 및 기본적 개념들 등에 대해 반성하는 역사인식론으로 크게 구분된다. 역사철학이라는 말을 처음 사용한 사람은 프랑스의 계몽주의자 볼테르로 알려진다. 질풍노도(Sturm und Drang) 운동을 이론화한 독일의 철학자 헤르더(Johann Gottfried Herder, 1744~1803)와 칸트를 거쳐 헤겔에 의해 정립되었다.

2 켄타우로스(Kentauros)는 그리스 신화에 나오는, 상체는 사람이고 허리 아래는 말인 종족의 이름이다. 성질이 난폭하고 호색적인 종족으로 알려져 있지만, 켄타우로스족의 현자라 불린 케이론(Chiron)은 궁술과 의술의 달인으로서 헤라클레스나 아킬레우스와 같은 영웅들의 스승으로도 유명하다. 부르크하르트는 켄타우로스가 인간과 말의 결합이라는 사실을 빗대 형용모순이라는

학 즉 종속배열(Subordinieren)은 역사가 아니기 때문이다(부르크하르트, 최성철 옮김, 「세계사적 고찰 서문」, 『혁명시대의 역사 서문 외』, 책세상, 2017). 그러나 헤겔은 다른 관점에서 역사철학을 정의한다. 철학적 역사는 역사에 내재하면서도 결코 역사에 매몰되어 수동적으로 사실을 받아들이지는 않는 동시에, 역사를 넘어서면서도 결코 선험적으로 사실을 구성하지도 않는다. 헤겔은 양자의 종합으로서 역사를 꿰뚫는 이념에 입각하여 역사를 인식하는 것이 철학적 역사이며 자신의 역사철학의 과제라고 말한다.

헤겔은 역사를 절대정신이 현실에서 자신을 실현해 가는 과정이라고 주장했다. 헤겔이 정말 절대정신이 인간의 존재 너머에 실재한다고 믿었는지는 모르겠다. 하지만 절대정신이라는 개념을 근원적 역사나 반성적 역사가 아닌 철학적 역사라는 관점에서 보면 아마 말 그대로 철학적 비유라고 이해하는 편이 더 옳을 듯싶다. 아무튼 헤겔의 역사관에서 진정으로 중요한 문제의식은 역사를 과정으로, 다시 말해서 역사를 '진보(evolution)'의 과정으로 해석했다는 데 있다. 절대정신이 자신을 더 많이 실현해 갈수록 현실은 절대정신의 참모습에 더 가까워지고, 이런 과정 속에서 역사는 진보한다. 물론 역사가 진보한다는 신념 그 자체에 대해 회의적인 철학자들도 많다. 『역사의 연구(A *study of history*, 1934)』로 유명한 아널드 토인비(Arnold Joseph Toynbee, 1889~1975)의 역사관은 다분히 순환사관에 가깝다. 역사는 반복되고 순환한다는 뜻이다. 『서양의 몰락(Der Untergang des Abendlandes, Umrisse einer Morphologieder Weltgeschichte, 1918)』이라는 역저를 남긴 슈펭글러(Oswald Spengler, 1880~1936)는 후퇴사관에 입각해 인류 역사의 여러 문명들이 발생·성장·노쇠의 과정을 거쳐 사멸한다고 주장하기도 했다. 다른 한편 헤겔 이전에도 역사를 진보의 과정으로 해석한 이들도 많다. 로크와 튀르고가 그렇고, 계몽에 대한 칸트의 철학에서는 더 분명하게 역사를 이성에 의한 진보의 과정으로 이해하는 역사관을 읽을 수 있다. 하지만 그런 신념을 헤겔만큼 명확한 언어로 표현한 사람

의미로 사용했다.

은 없다. 바로 그런 이유에서 헤겔이야말로 역사를 진보로 해석한 최초의 철학자다.

현대인들에게 '진보'라는 개념은 매우 익숙하다. 그런데 정작 진보라는 개념이 널리 사용되기 시작한 것은 그리 오래되지 않는다. 그 의미를 정확하게 의식하면서 진보라는 개념을 처음 사용한 사람들은 르네상스인들이다. 인문주의자들은 중세의 질곡으로부터 근대로의 변화를 진보라는 개념으로 파악했다. 하지만 인문주의자들에게는 극복할 수 없는 자기모순이 있다. 역사의 진보를 주장하면서 고대를 진보의 궁극적인 이상형으로 고양시킨 것이 바로 그 모순이다. 그래서 인문주의자들은 진보의 개념을 더 발전시킬 수 없었다. 근대에 들어와 경험주의자들과 합리주의자들은 각자의 관점에서 진보라는 개념을 다시 해석하고자 했다. 경험주의자들은 대개 진보를 과학과 기술의 개선과 발전이라는 실용적인 의미로 해석했다. 베이컨은 과학의 목적을 새로운 발견과 발명이라고 주장했다. 새로운 지식을 자연과 사회에 적용함으로써 과학의 진보와 경제적 발전을 추구하는 것이 베이컨이 생각한 진보이다. 반면에 합리주의자들은 진보를 인간의 이성적 능력의 확대로 이해했다. 이성이 확대됨으로써 우리는 현실을 더 올바로 인식할 수 있게 된다. 칸트가 "계몽이란 인간이 자신의 이성을 공개적으로 사용할 수 있는 용기"라고 말한 것은 진보에 대한 이런 관점을 잘 보여 준다.

헤겔은 세계사의 사건들은 이성적으로 진행되어 왔다는 이성에 대한 확신이 철학적 역사의 출발점이라고 주장한다. 이렇게 보면 헤겔의 역사관은 명백히 이성주의의 관점에 서 있다. 물론 하이에크처럼 이성의 능력 그 자체를 근원적으로 부정하는 이도 있다. 그래서 하이에크는 시장의 자생성을 주장하면서 시장의 역사성은 부정하는 모순에 빠지고 말았다는 것이다. 그런데 하이에크만큼 노골적이지는 않더라도 역사에 대한 이런 관점을 찾아보기는 그리 어렵지 않다. 가령 데이빗 흄은 "진보는 너무 느리게 진행된다."고 말했다. 진보에 대한 회의적 관점은 이처럼 진보라는 개념 그 자체를 굳이 부정하지는 않더라도 역사에서 진보의 역할에 대한 회의에서 비롯되는 경우가 많다. 확실히 역사는 점진적으로 진행되는 듯이 보인다. 경제학에서 자주 쓰는 개념을 패러디해 보자면 역사는 수확체감적인 듯이 보이기도 한다. 역사가 진행되면 될수록 진보의 속도는 점점 더 느려진다는 뜻이다. 어쩌면 산업혁명 이전의 시대까지는 흄의 지적이 어느 정도 타당했을 듯싶기도 하다. 하지만 그렇다면 프랑스대혁명과 같은 사건들은 어떻게 이해해야 옳은가? 역사가 오직 점진적이고 누적적으로 진행될 뿐이라면 대혁명은 역사에서 돌연변이적인 사건인가? 그러나 다윈은 생물의 진화는 개체변이가 아니라 돌연변이에 의해 이루어진다고 말하지 않았던가? 변증법적 논리를 역사발전에 적용시켜 역사적 유물론으로 발전시킨 사람은 마르크스지만, 마르크스보다 먼저 역사를 변증법적 과정으로 이해한 사람은 바로 헤겔이다. 따라서 역사에서 진보는 평소에는 점진적으로 이루어지지만 그렇게 누적되어 온 진보가 어느 시점에 이르면 양적 변화의 질적 변화로의 전화를 이루어 대혁명과 같은 사건으로 나타난다는 것이 헤겔의 역사관에 대한 올바른 이해일 것이다.

물론 헤겔의 역사관을 올바로 이해하는 일이 그리 간단하지만은 않다. 헤겔에 역사관을 두고 벌어진 가장 어려운 논란은 "이성적인 것은 현실적이며, 현실적인 것은 이성적이다(Was vernünftig ist, das ist wirklich; und was wirklich ist, das ist vernünftig)."라는 『법철학』의 유명한 구절을 어떻게 해석할 것인가 하는 문제다. 헤겔 스스로는 『철학백과강요(*Enzyklopädie der Philosopischen Wissenschaften im Grundrisse*, 1830)』의 서문에서 이 단순한 명제를 왜 사람들이 이해하지 못하며 심지어는 비난하는지 모르겠다고 술회하기도 했지만, 헤겔에게 자명한 명제라고 해서 모든 이들에게 똑같이 자명할 수는 없는 법이다. 이탈리아의 영화감독 페데리코 펠리니(Federico Fellini, 1920~1988)가 연출한 〈길(La Strada, 1954)〉에서 천사처럼 순진한 마음을 가진 처녀 젤소미나는 이렇게 말한다. "존재하는 모든 것에는 이유가 있다." 잠깐 스쳐지나가는 한 마디의 대사지만 참으로 깊은 철학적 울림을 주는 말이다. 아리스토텔레스처럼 표현하면 "모든 존재에는 인과율이 있다."는 뜻이며, 니체처럼 표현하면 "존재하는 것에서 없어도 되는 것은 없다."는 뜻이다. 니체는 실재하는 것은 모두 완전하다는 관점에서 현실성을 파악하고자 한다. 그런데 헤겔은 이성적이라는 관점에서 현실성을 파악하고 있다. 니체는 현실을 존재 즉 '그렇다(Sein)'는 관점에서 파악하지만, 헤겔의 경우는 '그렇다'는 것인지 아니면 당위 즉 '그래야 한다(Sollen)'는 것인지 모호하다. 그래서 헤겔의 역사관에 대한 해석을 두고 이른바 헤겔좌파와 헤겔우파라고 불리는 철학자들이 서로 갈라서고 말았던 것이다.

이성적인 것은 현실적이라는 구절에 대해서는 거의 다른 해석이 없다. 이성적인 것은 반드시 실현된다는 의미기 때문이다. 진리는 시간의 딸이며, 역사는 진보한다. 하지만 현실적인 것은 이성적이라는 말의 의미는 이중적이다. 어떤 이들은 이를 현실은 이성적인 것이므로 현실을 있는 그대로 수용해야 한다는 의미로 해석했다. 하지만 다른 이들은 반대로 현실은 이성적이어야 하는데 만약 그렇지 못하다면 현실을 이성적인 것으로 변혁시키라는 의미로 헤겔을 해석했다. 현실적인 것에 대한 헤겔의 철학적 관점은 그 당시 발흥하던 부르주아 사회에 대한 태도에서도 나타난다. 프랑스에서 혁명이 일어나자 헤겔은 자신이 다니던 신학교의 정원에 모닥불을 피우고 밤새도록 환희에 차 춤을 추었다고 한다. 헤겔과 동시대를 살았거나 조금 더 앞선 세대의 계몽주의자들 가운데는, 장 자크 루소가 그랬던 것처럼 자본주의에 대해 비판적인 경우가 많았다. 그러나 헤겔에게 대혁명의 결과인 시민사회와 부르주아 사회, 즉 자본주의는 역사의 근원적인 동력이라고 말한 절대정신의 구현으로서 동일한 대상이었다. 헤겔이 나폴레옹(Napoleon I, 1769~1821)을 보고 "저기 절대정신이 지나간다."고 말했다는 일화는 나폴레옹 개인을 두고 한 말이라기보다 나폴레옹의 정치를 대혁명이 추구했던 정신의 연장과 완성으로 파악했다고 이해하면 그리 비판할 일은 아닐지도 모른다. 스스로 의도했든 아니든 간에 아직 구체제(Ancien régime)의 질곡에 매여 있던 유럽 여러 나라에 나폴레옹이 대혁명의 정신을 전파하고 확산시킨 사실만은 틀림없기 때문이다. 물론 나폴레옹이 황제에 즉위했다는 이야기를 듣고는 그에게 헌정하려 했던 3번 교향곡의 표지를 찢어 버렸다는 베토벤(Ludwig van Beethoven, 1770~1827)의 일화도 있기는 하다. 헤겔의 역사관에 대해 어느 해석이 옳은지는 헤겔 자신이 아니면 알 수 없는 일이지만, 진보에 대한 신념을 주장했던 헤겔도 현실 앞에서 잠시 머뭇머뭇 용기를 잃었던 것은 아닌지 모르겠다. 그래서 역사철학은 마르크스를 필요로 했던 것이기도 하고.

신이 용서할 수 없는 죄

유명한 탐정 엘큘 포와로(Hercule Poirot)는 시리아에서 일어난 영국군 내부의 사건을 해결하고 터키의 이스탄불에서 오리엔트 특급열차를 타게 된다. 이 열차에는 차장을 포함하여 모두 13명의 승객이 타고 있다. 그런데 승객 가운데 한 사람이 포와로에게 자신의 안전을 보호해 달라고 요청한다. 이 승객은 과거에 아동 유괴사건의 범인으로 지목되었지만 증거가 부족해 석방된 적이 있다. 포와로는 승객의 요청을 거부하고, 폭설로 열차가 멈춘 사이에 승객은 살해되고 만다. 피해자의 시체에는 모두 열두 개의 칼자국이 남아 있다. 과연 범인은 누구인가? 추리소설의 여왕으로 불리는 영국 작가 애거서 크리스티(Agatha Cristie)가 유명한 린드버그 유괴사건 — 비행기를 타고 처음 대서양을 횡단 비행한 찰스 린드버그(Charles Lindbergh, 1902~1974)의 아들이 유괴 살해된 사건이다 — 을 소재로 쓴 작품을 원작으로 한 영화 〈오리엔트특급 살인사건(Murder on the Orient Express, 1974)〉의 이야기이다.

이미 영화를 보았거나 원작 소설을 읽은 독자도 많을 테지만, 〈오리엔트특급 살인사건〉의 범인은 차장과 다른 승객들 모두이다. 그들은 피살자가 유괴 살해한 어린이의 외할머니, 아버지의 군대동료, 운전기사, 가정교사, 범인으로 몰려 자살한 하녀의 아버지와 약혼자 등으로 법이 범인을 처벌하지 못하자 직접 정의를 실현하고자 했던 것이다. 사건의 전말을 밝힌 포와로는 "법이 실현하지 못한 정의의 실현은 신에게 맡겨야 한다."고 말한다. 『성경』의 「신명기」 32장 35절에는 "복수는 나의 것이니 내가 갚는다(Vengeance is mine, and retribution)."는 말이 나온다. 이교도들에게 박해받는 이스라엘인들에게 야훼가 하신 말씀이다. 복수는 개인이 아니라는 뜻이다. 그러나 범인들 가운데 한 사람인 살해당한 아이의 가정교사는 포와로에게 이렇게 대답한다. "신이 용서하지 못하는 죄악도 있다." 왜 신이 용서하지 못하는 것일까? 당연히 신의 소유가 아니기 때문이다. 경제학자라면 아마 이렇게 묻고 답했을 것이다. 신이 처분하지 못하는 재산도 있는가? 당연히 사적 소유의 사회에서는 신이라고 하더라도 자신의 소유가 아니면 처분할 수 없는 재산이 있다. 물론 지극히 부르주아적인 생각이다.

역사를 진보의 과정으로 이해한다고 해서 역사에서 일시적인 후퇴가 있을 수 있다는 점마저 부정하는 것은 아니다. 그런데 인류의 역사에서 결코 일시적이지 않은, 매우 중대하고 근원적인 사건들 가운데서도 그것이 역사의 진보를 의미하는지 그 반대인지 판단하기 어려운 일들이 많다. 사적 소유의 출현이 바로 그것이다. 엥겔스를 비롯해 많은 이들이 생산력이 증대하고 잉여생산물이 생김으로써 사적 소유가 발생했다고 생각한다. 그런데 인류학자들은 불평등이라는 관념이 존재하지 않는 곳에서는 잉여생산물이 생기더라도 불평등이 나타나지 않는다고 말한다. 말하자면 사적 소유라는 관념이 먼저 존재했기 때문에 잉여생산물에 대한 사적 소유가 나타났다는 뜻이다. 그렇다면 사적 소유의 관념은 과연 어디서 왔을까? 도구와 토지와 생산물 가운데 최초의 사적 소유는 아마 도구의 소유에서 왔을 것이다. 물론 원시시대에는 도구도 공동으로 소유되고 누구든 필요할 때 사용할 수 있었다. 그러나 반복되는 작업 속에서 인류의 조상들은 자신의 손에 더 편안한 돌도끼를 발견하게 되고, 작업을 거듭할수록 그런 도구들에 더 익숙해졌으라고 충분히 짐작해 볼 수 있다. 어느 사이에 관습적으로 이 돌도끼는 누구의 것이라는 관념이 생기게 된 것이다.

도구에 이어서 생산물에 대한 사적 소유가 나타난다. 앞에서 본 것처럼 마르크스와 엥겔스를 포함해 많은 역사가들이 사적 소유의 출현이라고 부르는 것은 흔히 생산물에 대한 소수자의 전유를 의미하는 경우가 많다. 토지에 대한 사유는 가장 나중에 나타난다. 왜냐하면 토지는 인류의 생존에 너무나 중요한 요소이므로 감히 토지를 사유한다는 생각은 좀처럼 쉽게 생겨나지 않았기 때문이다. 가장 소중한 생산수단인 토지의 사적 소유가 진행되면서 드디어 사유재산제도가 확립된다. 이 과정을 마르크스는 『정치경제학비판요강(*Grundrisse der Kritik der Politischen Ökonomie*)』의 한 장에서 자세히 서술하고 있다. 마르크스에 따르면 토지에 대한 사유는 인류의 문명이 발상한 여러 지역들에서 지리적, 사회적 특성에 따라 세 가지 형태로 나타난다. 아시아적 토지소유, 고전고대적 토지소유, 그리고 게르만적 토지소유가 그것이다(마르크스, 성낙선 옮김, 『자본주의적 생산에 선행하는 제형태: 자본관계 또는 본원적 축적의 형성에 선행하는 과정에 대하여』, 지평, 1988). 그런데 어떤 이유에서인지 마르크스는 이 주제에 대해 더 이상 연구하지 않았다. 마르크스 사후에 자칭 타칭의 마르크스주의 연구자들 사이에서 그다지 생산적이지 않은 논쟁이 벌어진 이유다.

사유재산과 경제적 불평등의 출현은 인류의 역사를 해석하는 데 매우 중요한 쟁점을 만들었다. 토마스 모어는 『유토피아』에서 이미 현실에서 벌어지는 모든 죄악의 근본적인 원인을 사유재산제도라고 주장했다. 『유토피아』에서 모어는 “사적 소유가 존재하는 곳, 돈이 모든 것을 재는 척도인 곳, 이런 곳에서 정당하고 행복한 정치는 불가능하다.”고 주장했다(모어, 김현욱 옮김, 『유토피아』, 동서문화사, 2016). 더 나아가 모어는 “국가의 복지에 이르는 유일한 길은 소유의 평등을 도입하는 것이며, 소유물을 어떤 식으로든 평등하고 정당하게 분배하고 모든 사람에게 행복을 안겨주는 유일한 수단은 온갖 사적 소유를 모조리 폐지하는 것이다.”라고 주장하기도 했다. 경제적 대립과 불평등을 제거할 때 비로소 개별적 이해관계와 사회적 이해관계의 일치가 가능하다는 뜻이다. 물론 사적 소유가 모든 죄악의 근원이라고 주장하는 철학자들은 모어가 아니더라도 많다. 사적 소유의 문제는 인류가 본격적인 계급사회로 이행해 오면서 더 구체적으로 나타난다.

서양 문명의 원류를 형성한 고대 그리스의 철학자들은 '정치학'이라는 제목의 저술은 많이 남겼지만 '경제학'이라는 제목의 저술은 남기지 않았다. 이 시대에는 재산권이나 상업과 금융 등의 경제문제들을 국가의 구성 원리나 시민의 권리와 같은 정치활동의 영역에 속하는 문제로 간주하는 것이 일반적이었기 때문이다. 이 시대에는 정치학이 요즘의 사회학과 경제학은 물론 때로는 법학과 윤리학까지를 포함하는 학문이었다. 하지만 그렇다고 이 시대의 철학자들이 경제문제를 전혀 알지 못했거나 도외시했던 것은 아니다. 『국가』에서 플라톤은 국가가 경제적 필요에서 발생했다고 보았다(플라톤, 황학수 옮김, 『소크라테스의 변명/국가/향연』, 동서문화사, 2016). 인간이 하나의 유기체인 것처럼 국가는 거대한 인간이다. 인간의 영혼이 욕구(epithymetikon), 기개(thymoeides), 이성(logistykon)이라는 세 가지 속성을 가진 것처럼 국가는 세 가지 계급 즉 생산자와 수호자와 통치자로 구성된다. 이성은 영혼에서 사고하는 부분이다. 이성은 자신에게 주어진 삶에서 최선을 추구하고 그 과정에서 배운다. 이성적인 사람은 실제와 비슷하게 보이는 것을 구별한다. 진실되고 자연스러운 것과 거짓되고 부자연스러운 것을 구별하고 판단하는 능력이 있다. 참된 것은 그것을 추구하려고 오랫동안 훈련한 사람에게 주어지는 자연스러운 선물이다. 그는 진실한 척하지 않는다. 왜냐하면 진실 그 자체이거나 진실을 향해 나가고 있기 때문이다. 그는 항상 참되고 아름답고 선한 것을 추구하고 행동한다. 이성적인 사람들이 한 사회의 지도자가 되어야 이상적인 사회가 될 수 있다. 그러기 위해서는 다른 두 부류, 즉 기개 있는 자들과 욕망으로 가득한 자들이 '이성적인 사람'들이 지도자가 되어야 한다고 동의해야 한다. 기개는 영혼 가운데 열정적인 부분으로 우리가 감정에 휩싸일 때 작동하는 부분이다. 마지막으로 욕구는 육체의 쾌락과 관련된 영혼의 상태로 세 부분 가운데 가장 크다.

플라톤은 욕구를 가진 이들이 인간의 생식과 관련된 육체적 쾌락을 인생의 가장 중요한 목표로 여긴다고 생각한다. 그들은 자신의 삶의 고유한 존재를 음미하고 신장시키기보다는 남들이 소유한 물건이나 성취를 부러워하고 그것을 향해 불나방처럼 날아간다.

인간의 지혜에 해당하는 것은 바로 통치자계급이다. 기개에 해당하는 수호자계급은 국가의 안전을 담당한다. 욕구에 해당하는 생산자계급은 농민과 수공업자 및 상인들이다. 국가의 정의는 이 세 가지 계급이 최선을 다해 자신의 역할을 수행할 때 이루어진다. 플라톤은 국가의 세 계급 가운데 생산자계급은 생산수단을 소유할 수도 있고 가족을 구성할 수도 있지만 수호자계급이나 통치자계급은 그럴 수 없다고 주장했다. 이들은 국가의 공익을 담당하는 지배계급이기 때문에 개인적인 이해관계가 전체에 대한 그들의 헌신을 방해하지 않도록 사적 욕구를 억제해야 한다는 것이다. 그 대신 생산자계급은 국가의 경제적 토대를 이루는 반면에 정치에는 참여할 수 없다. 이상적인 국가에 대한 플라톤의 사상은 초기의 『국가』에서부터 말년의 저작인 『법률(*Nomoi*)』까지 일관된다. 플라톤은 "한 사람의 고통이나 기쁨은 국민 전체가 함께 소유해야 한다."고 주장했다. "국가나 국민이 똑같이 어떤 일을 당하고 있는데 어떤 사람은 슬퍼하고 어떤 사람은 매우 기뻐한다면 그 이유는 내 것과 내 것이 아닌 것 또는 그의 것과 그의 것이 아닌 것이 각각 다르기 때문"이라는 것이다. 그런데 플라톤은 생산수단의 공유를 주장하는 데서 멈추지 않고 지배계급은 자녀와 아내마저도 공유해야 한다고 주장했다. 『법률』에서는 "가장 고상한 국가와 정부와 법률의 형태는 친구들끼리는 모든 것을 공유한다는 옛 격언이 지배하는 형태"라는 말이 나온다.

그리스의 철학자들 가운데는 플라톤처럼 사적 소유를 비판한 이도 있지만 반면에 아리스토텔레스처럼 사적 소유를 적극적으로 옹호한 이도 있다. 재산은 물론 가족도 공유해야 한다는 플라톤의 주장에 대해 그의 제자인 아리스토텔레스는 『정치학』에서 "처자가 공유된다면 가족들 사이의 진정한 우애도 있을 수 없다."고 반박했다(아리스토텔레스, 손명현 옮김, 『니코마코스 윤리학/정치학/시학』, 동서문화사, 2007). 처자의 공유는 근친 사이의 학대, 고의적이거나 우발적인 살인 같은 폐해만 부를 뿐이라는 것이다. 아리스토텔레스는 자녀의 공유는 물론 사적 소유의 폐지조차도 실현불가능한 일일 뿐 아니라 원리적으로도 바람직하지 않다고 주장했다. 아리스토텔레스가 생산수단의 공유에 반대한 이유는, 그럴 경우에는 열심히 일하고도 적게 분배받는 사람들의 불만이 생길 것이기 때문이다. 아리스토텔레스가 보기에 사적 소유를 공적 소유로 대체하는 일은 인간의 가장 근원적인 욕구, 즉 자기애를 부정하는 것과 다름없다. 사람들이 가장 큰 즐거움을 느끼는 것은 어떤 것이 자신의 것이 되기를 욕망하고 또 그 욕망을 충족시킬 때이다. 행복은 개인에 의해 향유되기 때문이다. 아리스토텔레스는 두 가지 방식의 재산 취득을 구분함으로써 사적 소유를 옹호한다. 첫 번째는 유목, 사냥, 경작 등과 같은 자연스러운 방식이다. 이 방식은 삶의 여러 가지 용도에 필요한 자연의 생산물을 모으는 데 본질이 있다. 이 방식에는 자연적인 한계가 식량에 대한 인간의 필요에 의해 정해진다. 두 번째 방식은 교환이다. 여기서 사용가치와 교환가치의 구별이 생긴다. 교환은 삶의 여러 가지 용도를 위해 실제로 필요한 소재들을 얻기 위한 한에서는 자연스럽다. 재산의 자연스럽지 못한 취득방식은 재화가 다른 재화와 교환되지 않고 돈과 교환되기 시작하면서 생긴다. 아리스토텔레스는 물물교환이 아닌 거래에 의한 재산취득 모두를 자연스럽지 못한 것으로 간주한다. 상업은 폴리스의 안전을 위해서는 물론 개인의 행복을 위해서도 바람직하지 않다. 소유욕은 자제를 모르기 때문에 과도해지기 쉽기 때문이다. 사적 소유를 긍정하되 그로 인한 폐해를 보완하기 위해 시민들 스스로 공동체의 이익을 위해 재산권을 사용해야 한다는 것이 아리스토텔레스의 주장이다.

그런데 한 가지 흥미로운 일은 사적 소유를 옹호한 아리스토텔레스는 정작 토지소유자가 아니었다는 사실이다. 가끔 아리스토텔레스가 노예였다고 서술하는 책이나 영화를 만나는 일이 많다. 그러나 정확히 말하면 아리스토텔레스는 노예가 아니라 트리키아(Thrace) 출신의 외국인이었다. 트리키아는 그리스인들로부터 야만인 취급을 받았던 마케토니아보다 더 먼 바깥에 위치한, 변방 가운데서도 가장 변방의 나라다. 어차피 아테네 시민으로서의 권리를 누릴 수 없었다는 점에서 보면 외국이이나 노예의 처지가 그렇게 다르지 않았기도 하다. 그렇다면 아테네 시민이 되기 위해서는 어떤 자격이 필요했을까? 마르크스가 고전고대적 토지소유라고 부른 아테네의 토지소유제도에서는 토지를 소유한 자만이 시민의 권리를 얻을 수 있었다. 또 그렇다면 왜 아리스토텔레스는 토지를 소유하지 못했을까? 돈이 없어서가 아니라 아테네에서는 시민만이 토지를 소유할 수 있었기 때문이다. 토지를 소유한 자만이 시민이 될 수 있고, 시민만이 토지를 소유할 수 있는 배타적이고 폐쇄적인 사회구조가 그토록 융성했던 아테네를 쇠퇴시켰다고 해도 틀리지 않는다. 그래서 아리스토텔레스는 아테네를 떠나 마케토니아로 가서 알렉산드로스를 가르쳤던 것이다.

사적 소유에 대한 플라톤의 사상은 말 그대로 철학적 사유의 결과이지 그 시대의 보편적인 사고방식이라고 하기는 어렵다. 그리스 특히 아테네에서는 토지소유자만이 시민이 될 수 있는 권리를 가졌기 때문에 재산권의 문제에 대한 그리스 시민계급의 태도는 현실적일 수밖에 없었다. 그러나 에덴동산과 같은 자연상태를 인류가 원죄 이전에 살았던 이상적 사회로 여겼던 중세인들의 사고방식은 달랐다. 사적 소유에 대한 중세인들의 보편적인 태도는 비판적이었다. 중세인들이 특히 경멸했던 것은 오로지 부의 증식만을 추구하는 상인들이다. 상업에 대한 이런 비난의 배경에는 당연히 땀 흘려 일하는 행위만이 참다운 생산활동이라는 오래된 관념이 있다. 『성경』에는 예수가 성전 앞에서 장사하는 상인들에게 채찍을 휘두르며 내쫓는 이야기가 나온다. “부자가 찬국에 들어가는 일은 낙타가 바늘구멍에 들어가는 일보다 어렵다.”는 유명한 말이 실은 오역이라는 사실은 이미 알려진 대로이다. 실은 ‘낙타’가 아니라 ‘밧줄’이 원래의 격언이다. 굵은 밧줄 즉 지나치게 많은 재산을 가지고는 천국에 갈 수 없으니 이웃을 위해 재산을 사용하라는 뜻이다. 아무튼 『성경』의 뜻은 다르지 않다. 초기 기독교의 전파와 기독교 사상의 확립에 가장 중요한 공헌을 한 사도 바울(Saint Paul)도 "돈을 사랑함은 모든 악의 근원"이라고 주장했다. 당연히 중세인들에게는 『성경』의 가르침대로 부와 상업을 경멸하는 것이 보편적인 사고방식이었다.

근대 화학의 아버지로 불리는 라부아지에(Antoine-Laurent de Lavoisier, 1743~1794)는 "창조도 소멸도 없고 변화만 있다."고 말했다. 요즘 교과서에서는 이를 '질량 보존의 법칙'이라고 부른다. 『성경』의 가르침을 있는 그대로 소박하게 따르고자 했던 신학자들은 질량 대신 세상에 존재하는 물질적 부의 총량은 일정하다고 생각했다. 따라서 부의 축적을 향한 과도한 탐욕은 당연히 경제적 불평등을 만들 수밖에 없다. 중세인들의 이런 생각은 교부철학의 완성자인 아우구스티누스(Sanctus Aurelius Augustinus Hipponensis, 354~430)가 한 "한 사람이 잃지 않고는 다른 사람이 얻을 수 없다."는 말에서 가장 명료하게 표현된다.[3] 그런데 실은 이런 생각을 한 것은 중세의 신학자들만이 아니다. 중세에서 근대로 넘어가는 과정에서 나타난 중상주의자들도 똑같은 생각을 했다. 다만 동일한 전제로부터 나온 그들의 결론은 전혀 반대이다. 중상주의들은 세계의 부가 일정하므로 한 국가가 부유해지기 위해서는 다른 국가의 부를 상업을 통해 약탈하지 않으면 안 된다고 주장했다. 생산적인 경제활동이 부를 증식시킨다는 사실을 알지 못하던 때이므로 현실의 부는 일정하다는 그들의 생각을 굳이 잘못되었다고 비판할 만한 일은 아니다. 그런데 똑같은 생각으로부터 어떤 이들은 부의 추구가 불평등을 만들므로 제한되어야 한다고 주장한 반면에 다른 이들은 타인의 부를 빼앗아서라도 부유해져야 한다고 주장한 것이다. 어떻게 동일한 아이디어(idea)가 정반대의 이데올로기(ideology)를 만드는가를 잘 보여 주는 예이다.

3 교부철학(patristic philosophy) : 기원후 1~2세기에서 6~7세기 사이에 초기 기독교의 이론을 세운 교부들의 신학이론과 사상을 바탕으로 하는 철학. 교부는 이단에 맞서 기독교 신학의 토대를 만든 지도자들을 가리킨다. 사도 바울에서 시작해 유스티누스(Justinus, 100~165) 등을 거쳐 아우구스티누스에 의해 완성된다. 특히 아우구스티누스는 플라톤의 철학을 받아들여 신앙의 체계를 논리적으로 수립하고자 했다.

여기서 진정한 문제는 정작 현실에서는 교회가 국왕이나 귀족들 못지않게 거대한 토지와 장원을 소유하면서 농민들을 착취한 당사자들이었다는 사실이다. 당연히 교회는 이런 모순을 논리적으로 설명하지 않으면 안 되었다. 스콜라 철학의 완성자로서 토마스 아퀴나스의 가장 중요한 공헌은 바로 이런 모순을 조화롭게 설명한 데 있다. 사유재산제도에 대해 아퀴나스는 『신학대전(*Suma Theologica*)』에서 사유재산을 의복에 비유해 설명했다. 자연상태에서는 벌거벗고 있는 것이 당연하다. 그러나 인간사회에서는 의복을 입고 있는 것이 당연하며, 그런 행위가 자연법의 관점에서도 잘못되었다고 할 수 없다.[4] 마찬가지로 자연법의 원리에 따르자면 모든 재산이 공동체의 소유여야 하지만, 사유재산을 허용한다 하더라도 그것은 의복처럼 자연법에 반하는 것이 아니라 자연법을 보완하는 행위이므로 정당하다는 것이다. 이런 논리를 구체화하기 위해 아퀴나스는 상위 소유권과 하위 소유권이라는 개념을 도입한다. 상위 소유권은 신이 인류 전체에게 자연과 외적 사물들을 공동으로 평화롭게 사용하도록 베풀었다는 것을 의미한다. 이에 대해 하위 소유권은 인간들이 자연을 자신의 것으로 취하여 점유할 수 있는 권한을 의미한다. 불완전한 것은 완전한 것을 위해 존재한다. 불완전한 존재인 자연은 더 완전한 존재인 인간에게 유용함을 주기 위해 창조되었다. 따라서 신의 질서 안에서 인간은 자연에 대한 지배권을 부여 받았다는 것이다. 자연에 대한 점유의 권리가 인간에게 귀속되는 것은 신의 뜻이며, 자연법적으로도 옳다는 뜻이다. 냉정하게 말하면 아퀴나스와 스콜라철학의 경제사상은 아리스토텔레스가 이미 설명했던 내용을 신학적으로 윤색했을 뿐 그 이상의 것을 담지는 못했다. 그들의 관심은 학문과 사상의 발전이 아니라 현실과 교리 사이의 모순을 화해시키는 데 있었기

4 자연법(natural law) : 자연적 존재 질서 또는 인간의 자연적 속성에서 출발해 이로부터 공동생활, 윤리적 행동, 정치적 삶의 규범을 이끌어 내고자 하는 모든 도덕이론과 법이론 및 정치이론의 기본개념. 자연적 존재질서가 도덕법칙과 정치규범의 척도이므로 자연규범을 따르고 모방해야 한다는 사상은 근대 이전에서부터 존재했으나, 자연법사상이 역사적으로 정초된 사회이론과 국가이론의 형성에 결정적으로 중요한 의미를 가지게 된 것은 17~18세기의 세속적 자연법의 시대에 와서이다.

때문이다.

가톨릭교회와 스콜라철학을 중심으로 중세사회에는 몇 가지 중요한 경제적 쟁점들이 있었다. 사유재산제도가 정당한가 하는 문제도 그 가운데 하나지만, 공정가격(fair price)과 이자의 문제도 주요한 쟁점이었다. 아퀴나스는 교환을 두 가지로 구분했는데, 생활의 필요에 따른 교환은 정당하지만 고리대를 비롯해 화폐적 이익을 얻기 위한 모든 교환행위는 정의의 관점에서 비난받아야 마땅하다고 주장했다. 하지만 그렇다면 교회가 고리대를 금지하면서 정작 현실에서는 고리대가 횡행하고, 더 나아가 교회가 고리대금업자의 역할을 했던 데 대해서는 어떻게 설명할 수 있을까? 상인들이 가격을 속이고 매점매석 행위로 부를 모으는 데 대해서는 또 어떻게 설명할 수 있을까? 어쩌면 바로 이런 이유에서 적당한 이자는 정당하다고 설파한 칼뱅의 종교개혁이 필연적일 수밖에 없었던 것인지도 모르겠다.

자본주의라는 말을 처음 사용한 사람은 아니지만 그것을 일반화시키는 데 가장 큰 역할을 한 것은 베르너 좀바르트(오른쪽)의 『근대 자본주의(*Der moderne Kapitalismus*,

1902)』다. 막스 베버는 근대 자본주의가 종교개혁 이후 확장된 금욕적 프로테스탄티즘, 그 가운데서도 특히 칼뱅(왼쪽)의 교리이다. 칼뱅주의는 금욕적 생활윤리와 직업에 대한 소명의식, 그리고 구원의 수단으로서 노동을 강조했다. 이런 윤리는 노동을 통한 부의 획득과 축적을 가능하게 했고, 그 결과 합리적 자본주의가 발전하는데 결정적인 영향을 미쳤다는 것이다. 반면에 좀바르트는 유대교의 윤리와 정신이 근대 자본주의를 형성했다고 주장했다. 자본주의의 가장 핵심적인 기능인 금융업을 유대인들이 장악하고 있다는 사실은 좀바르트의 주장을 뒷받침해 주는 좋은 증거이다. 베버가 주장한 칼뱅교와 좀바르트가 주장한 유대교의 공통점은, 그 당시의 유럽 사회에서 바로 이 두 종교만 이자를 인정했다는 것이다.

자유, 평등, 사유재산

모든 길은 로마로 통한다는 서양 속담이 있다. 그런데 이 속담은 비유가 아니라 실제다. 로마는 도로를 비롯한 사회간접시설이 매우 발달한 국가였다. 그래서 실제로 모든 길이 로마로 통했던 것이다. 로마에 가면 로마의 법을 따르라는 속담도 있다. 이 속담도 흔히 로마에 가면 로마의 법을, 파리에 가면 파리의 법을, 서울에 가면 서울의 법을 따르라는 문화적 상대주의의 의미로 흔히 이해된다. 그런데 이 속담의 배후에는 조금 다른 해석의 여지가 있다. 고대 사회에서는 제대로 된 법률체계를 가진 나라가 거의 없었다. 노골적으로 표현하면 로마 변방의 야만인들에게는 법이라는 개념조차 없었다고 말하는 편이 더 정확할 터이다. 이들의 행동을 규제하는 원리는 법이 아니라 관습이었다. 그랬던 야만인들이 로마에 가니 법이 있고 그 법에 따르지 않으면 안 되었던 것이다. 로마에 가면 로마의 법을 따르라는 말은, 가는 곳마다 법이 다르더라는 의미이기보다는 로마에 갔더니 법이 있더라는 의미에 더 가깝다.

그렇다면 로마법에서 가장 중요한 원칙은 무엇이었을까? 어떤 이들에게 뜻밖의 이야기일는지 모르겠지만, 로마법의 핵심은 사유재산의 보호와 법에 의한 지배이다. 근대 중심의 역사관에 익숙한 이들은 근대 이전의 사회에 대해 일반적인 편견을 가지기 쉽다. 그러나 뜻밖에 로마는 근대 시민사회와 비슷하게 시민계급 중심의 사회였다. 근대 시민혁명의 목표는 국가권력으로부터 시민 즉 개인들의 권리를 보호하는 것이었다. 묘하게도 이런 목표는 바로 로마법이 추구했던 가장 기본적인 권리였다. 조금 과장해서 이야기하면 근대 시민사회의 사법체계나 그 바탕이 된 근대 자연법사상의 기본원리는 로마법을 그대로 모방하고 있다. 근대 자연법사상의 아버지로 불리는 흐로티위스에 의하면 원시적 자연상태에서는 인간들이 도덕적으로 완전했으며 재산을 공동으로 소유했다. 그러나 인간은 이러한 단순한 삶에 영원히 만족할 수 없었고, 서로 간의 사랑이 이러한 상태를 유지할 수 있을 만큼 충분히 강력하지 못했기 때문에 자연상태는 오래 지속될 수 없었다. 따라서 사적 소유가 생겨났으며, 인간들은 서로의 폭력으로부터 자신을 보호하기 위해서 서로 결합해 사회를 이루게 되었고, 나아가 모든 개인은 자신의 권리를 자발적으로 국가에 위임하거나 지배자의 권력을 인정하게 되었다는 것이다.

흐로티위스 이후에 자연법적 사회이론과 국가이론의 발전에 가장 중요한 기여를 한 것은 이미 여러 번 언급한 영국의 경험주의 철학자이자 계몽사상가인 홉스와 로크이다. 자연상태를 도덕적으로 완전한 상태로 보았던 호로티위스와 달리 홉스는 자연상태를 모든 개인이 무제한의 자연권을 가지는 상태, 만인이 만물에 대한 권리를 갖는 상태, 다른 사람의 생명과 육신에 대해서조차 자유롭게 처분할 권리를 서로 지니는 상태이다. 따라서 자연상태는 전쟁과 다를 바 없는 상태이다(홉스, 최공웅·최진원 옮김, 『리바이어던』, 동서문화사, 2009). 홉스는 이런 자연상태에서는 자신을 보존하는 일이야말로 인간의 가장 기본적인 의무라고 주장한다. 여기서 더 나아가 홉스에게는 국가의 목적은 개인의 안전을 보호하는 데 있다. 이는 로마법의 목적이 개인의 재산을 보호하는 데 있다는 것과 같은 근거이다.

홉스와 마찬가지로 로크도 자연상태에서 시작한다. 그런데 로크가 생각하는 자연상태는 개인들이 자연법, 즉 이성법의 범위 안에서 행동을 규정하고 스스로 적당하다고 생각하는 바대로 소유물과 육체를 처분할 수 있는 완전한 자유 상태이며, 누구나 평등한 권리를 가지는 상태이다(로크, 추영현 옮김, 『인간지성론』, 동서문화사, 2016). 이성은 타인의 생명과 자유와 소유를 훼손해서는 안 된다고 가르친다. 따라서 자연상태는 홉스가 주장한 것과 같은 전쟁상태가 아니라 평화롭고 서정적인 상태이다. 그러면서 또 로크는 자연상태에서도 언제든지 전쟁상태가 일어날 수 있다고 주장하기도 한다. 말하자면 홉스처럼 자연상태를 전쟁상태로 간주하고 문명사회와 대비시키는 대신, 자연상태에서든 문명사회에서든 전쟁상태는 언제든지 일어날 수 있다고 보았던 것이다. 시민사회의 사상가로서 로크의 주장이 가장 분명하게 드러나는 것은 바로 소유권의 문제이다. 로크는 매우 분명한 언어로 재산권이야말로 시민의 가장 기본적 권리라고 주장한다. 로크가 말하는 재산(property)은 유무형의 자산만을 가리키는 것이 아니라 개인의 신체와 자유까지를 포함하는 개념이다. 로크는 "어느 누구도 토지 또는 다른 소유물의 재산권에 의해서나 다른 사람의 생명에 대해서 정당한 권력을 가질 수 없다."고 말한다. 재산권은 생명권만큼 중요하다는 뜻이다. 그렇다고 로크가 사유의 권리를 무제한적으로 옹호하지는 않았다. 로크는 사유재산권이 보호받아야 하는 이유에 대해 중요한 단서를 붙인다. 바로 그것이 "자신의 노동의 산물인 한에서"라는 단서다. 로크는 홉스가 보지 못했던 새로운 사회의 흐름에 주목했다. 노동에 기초한 소유의 교환관계가 진전되던 그 당시 영국의 새로운 사회경제현상에 주의를 기울였던 것이다. 로크에 의하면 소유의 본질이란 원래 인격이 투영되고 대상화되고 객관화된 것이지만, 인격과는 달라서 양도와 교환의 대상이 될 수 있다. 인격에 고유한 것이 바로 소유권이라는 흐로티위스의 이론에 로크는 노동의 개념을 도입한 것이다.

그런데 자신의 노동의 산물인 한에서 소유권은 보호받아야 한다는 로크의 주장은 흔히 사유재산제도를 비판하는 이들에 의해 로크가 자기 노동의 산물이 아닌 사유재산의 소유를 부정했다는 의미로 해석되기도 한다. 그러나 진실은 그 반대편에 가깝다. 로크는 자기 노동의 산물이 아니므로 사유재산제도는 부정되어야 한다는 의미가 아니라 사유재산은 자기 노동의 산물이므로 인정되어야 한다는 의미로 그렇게 말했기 때문이다. 가령 로크는 무지하고 게으른 원주민을 노예로 만들어서 농업에 종사하게 만드는 일도 무가치한 대상을 가치 있는 대상으로 만드는 훌륭한 노동이라고 주장했다. 가장 중요한 재산인 토지에 대해서도 마찬가지다. 로크는 "적어도 다른 사람들을 위해서 충분하면서도 훌륭한 것이 공유로 남겨져 있는 한"이라는 전제 조건 위에서 토지의 사유화는 인정된다고 주장했다. 그 시대에는 아메리카의 식민지에 광활한 미개척지가 남아 있었다는 사정을 고려하면, 로크의 진의는 오늘날의 한국사회처럼 타인을 위한 토지가 더 이상 남아 있지 않다면 토지사유는 부당하다는 의미가 아니라 반대로 토지의 사유는 얼마든지 정당화될 수 있다는 의미에 더 가깝다. 물론 로크를 비난하고자 하는 의도는 전혀 아니다. 시민계급의 발흥기를 함께 살면서 그들의 성장에서 영국 사회의 미래를 찾고자 했던 로크로서는 당연한 시대적 과제를 철학적으로 해명하고자 했던 것이기 때문이다. 다른 곳에서 로크는 "한 사람이 밭을 갈고 씨를 뿌리고 개간하고 경작해 그 생산물도 이용할 수 있는 그 만큼의 토지가 그의 재산으로서 적당하다."고 말하기도 한다. 다만 전체적으로 볼 때 그런 시대적 맥락을 벗어나 로크를 자신의 주장을 위해 인용하는 일은 아무리 그 의도가 선하다고 하더라도 반드시 옳지는 않다는 뜻이다.

로크가 살았던 계몽주의와 자연법사상의 시대에는 『성경』 속에 모사된 자연상태를 그 출발점으로 삼는 것이 일반적이었다. 그러나 로크는 『성경』이 아니라 식민지 정부의 관리로서 자신이 직접 목격했던 아메리카 인디언의 사회를 인류 최초의 역사로 보고 이를 정치사회적 진보의 기원으로 삼았다. 당시 신대륙은 유럽인들에 의한 수탈과 착취의 대상이기도 했지만, 다른 한편에서 보면 근대 초기의 유럽 지식인들에게 새로운 지적 지평을 열어준 계기이기도 했다. 로크 자신도 직접 식민지 경영에 참여한 적이 있을 뿐 아니라, 다른 사람들의 항해기 등을 통해 얻은 신대륙의 사회와 지식에 관한 지식을 자국의 현실에 대한 인식과 비판의 근거로 삼았다. 특히 로크는 아메리카 인디언 사회와 당시의 유럽을 비교함으로써 상업사회로서의 시민사회의 성립 근거를 단계적으로 밝히고자 했다. 이런 의미에서 로크는 인류의 경제사를 진보의 관점에서 파악한 최초의 인물이라고 할 만하다. 로크는 아메리카 인디언 사회에 대한 연구를 통해 인류의 역사를 수렵 중심의 채집사회, 토지 점유 이후의 농경사회, 그리고 교환이 일반화된 상업사회로 구분했다. 자연상태에서 생존에 필요한 양 이상을 축적하고 소유하기 위해서는 화폐의 발명과 교환경제의 성립이 전제조건이다. 그러나 이와 같이 소유가 증대하고 교환이 일반화되는 한편으로 불평등이 증대되면 당연히 사람들 사이에서 소유를 둘러싼 투쟁도 격화될 수밖에 없다. 따라서 사회구성원들의 정직한 노동의 산물을 보호하고 소유를 교환하는 질서를 유지하기 위해서는 법과 그것을 준수하게 하는 강제기관으로서 국가가 요구되는 것이다. 시민사회의 이론으로서 로크의 이론은 분명한 한계성을 가지고 있기도 하다. 한 예로 그는 자연상태에서 시민사회로 이행하는 계기를 화폐의 발명과 상업의 발달에서 찾고 농업생산력이 증대되어도 외국무역이 없는 나라에서는 부의 축적과 증대가 불가능하다고 주장했다. 이는 로크가 교환사회로서 시민사회가 분업을 전제로 하고, 이 분업이야말로 근대적 생산력의 원천임을 파악하지 못했음을 보여준다. 이런 로크의 경제학적 견해와 그 한계는 고전학파 경제학자들에 의해 비판적으로 발전하게 된다.

계몽주의 시대의 가장 위대한 사상가 가운데 한 사람인 장 자크 루소는 자연상태를 생활자료가 풍부하기 때문에 고립된 자연인들은 서로를 부정하면서 투쟁할 이유도 없고, 공동체적 규제도 사유재산도 지배도 없는 상태라고 생각했다(루소, 최석기 옮김, 『인간불평등기원론/사회계약론』, 동서문화사, 2016). 따라서 자연상태의 인간들에게는 자유와 평등이 있었으며, 또한 이들은 자연보존, 즉 생명유지의 본능과 연민의 정을 가지고 있었다. 이런 자연상태를 해체시키고 사회적 불평등을 확산시킨 것은 분업과 사적 소유의 성립이었다. 루소는 사유재산의 출현을 모든 죄악의 시발점으로 간주했다. 앞에서 본 것처럼 루소는 불평등이 출현하게 된 최초의 계기는 선천적인 능력의 차이라고 보았다. 물론 처음에는 이 차이가 그다지 크지 않았을 터이다. 그러나 점점 부의 상속이 반복되면서 불평등은 커지고 빈곤계층이 등장하게 된다. 이들은 노동을 통해 자신의 재산을 증식할 방법이 없다. 왜냐하면 로크의 주장과 달리 남겨진 토지가 더 이상 없기 때문이다. 사적 소유와 불평등의 사회에서 소유자는 자신의 욕구들을 충족시키기 위해 먼저 자연을 지배하고, 그 다음에는 다른 인간들을 지배하게 된다. 이렇게 해서 국가가 건설되고 인간은 사회적 불평등과 폭력의 상태에 빠지게 되는 것이다. 루소에 의하면 불평등은 법에 의한 소유권의 설정, 행정권력의 제도화, 그리고 합법적인 권력에서 독단적인 권력으로의 전환이라는 세 가지 단계를 거쳐 사회질서로 확립된다. 루소에 의하면 이런 상태는 절대주의에서 그 극단적인 한계에 도달하게 되는데, 절대주의의 전제권력은 일체의 법과 계약에 대한 부정이므로 불평등이 제거된 새로운 자연상태의 성립이 요구된다는 것이다.[5] 『에밀』에서 "자연으로 돌아가라."고 한 유명한 경구는 바로 이런 자연상태에서 사회상태로의 이행을 거쳐 다시 자연상태를 회복해야 한다는 루소의 주장을 담고 있다(루소, 정병희 옮김, 『에밀』, 동서문화사, 2016). 이때의 자연상태는 원시적 자연상태로의 복귀가 아니라 인류가 이룩한 문화적 성과와 도덕적 자유에 기초한 자연상태를 의미하며, 이런 자연상태에서 인간들 사이의 관계는 합법적인 사회계약을 토대로 한 평등이다.

이처럼 루소는 자연상태를 불평등이 존재하지 않는 인간사회의 이상적인 상태라고 주장했다. 그러나 같은 시대의 계몽사상가인 볼테르는 루소의 주장

5 절대주의(Absolutionism) : 중세에서 근대로의 이행과정인 16~18세기 유럽에서 나타난 전제적 정치형태. 절대왕정이라 부르기도 한다. 왕권이 강화되고 행정, 사법, 군사 등에서 중앙집권화가 달성된 데서 나온 이름이다. 관료제, 상비군, 왕권신수설, 중상주의 등으로 특징된다.

에 대해 문명의 출현이 어째서 인류를 타락시키는가 하고 반박했다. 『인간불평등기원론』을 읽은 볼테르는 루소에게 편지를 보내 "이제 인간은 짐승처럼 네 발로 기어 다니게 되었다"고 비꼬았다고 한다. 사유재산제도를 문명사회의 가장 중요한 원리로 생각한 볼테르는 루소의 사상을 '룸펜의 철학'이라고 비난하기도 했다. 루소는 볼테르를 무신론자라고 비난했지만 굳이 이야기하자면 볼테르는 무신론자라기보다는 이신론자라고 해야 옳다.[6] 실은 루소 자신도 넓은 의미에서 이신론자였다. 아무튼 사적 소유에 대한 두 사람의 차이는 어쩌면 그들이 처한 조건의 차이에서 나온 것일 듯싶다. 볼테르는 문학가로서 사상가로서 대단한 명예를 누린 것은 물론 금전적으로도 매우 부유했다. 반대로 가난한 시계 수리공의 아들이었던 루소는 평생을 빈곤 속에서 살았다. 문필가로 유명해진 이후에도 루소의 경제적 여건은 그다지 나아지지 않아서, 귀부인들의 살롱을 돌아다니며 경제적 후원을 구걸할 정도였다.

그런데 정작 루소를 읽으면서 난처한 일은 그의 삶처럼 그의 사상이 실은 매우 모순적이라는 점이다. 루소가 사적 소유를 격렬하게 비판한 『인간불평등기원론』은 프랑스 왕립학술원이 "인간 사이의 불평등의 기원은 무엇이며 이는 자연법에 따라 인정할 수 있는가?"라는 주제로 실시한 학술공모전의 당선작이다. 상금을 노리고 주최측의 의도에 맞춰 쓴 논문이라는 뜻이다. 불과 한 해 후에 발표한 『정치경제론(*Économie politique*, 1755)』에서는 사적 소유를 시민의 모든 권리 가운데 가장 소중한 권리이며 문명사회의 진정한 기초라고 옹호했다. 잠재적 독자들인 신흥 부르주아계급의 사적 소유에 대한 관심을 고려했기 때문이다. 다시 몇 해 후에 발표한 『사회계약론(*Du Contrat Social ou Principes du droit politique*, 1762)』에서는 사적 소유 그 자체를 부정하는 대신 공동체에 대한 소유자들의 의무를 강조함으로써 두 가지 주장을 절충하고 있다. 여기서 루소는 토지에 대해 선취권을 인정할 수 있는 조건으로 세 가지를 제시했다.

---

6 이신론(deism) : 계몽주의 시대에 성행했던 종교적 견해. 세계의 근원으로서 하나의 신을 인정하지만, 신을 세상일에 관여하거나 계시에 의하여 자기를 나타내는 것과 같은 인격적 주재자로 보지는 않는다.

첫째, 지금까지 아무도 거주한 적이 없을 것. 둘째, 생존에 필요한 만큼의 토지만 점유할 것. 셋째, 노동과 경작에 의해 소유할 것 등이다. 『인간불평등기원론』에서 루소는 문명이 인류를 타락시켰다고 주장했다. 그러나 『사회계약론』에서는 "인간은 자유롭게 태어났지만 사회 속에서 쇠사슬에 묶여 있다."고 말한다. 문명 그 자체가 인간을 타락시키는 것은 아니지만 자유롭고 평등하지 못한 제도가 불평등을 만든다는 것이다.

로크는 교육에 관한 사상가로서도 매우 큰 업적을 남겼다. 자기의식을 가지고 실천적으로 활동하는 시민계급의 양성과 훈련에 목표를 둔 로크의 교육관은 루소의 『에밀』에서 더 발전한 형태로 나타나게 된다. 오늘날 대부분의 나라에서 보편적으로 실시되고 있는 보통교육의 개념은 로크와 루소의 교육철학에서 시작되었다. 그러나 루소는 정작 자신의 아이들은 모두 고아원으로 보냈다. 자신의 부인이 정식 교육을 받지 못했기 때문에 자녀들을 제대로 교육할 수 없다는 변명과 함께. 하지만 자신의 부인에 대해서만이 아니라 루소의 교육관에는 여성을 수동적 대상으로 보는 편견이 없지 않다.

경제학자들

스미스가 프랑스에서 만난 이들 가운데는 중농주의자라 불리는 경제학자들도 있었다.[7] 중농주의자들의 지도적인 인물은 루이 15세의 주치의를 지낸 프랑수와 케네(François Quesnay, 1694~1774)인데, 두 사람의 만남이 어떤 분위기에서 이루어졌는지에 대해서는 목격자들의 증언이 조금 엇갈린다. 어떤 증언에 의하면 두 사람은 경제이론을 두고 상당히 대립했다고 한다. 그러나 다른 증언을 보면 스미스가 『국부론』을 케네에게 헌정하려고 생각했던 적도 있다고 한다. 스미스 자신의 기록을 보면 그는 중농주의자들의 경제이론에 대해 "특별한 내용은 없지만 유해하지도 않다."고 시큰둥하게 논평했다. 아무튼 스미스가 『국부론』을 쓰게 된 데에는 이때 중농주의자들과의 교류가 중요한 계기 가운데 하나가 된 것만은 분명하다.

중농주의자들의 사상적 토대는 자연법사상이다. 중농주의자들에 의하면 자연법에 의해 인간 개개인이 향유하는 권리가 자연권(droit naturelles)이며, 실정법에 의해 승인된 권리가 실정권(droit légitime)이다. 자연권은 신이 인간에게 부여한 자기보존의 본능에서 유래하며, 자기보존은 생활수단의 소유에서 가능해진다. 따라서 재산에 대한 소유권은 인간의 자연권 가운데 하나이다. 소유권은 인간이 자신의 향락에 적합한 모든 물건을 가질 수 있는 권리인데, 그 가운데 가장 중요한 것은 토지소유권이다. 그러나 중농주의자들은 자연권으로서의 소유권은 자신의 노동에 의해 획득된 것에만 한정했다. 재산권에 대한 이런 생각은 영국의 대표적인 자연법사상가인 로크의 영향을 받은 것으로

---

7 중농주의(Physiocracy) : 18세기 후반 프랑스에서 케네와 미라보(Honoré Gabriel Riqueti, Comte de Mirabeau, 1749~1791), 튀르고(Anne Robert Jacques Turgot, 1727~1781) 등을 중심으로 발전한 경제학의 조류. 중농학파라고도 부른다. '자연의 지배'를 의미하는 그리스어 "tes Phusesôs hiatèsis"에서 유래한다. 중농주의자들은 스스로를 '경제학자(economistes)'라고 불렀는데, 경제학의 역사에서 최초로 일정한 체계와 방법론을 갖춘 학파로 평가받는다. 국부의 원천을 상업이 아닌 생산에서 찾았다는 점과 자유방임주의를 주장했다는 점에서 중요한 의의를 가지지만, 산업혁명의 직전 시기에 공업이 아니라 농업만 생산적이라고 주장했다는 한계를 가진다.

보인다.

그런데 원래 자연권이란 모든 사람에게 평등하게 주어진 것이므로 재산에 대한 소유권도 마땅히 평등해야 한다. 그러나 중농주의자들에게 소유권의 분배가 불평등하다는 것은 신이 만든 자연적 질서에 위배되지 않았다. 그 이유는 첫째, 모든 개인은 자연이 그에게 부여한 능력을 타인의 이익을 해치지 않는다는 조건 아래서 자유롭게 행사하여 최대의 이익을 얻을 권리를 가지고 있으므로 이 권리의 자유로운 행사에 의해 생기는 경제적 불평등은 자연적 질서의 결과에 지나지 않기 때문이다. 둘째, 소유권의 불평등은 인간 자신의 행위의 결과이기 때문이다. 즉 근면하고 검소한 사람은 나태하고 낭비하는 사람보다 더 많은 재산을 소유하는 것이 당연하므로 재산의 불평등은 개개인의 과실에 의한 것이고 그 책임은 각자에게 있기 때문이다. 이처럼 소유권의 불평등은 자연적 질서의 필연적인 결과인 동시에 인간 행위의 결과이기도 하다. 이런 생각을 통해 케네는 소유권의 신성함과 불평등, 그리고 경제활동의 자유의 원칙을 이끌어냈다. 반면 실정적 질서가 자연적 질서와 일치할 때에는 부의 재생산 질서가 안정되고 사회적 부는 증가할 것이다. 따라서 경제학의 사명은 위정자가 따라야 할 자연적 질서와 자연법을 명확히 하고 그것에 의해 위정자를 교육시킴으로써 자연적 질서에 합치되는 통치를 시행하도록 하는 데 있다는 것이다.

사적 소유의 문제는 애덤 스미스가 살던 스코틀랜드의 계몽주의자들에게도 중요한 주제였다. 스미스의 절친한 친구인 데이빗 흄은 소유권의 근거로 점유 취득, 시효, 증식, 상속의 네 가지 경우를 들었다(흄, 김성숙 옮김, 『인간이란 무엇인가: 오성·정념·도덕 본성론』, 동서문화사, 2009). 첫째, 점유 취득은 최초의 소유라고도 표현된다. 누구에게도 소유권이 없는 자산에 대해 먼저 자신의 소유임을 선언하는 것이다. 둘째, 시효는 장기간 소유라고도 표현한다. 오랜 시간이 지나면 누가 최초로 소유권을 주장했는지 알기 어렵다. 이런 경우 오랫동안 소유하고 있으면 그 사람의 권리가 인정된다는 뜻이다. 셋째, 증식은 내 소유인과일나무가 열매를 매거나 내 소유인 암소가 송아지를 낳는 경우이다. 마지막으로 상속에 대해서는 굳이 설명하지 않아도 되겠다. 노동이 소유권의 근거라는 로크의 주장에 덧붙여 흄은 발견도 소유의 근거가 된다고 주장했다. 소유권은 권력이나 타인의 동의를 받을 때만 유의미하다. 특정인이 배타적으로 소유하는 데 대해 다른 사람들이 동의하지 않는다면 공동의 소유와 다르지 않기 때문이다. 발견을 통한 소유를 인정받기 위해서는 취득자의 의지가 중요한 기준이 된다. 가령 토끼를 발견한 사람은 토끼를 쫓는 노력을 통해 소유에 대한 의지를 드러내야 한다. 만약 토끼를 쫓아가 잡은 사람이 따로 있다면, 토끼를 처음 발견했다는 이유만으로 소유권을 주장할 수는 없다. 이런 논리에서 흄은 아메리카의 식민지에 대한 영국의 지배를 합리화했다. 신대륙을 발견하고 지배에 대한 의지를 드러냄으로써 신대륙에 대한 소유권을 인정받을 수 있다는 것이다.

프랑스 대혁명의 구호가 '자유, 평등, 형제애'라는 것은 잘 알려진 사실이지만, 이때의 자유에는 인신의 자유뿐 아니라 소유의 자유라는 개념도 당연히 포함되어 있었다. 조금 뜻밖의 이야기처럼 들리기도 하지만, 원래 대혁명의 구호는 '자유, 평등, 사유재산권'이었다. 중농주의 경제학자들을 포함해 시민혁명과 산업혁명의 시대를 살았던 계몽주의자들에게 공통된 태도는 사적 소유에 대한 시민계급의 이해와 보다 인륜적인 사회질서의 추구를 조화시키려는 시도이다. 하지만 급속하게 증대하는 현실의 불평등 앞에서 이런 시도가 성공적이었는지는 의문스럽다. 현실에서 사적 소유는 자기노동의 결과이기보다는 타인의 노동에 대한 착취의 결과라고 해야 옳을 터이기 때문이다. 그래서 어떤 이들은 사유재산제도가 주는 딜레마에 대해 절충적인 태도를 취한하기도 했다. 이미 이야기한 것처럼 헤겔은 부르주아 사회에 대해 긍정적이었다. 헤겔은 욕구의 체계로서 시민사회는 소유권을 보장함으로써 개인들의 욕구를 충족시키고 개인들 사이의 갈등을 조정한다고 주장했다. 그러면서 헤겔은 동시에 시민사회의 한계를 지적하면서 시민사회의 개별적이고 이기적인 상태를 넘어 개별성과 보편성이 통일을 이루는 국가에 의해 인륜(Sittlichkeit)은 완성된다고 주장했다. 고전학파의 마지막 대가인 존 스튜어트 밀은 헤겔과는 다른 관점에서 시민사회의 모순을 절충하고자 시도했다. 밀은 이제까지 자연법칙처럼 영구불변한 것이라고 간주되어 왔던 사유재산제도와 경쟁원리에 의한 사회경제질서를 제도적으로 개혁할 수 있는 가능성을 주장했다. 기본적으로 소유권은 신성한 것이라는 기존의 공리주의적 통념과는 반대로, 밀은 사회는 공공선의 실현에 방해가 된다고 판단되는 어떤 특정 소유권에 대해서도 그것을 제한하거나 개조시킬 완전한 자격이 있다고 주장했다. 그러나 이처럼 사회개혁을 주장하면서도 밀의 사회개량주의적 태도는 사유재산제도와 자유경쟁원리에 의한 사회질서를 근본적으로 부정하는 것은 아니었다.

사적 소유에 대해 가장 근본적인 비판을 가한 사람들은 무정부주의자와 사회주의자들이다. 제1 인터내셔널에서 마르크스의 사상적 경쟁자였던 프루동(Pierre-Joseph Proudhon, 1809~1865)은 『소유란 무엇인가?(*Qu'est-ce que la propriété ?*, 1840)』라는 책에서 "재산이란 도둑질한 물건이다."라고 정의하면서 사적 소유를 원칙적으로 부정했다. 프루동에 의하면 생산물의 등가교환에 의한 불로소득의 근절이 곧 정의이며, 이 정의를 실현하는 경제체제는 자유롭고 독립적이며 평등한 생산자들의 계약에 의해 이루어지는 사회조직이다. 독립된 생산자들 사이의 등가교환을 인정했다는 점에서 보면 프루동은 사유재산 그 자체를 부정한 것은 아니었다고 해야 할지도 모르겠다. 로크가 노동의 산물로서의 사적 소유를 인정한 것과 같은 이유이다. 이런 프루동의 사상은 그의 대표적 저서인 『경제적 모순의 체계 또는 빈곤의 철학(*Système des contradictions économiques, ou philosophie de la misère*, 1846)』에 요약되었는데, 이 책은 사적 소유에 관한 모호한 태도 때문에 마르크스로부터 크게 비판받음으로써 『철학의 빈곤(*Misère de la philosophie*, 1847)』을 집필하는 직접적인 동기가 되었다(마르크스, 김문수 옮김, 『경제학·철학초고/자본론/공산당선언/철학의 빈곤』, 동서문화사, 2016). 사적 소유보다 정부의 폐지를 더 중요한 인간해방의 조건으로 생각했던 무정부주의자들과 달리 마르크스와 사회주의자들은 사적 소유의 폐지야말로 인간해방의 첫 번째 조건이라고 주장했다. 그러나 사회주의자들에게는 사적 소유의 폐지에 대한 요구만 있을 뿐 어떻게 그것이 가능한가에 대한 전망은 결여되어 있었다. 역사는 어디로 가야 하는가보다 역사는 어떻게 그곳으로 가느냐가 더 중요한 질문이다.

순서가 거꾸로 되었지만, 사적 소유의 출현은 인류의 역사에서 진보인가 아닌가라는 질문에 대답하기 위해서는 먼저 진보의 기준이 정의되어야 한다. 우리는 무엇을 역사에서 진보라고 부르는가? 첫째는 마르크스가 정의한 것처럼 자연에 대한 인간의 관계, 즉 생산력의 증대이다. 인류가 이전 세대보다 물질적으로 더 풍요로워지거나 그럴 가능성을 가지지 못한다면 진보일 수 없기 때문이다. 둘째는 개인의 자유와 권리의 신장이다. 사회 전체적으로 민주주의와 인권의 신장도 중요하지만 특히 모든 개인이 어떤 집단이나 신분에 속하지 않고서도 그 자신으로서 인간의 기본권을 누릴 수 있어야 진보이다. 마지막으로 인간오성의 확대이다. 이는 막스 베버가 "주술에서 과학으로"라고 말한 것과 같은 이성적 능력의 확대만을 의미하는 것이 아니다. 그와 함께 윤리적으로나 심미적으로나 인간의 판단능력이 더욱 확대되어야 한다는 뜻이다. 그렇다면 인류 역사의 보다 더 긴 시간을 두고 보면 사유재산제도는 무엇을 주었는가? 사적 소유의 출현은 인류의 역사에서 진보인가 아닌가라는 질문에 가장 독창적인 답변을 내놓은 사람은 중농주의 경제학자이자 루이 16세(Louis XVI, 1754~1793)의 재무장관이었던 튀르고이다. 튀르고(Anne Robert Jacques Turgot, 1727~1781)는 인류가 농업단계에 이르러 비로소 잉여생산물을 산출했고, 여기서 생긴 여가를 이용할 수 있게 됨으로써 인간정신의 진보를 가져올 수 있게 되었다고 주장했다. 인류는 생활필수품의 수요를 초과해 기호품을 만들어냄으로써 분업과 상업을 발전시키고 도시의 형성을 촉진시켰으며, 세련된 예술작품들을 창조하고, 철학을 완성시켜 나갔다. 물론 이런 과정은 인간들 사이의 불평등을 확대시키는 과정이기도 했다. 그러나 이런 불평등이 없이는 인간

정신의 진보는 실현될 수 없었을 터이다. 왜냐하면 불평등이 없으면 여가를 가진 인간이 존재하지 않기 때문이다. 튀르고는 사적 소유의 출현이 생산력의 증대에는 물론 인간오성의 확대에 중요한 역할을 했다고 주장한다.

이제 다시 자기 손에 꼭 들어맞는 돌도끼를 찾은 어느 이름 모를 호모 사피엔스 사피엔스에게로 돌아가 보자. 이때까지는 아직 이 돌도끼는 내 것, 또는 다른 누구의 것이라는 관념이 생기기는 했지만 사적 소유가 제도적으로 인정되지는 않는다. 그래서 내 손에 익숙한 돌도끼를 다른 누군가가 작업을 위해 들고 가더라도 잘못된 일은 아니다. 하지만 내 손에 익숙한 돌도끼를 다른 이가 들고 갔을 때 우리의 크로마뇽인이 느꼈을 감정은 과연 무엇이었을까? 공유의 행복감이었을까 반대로 내 것의 상실감이었을까? 굳이 플라톤을 인용하지 않더라도 원시인들은 가족을 공유했다. 사적 소유의 출현과 함께 인류의 조상들은 내 아내/남편, 내 자식, 내 가족이라는 관념과 함께 그 실재를 획득하게 되었다. 과연 가족까지도 공유하던 시대와 비교해서 어느 쪽이 더 행복했을지는 알 수 없다. 그러나 사적 소유, 즉 '내 것'이 생김으로써 인간이 비로소 독립된 개인으로서 존재하기 시작했다는 사실만은 분명하다.

인간의 조건

알타미라의 동굴 벽에 살아 있는 듯이 생생한 들소의 그림을 그린 구석기인들은 왜 그런 그림을 그렸을까? 여기에는 몇 가지 학설이 있다. 어떤 이들은 그것을 더 많은 동물들을 사냥하고자 하는 기원을 담은 주술적 행위라고 생각한다. 동굴 벽에 들소를 그림으로써 들소를 포획했다고 생각했다는 뜻이다. 지금까지 이 설은 가장 유력한 해석으로 여겨져 왔지만, 아무리 원시인이라고 한들 동굴 벽에 그린 들소 그림과 현실의 들소를 동일시했다는 해석에는 선뜻 동의하기 어렵다. 현실과 재현을 혼동하는 것은 수학적 모형에 사로잡힌 경제학자들이지 않은가 싶다. 다른 해석으로 인류를 호모 사피엔스(homo sapiens) 즉 '생각하는 사람'이 아니라 호모 루덴스(homo ludens) 즉 '놀이하는 인간'이라고 정의한 호이징하(Johan Huizinga, 1872~1945) 같은 문화인류학자들은 그 이유를 인간의 유희 본능이라고 주장한다(호이징하, 김윤수 옮김, 『호모 루덴스』, 까치, 1998). 노동을 하고 남아도는 에너지를 발산하기 위해 예술을 즐긴다는 뜻이다. 생존을 유지하기 어려웠던 원시인들에게 얼마나 에너지가 남아 있었을까 싶지만 아무튼 유희 기원설에 대해 노동 기원설을 주장하는 이들도 있다. 마치 우리 전래의 노동요처럼 노동이 힘들어서 잠시나마 그 고됨을 잊기 위해 그림을 그렸다는 해석이다. 하지만 노동이 힘들면 힘들수록 그림 따위를 그리기보다는 그냥 아무 생각 없이 쉬고 싶지 않았을까 싶기는 하다. 원시시대의 인류든 직장생활에 지친 현대인이든 말이다.

노동이 힘들어서인지 노동을 하고도 에너지가 남아서인지 하여간 유희 기원설과 노동 기원설 가운데 누가 더 옳을지는 모르겠지만, 원숭이는 동굴 벽에 들소를 그리지 않는다. 그렇다면 사람과 원숭이의 가장 큰 차이는 무엇인가? 찰스 다윈이 진화론을 발표했을 때 많은 이들이 동물원의 원숭이는 언제 인간이 되느냐고 물었다고 한다. 그런 사람들에게 다윈이 당신보다는 먼저라고 대답했다는 이야기는 아마 누군가가 지어낸 이야기일 터이다. 아무튼 어떤 이들은 사람을 '털 없는 원숭이'라고 부르기도 한다. 물론 사람과 원숭이의 차이가 단지 털이 있고 없는 것뿐이라는 뜻은 아닐 터이다. 그런데 정작 사람과 동물의 차이가 무엇인가 하고 물으면 대답하기가 쉽지 않다. 언어를 사용한다는 것, 도구를 사용한다는 것, 불을 사용한다는 것, 직립보행을 한다는 것, 조직 생활을 한다는 것 등등 사람과 동물의 차이를 설명하는 예는 많다. 다만 그 가운데 무엇이 진정으로 인간의 본질을 설명해주느냐가 문제이다. 가령 원숭이들도 직립보행을 하며, 단순한 도구를 사용한다. 벌이나 개미들은 매우 발달한 사회조직을 가지고 있다. 다윈은 인간의 조건을 큰 두뇌, 작은 치아, 두 발로 걷기, 그리고 도구의 사용으로 정의했다. 그러나 고고인류학이 최근에 이룬 성과들을 보면 이런 기준들이 매우 모호함을 알 수 있다. 이러저러한 개별적 사실들로는 인간의 본질을 설명할 수 없다는 뜻이다. 언어, 도구, 직립보행, 조직 이 모든 것들을 하나로 설명할 수 있는 인간적 특성은 과연 무엇인가?

다윈은 자신이 제시한 네 가지 기준이 모두 사냥과 연관된 것이라고 주장했다. 사냥 과정을 통해 인류가 진화해 왔다는 것이다. 그러나 미완성 유작인 『자연변증법(*Dialektik der Natur*, 1883)』에 실린 「원숭이로부터 인간으로의 진화에서 노동의 역할(Anteil der Arbeit an der Menschwerdung des Affen)」이라는 글에서 프리드리히 엥겔스는 노동이 바로 사람을 사람이게 하는 가장 중요하고 근본적인 특성이라고 주장했다(엥겔스, 한승완·이재영·윤형식 옮김, 『자연변증법』, 중원문화, 2012). 조금만 생각해보면 언어, 도구, 조직 등 이 모든 인간적 특징들이 모두 노동과 관련된 것임을 알 수 있다. 앞에서 이야기한 분업이나 사적 소유의 출현에 대해서도, 의식하든 의식하지 못하든 역사에서 이런 변화들을 이끈 것은 바로 노동이다. 물론 원시인들에게는 사냥도 중요한 노동 가운데 하나였을 터이다. 사람은 노동하는 과정에서 자신이 가진 육체적·정신적 능력을 사용하지만, 노동을 통해 그러한 능력들을 계발하고 증진시키기도 한다. 처음 인간이 원숭이에서 막 진화하기 시작했을 때는 당연히 둘 사이에 능력의 차이가 그다지 크지 않았을 것이다. 그러나 노동을 통해 인간은 원숭이를 포함한 그 어떤 동물도 가지지 못한 능력들을 획득했다. 분절 언어의 발달은 집단 노동의 과정에서 보다 세세한 의사소통을 하기 위해 나온 것이다. 도구는 말할 것도 없다. 처음에는 인간의 집단생활도 동물의 군집과 그다지 다르지 않았으나 점점 복잡하고 다양한 형태로 발달했다. 무엇보다 노동은 사람이 지식과 이성을 사용하고 발달시키도록 자극했다. 그래서 드디어 원숭이에서 인간으로 진화한 것이다.

그렇다면 인간과 원숭이의 차이는 어디에 있는가? 마르크스는 인간노동의 가장 중요한 특징을 '선취(vorwegnehmen)'라고 설명한다(마르크스, 강신준 옮김,

『자본』, 이론과실천, 1987). 생존을 위한 활동을 하는 것은 인간만이 아니다. 동물들도 사냥을 하거나 먹이를 채집한다. 어떤 동물들은 생존을 위해 상당히 정교한 분업을 한다. 그렇다면 동물들의 생존활동과 인간의 노동은 무엇이 다른가? 가령 자연의 벌집은 솜씨 없는 목수가 만든 주택보다 훨씬 정교하다. 그렇지만 놀랄 만큼 정교한 집을 짓는 벌들이지만, 그 어느 벌도 자기가 무엇을 만들고 있는지 알면서 집을 짓는 벌은 없다. 그저 본능에 따라 행동할 뿐이다. 반면에 아무리 솜씨 없는 목수일지라도 어떤 벌도 따라할 수 없는 우월한 점을 가지고 있다. 목수는 집을 짓기 전에 먼저 어떤 집을 어떻게 지을 것인가 생각한다는 점이다. 노동을 하면서 사람들은 노동의 결과물을 실제로 취득하기 전에 먼저 관념적으로 취득한다는 뜻이다. 사람은 이러저러한 집을 짓겠다는 목적의식에 따라 합리적으로 노동한다. 비록 그 결과가 보잘것없더라도 말이다. 이처럼 동물의 본능적인 생존활동과 인간의 노동 사이의 가장 근본적인 차이는, 인간의 노동은 단지 그의 육체적 능력만을 사용하는 것이 아니라 동시에 그의 정신적 능력의 사용을 의미한다는 점이다. 비록 그 생산물로부터는 소외되었을지라도 노동을 통해서 인간은 자신의 자아를, 마르크스의 표현을 빌면 자신의 유적 본질을 실현하는 것이다. 물론 인간이 자기의식을 획득하기 위한 불가결한 조건으로서 노동의 의의를 처음 주장한 철학자는 마르크스가 아니라 헤겔이다.

도구의 사용은 인간의 노동에서 나타나는 주요한 특징 가운데 하나다. 인간을 호모 사피엔스가 아닌 다른 말로 '도구를 만드는 사람', 즉 호모 파베르(homo faber)라고 부르는 이유이다. 그런데 인간과 도구의 관계는 역사적으로 변화해 왔다. 산업혁명은 기계가 노동을 대체하는 과정이다. 기계는 동력기, 전달기, 작업기의 세 부분으로 구성된다. 과학사가들은 산업혁명을 이끈 추진력이 동력기, 즉 증기기관에서 왔다고 생각했다. 그런데 마르크스는 작업기야말로 진정한 산업혁명의 표상이라고 주장한다. 증기기관이 마차를 끄는 것은 말이 마차를 끄는 것과 아무런 근본적인 차이가 없다는 뜻이다. 그러나 인간의 손이 하던 작업을 역직기나 방적기 같은 기계들이 대신하면서부터 노동의 의미가 달라지기 시작한다. 산업혁명 이후 기계가 본격적으로 도입되면서 일자리를 잃게 된 노동자들은 기계를 파괴하고 작업을 방해하는 대규모의 저항운동을 전국적으로 벌였다. 그러나 기계파괴운동 또는 정체가 알려지지 않은 지도자의 이름을 따 러다이트 운동이라고 불리는 이 운동은 결국 실패하고 만다.[8] 정부와 자본가들의 탄압도 그 이유 가운데 하나지만, 산업혁명 이후 자본주의의 필연적인 발전방향을 노동자들이 저지할 수는 없었기 때문이다. 노동자들은 단순히 기계의 도입이라는 사실이 인간에게 위협이 되지는 않으며, 오히려 그 반대로 기계는 원시인들이 사용하던 돌도끼와 마찬가지로 인간의 노동을 도와주고 더 효율적일 뿐 아니라 더 안전하고 덜 힘들게 만들어 준다는 사실을 미처 알지 못했다. 문제는 기계의 노동자적인 이용이 아니라 기계의 자본가적인 이용에 있다. 기계가 직접생산자들을 위해 사용되는 대신 자본가들이 더 많은 이윤을 얻기 위한 수단으로 사용되는 순간 기계는 인간노동의 본질을 위협한다. 마르크스는 템즈강에서 배를 끄는 여성 노동자들의 예를 든다. 배들이 템즈강을 오르내리다 보면 강 바닥에 모래가 쌓여 배가 지나갈 수 없는 얕은 곳이 나온다. 이럴 때 여성 노동자들이 맨몸으로 배를 끌어 배가 지나가도록 한다. 기계를 사용하거나 말을 사용하면 훨씬 쉬운 노동이 될 터인데 왜 여성들이 맨몸으로 배를 끌까? 당연히 말보다 여성 노동자들의 비용이 더 싸기 때문이다.

기계가 인간의 노동에 미친 영향을 가장 적나라하게 보여 주는 것은 바로 테일러주의(Taylorism)와 포드주의(Fordism)의 도입이다. 흔히 과학적 노동관리라고 불리는 테일러주의는 미국의 경영학자 프레드릭 테일러(Frederic Taylor, 1856~1915)에서 시작한다. 테일러는 과학적인 노동관리를 통해 애덤 스미스가

8 러다이트 운동((Luddite movement) : 19세기 초반 영국에서 일어난 노동자계급의 저항운동. 주로 기계를 파괴하는 형태로 전개되었기 때문에 기계파괴운동이라고 부른다. 킹 러드(King Ludd)라는 별명을 가진 지도자가 주도했으나 그 정체는 지금도 알려지지 않는다. 정부는 주동자들을 처형하는 등 강경하게 탄압했고, 폭력투쟁의 한계를 깨달은 노동자들은 이후 의회에서 노동자들의 권리를 쟁취하거나 노동조합을 결성하는 등의 투쟁방식으로 전환하게 된다.

이야기한 분업의 이익을 극대화할 수 있다고 주장했다. 공장의 작업반장이었던 그는 초시계로 노동자들의 손동작, 발걸음, 그리고 심지어는 호흡까지 일일이 측정하고 계산해 가장 효율적인 작업동작을 고안해 냈다. 테일러는 자신의 과학적 노동관리방식이 노동자들의 생산성을 높이고 더 많은 임금을 받게 해 줄 것이므로 당연히 노동자들이 환영할 것이라고 생각했다. 그러나 결과는 정반대였다. 모든 작업장에서 테일러주의는 노동자들의 격렬한 저항과 맞닥뜨렸다. 노동자들이 테일러의 과학적 관리를 거부한 이유는 그것이 인간노동에 고유한 본질, 즉 정신노동과 육체노동의 통일성을 부정했기 때문이다. 이제 노동자들의 정신적 능력이나 정서적 측면은 노동과정에서 필요하지 않다. 노동자들은 그저 기계처럼 정해진 방식으로 똑같은 작업을 반복하기만 하면 된다. 그 대신 노동을 통해 자기를 실현한다는 자부심이나 성취감은 더 이상 느낄 수 없게 되었다. 노동자들은 테일러주의의 이러한 비인간적이고 비인격적인 면을 거부했던 것이다.

노동자들은 감독자들이 정한 작업방식대로 획일적으로 노동하기를 거부하고 자신만의 숙련과 경험에 의존한 작업방식을 고수했다. 노동자들의 저항에 부딪힌 자본가들은 노동자들로 하여금 테일러주의를 거부할 수 없도록 할 방법을 다시 고안했다. 바로 컨베이어 벨트이다. 테일러의 과학적 노동관리와 컨베이어 벨트를 결합한 새로운 생산방식은 포드자동차 공장에서 가장 먼저 사용되었기 때문에 흔히 포드주의라고 불린다. 영화 〈모던 타임즈(Modern Times, 1936)〉에서 무성영화 시대의 전설적인 대배우 찰리 채플린(Charlie Chaplin, 1889~1977)이 연기한 것처럼 컨베이어 벨트는 노동자들에게 정해진 작업방식과 주어진 작업량을 강요했다. 컨베이어 벨트를 놓치지 않기 위해서 노동자들은 정해진 작업방식과 속도를 따르지 않을 수 없게 되었다. 이제 노동과정을 통제하는 것은 더 이상 노동자가 아니라 컨베이어 벨트이다. 인류가 처음 노동을 시작한 이후로 지금까지의 노동과정에서는 언제나 인간이 도구를 사용해 왔으나 이제는 도구가 인간을 사용하게 되었다. 이제 기계가 인간을 대체

하는 단계를 넘어서 기계가 인간을 지배하게 된 것이다. 채플린은 "인생은 멀리서 보면 비극이지만 가까이서 보면 희극이다."라는 유명한 말을 남겼다. 그러나 컨베이어 벨트 앞에 선 노동자들에게 노동은 멀리서든 가까이에서든 비극이다.

기계를 파괴하는 노동자들(왼쪽). 그러나 기계가 인간의 노동을 대체하는 것은 노동의 가격보다 기계의 비용이 더 쌀 때이다. 증기기관이 발명된 이후에도 노동자들이 맨몸으로 배를 끄는 장면은 흔히 볼 수 있었다. 노동의 값이 기계를 사용하는 비용보다 쌌기 때문이다. 오른쪽 그림은 일리야 예피모비치 레핀((Ilya Yefimovich Repin, 1844~1930)의 <볼가 강의 뱃사람들(The Volgar Boatmen, 1870~1873)>이다.

소외된 삶의 뿌리를 찾아서

20세기에 출판된 사회과학 서적 가운데 가장 많이 인용된 책은 바로 해리 브레이버맨(Harry Braverman, 1920~1976)의 『노동과 독점자본(*Labor and Monopoly Capital*, 1974)』이다. 이 책에서 브레이버만은 테일러주의의 핵심을 '구상과 실행의 분리'라고 지적했다(브레이버만, 이한주·강남훈 옮김, 『노동과 독점자본: 20세기에서 노동의 쇠퇴』, 까치글방, 1987). 당연히 노동과정에서 결합되어 있어야 할 정신적 능력의 지출과 육체적 능력의 지출이라는 두 가지 기능이 분리됨으로써 노동의 불구화가 나타나고, 육체노동과 정신노동이 분리되고, 노동자계급이 육체노동을 담당하는 이들과 그들을 감독하고 감시하는 자들로 분리된다는 것이다. 정신노동과 육체노동이 결합되어 있을 때는 노동을 천하다고 생각하지 않는다. 그러나 두 가지가 분리되면서 이제 육체노동은 천한 일이 되고 만다. 화이트 칼라 노동자들은 마치 자신이 하는 일은 노동이 아니라 훨씬 고상하고 중요한 무엇으로 생각하게 되고, 그런 역할을 담당하는 자신들은 더 이상 블루 칼라의 노동자가 아니라 더 높은 다른 신분인 것처럼 생각하게 된다. 이처럼 노동의 불구화가 가져오는 가장 중요한 변화는 바로 노동강도의 악화나 실업의 위협이 아니라 노동자계급의 분열이다.

브레이버만을 포함해서 자본주의에 비판적인 많은 사회과학자들은 노동의 불구화가 파편화가 분업에서 비롯된다고 생각한다. 그런데 분업에 대한 이런 비판은 뜻밖에 매우 오래되었다. 흔히 애덤 스미스를 분업의 긍정적인 역할을 찬양한 경제학자라고 알지만, 실은 『국부론』에서 이미 스미스는 분업의 위험에 대해서도 경고하고 있다. 스미스가 분업을 비판하는 이유는 평생을 단순화된 작업에만 종사하면서 살아온 노동자들은 이해력을 사용할 일이 없어서 자연스레 그런 능력을 상실하고 무지해지기 때문이다(스미스, 김수행 옮김, 『국부론』, 동아출판사, 1992). 정신의 둔화로 그는 대화를 즐기거나 참여하지 못할 뿐 아니라 고상하거나 친절한 감정을 느끼지도 못하며, 결과적으로 일상의 삶에서 정확한 판단을 내리기 힘들어진다. 한 가지 작업에만 종사하다 보면 노동자들의 정신적 능력뿐만 아니라 육체적 능력도 쇠퇴해 특정한 작업 이외에는 아무것도 할 수 없게 된다. 모든 발달한 문명사회에서 가난한 노동자들은 필연적으로 이런 상황을 맞게 된다. 분업에 대한 스미스의 비판은 헝가리 출신의 문학비평가인 루카치 죄르지에 의해 재생된다. 루카치는 『역사와 계급의식(*Geschichte und Klassenbewußtsein*, 1923)』에서 테일러주의에 대해 이렇게 비판했다. 테일러주의가 도입되면서 노동자들은 자신의 정신적 창의력을 발휘할 기회를 가지 못하게 되고, 그 결과 그들의 정신은 점점 더 둔화되어 자신들의 이해관계를 직시하지 못하고 자신을 둘러싼 세계에 대해 수동적인 태도를 갖게 만든다는 것이다(루카치, 박정호 옮김, 『역사와 계급의식: 마르크스주의 변증법 연구』, 거름, 1999).

하지만 분업에 대한 이런 비판에 대해서는 다른 의문이 든다. 원시인들도 낮은 수준일망정 분업을 했지만 그렇다고 그들의 노동이 불구화되었다고 말하지는 않는다. 분업은 노동을 더 편하게 만들고 더 많은 생산물을 얻게 해준다. 그런데도 왜 자본주의 사회에서는 분업이 노동을 파편화시킬까? 나의 노동력이 하나의 상품으로 타인에게 소유되었기 때문이다. 마르크스도 분업이 노동생산성을 높이지만 노동자들을 기계화시킨다는 점을 비판했다. 하지만 마르크스는 더 근원적인 문제를 제기한다. 마르크스의 학문적 활동은 대체로 전기에는 철학에, 후기에는 경제학에 집중된다. 그런데 이 두 시기의 마르크스를 이어 주는 것이 그의 사후에 발견된 『경제학-철학 수고(*Die Ökonomisch-philosophischen Manuskripte aus dem Jahre*, 1844)』이다. 이 원고에서 마르크스는 그의 철학에서 가장 중요한 개념 가운데 하나인 '소외(Entfremdung)'에 대해 이야기한다(마르크스, 김태경 옮김, 『경제학-철학 수고』, 이론과실천, 1987). 마르크스는 먼저 인간을 '유적 존재(Gattungswesen)'로 정의한다. '유(類)'라는 표현은 원래 청년 헤겔학파의 철학자들이 자주 쓰던 개념으로, 사회적 존재로서 인간이 갖는 사회성 또는 공동체성을 의미한다. 마르크스는 유적 존재로서의 인간의 본질은 자유로운 의식적 활동에 있다고 보았다. 마르크스가 포이어바흐를 비롯한 청년 헤겔학파의 철학자들과 다른 점은 유적 존재로서 인간의 본질을 자유로운 의식의 활동으로서의 노동에서 찾았다는 점이다. 노동은 인간이 인간답게 살기 위한 본질적인 활동이다. 그런데 자본주의 사회에서는 노동이 인간의 자기실현의 계기가 아니라 반대로 자기소외의 계기로 나타난다.

소외라는 개념도 실은 마르크스 이전에 헤겔과 그의 제자들이 사용했다. 헤겔은 인간이 자신의 본질을 상실함으로써 타자로 전화하고 자기를 부정하게 된다는 의미로 소외라는 개념을 사용했다. 포이어바흐는 인간이 자신이 창조한 종교에 의해 부정되는 현상을 소외라고 불렀다. 이런 소외 개념에 마르크스는 자본주의 사회에서 생산수단의 소유로부터 배제됨으로써 자신의 노동력을 상품화함으로써만 생계를 유지할 수 있게 된 노동자들의 계급적 관점을 부여함으로써 새로운 개념으로 발전시켰다. 마르크스가 주장하는 계급적 인간소외의 유형은 다음의 네 가지로 나타난다. 첫째는 노동생산물로부터의 소외이다. 노동자가 생산한 상품이 노동자 자신이 아닌 타인, 즉 자본가의 소유물이 된다는 의미다. 그래서 자본주의 사회에서는 노동자들이 더 많이 생산할수록 그만큼 더 가난해진다. 둘째는 노동과정으로부터의 소외이다. 자본주의 사회에서 노동자들은 주체적으로 생산활동에 참여하는 것이 아니라 자본가에게 고용되어 그의 지배 아래서 노동한다. 따라서 이제 노동은 어떤 의미에서도 인간 본래의 자유로운 활동이 아니라 강제적인 것이 되며, 다만 먹고살기 위한 수단으로서 그 자체가 고통이다. 셋째는 앞의 두 가지 소외로부터 나타나는 유적 본질로부터의 소외다. 노동이 신체적 욕구를 충족시키기 위해 어쩔 수 없는 생계수단이 됨으로써 인간은 노동을 통해 자신의 유적 본질을 자유롭게 실현할 수 없다. 마지막으로 소외의 최후의 완성된 형태인 인간의 인간으로부터의 소외이다. 유적 본질로부터 소외된다는 것은 본래 인간답게 공동생활을 하고 있어야 할 인간이 비인간적으로 서로 대립하고 서로 배제하며 따라서 모든 인간이 인간적 본질을 상실하고 있다는 것을 의미했다. 마르크스는 자본주의 사회에서는 유산계급과 무산계급 모두 소외당하고 있지만, 노동자들은 이러한 소외에 괴로워하며 상실한 인간적 본질을 회복하려 하는 반면 자본가들은 이 인간소외 위에 안주하여 퇴폐의 길을 걷는다고 비판했다.

자본주의 사회에서 노동자계급의 소외는 분업 때문이 아니라 노동력의 상품화 때문이다. 칼 폴라니는 『거대한 변환』에서 자본주의가 상품화할 수 없는 것들 또는 상품화해서는 안 되는 것들을 상품화했기 때문에 그 자체로 불안정

요인을 가지고 있다고 주장했다(폴라니, 박현수 옮김, 『거대한 변환: 우리 시대의 정치적·경제적 기원』, 민음사, 1997). 인간이 인간일 수 있게 하는 가치인 노동력을 상품화함으로써, 제도와 신뢰의 표시인 화폐를 상품화함으로써, 만인이 공유해야 할 자연 즉 토지를 상품화함으로써 필연적으로 불안을 발생시킬 수밖에 없다는 뜻이다. 하지만 노동력과 토지와 화폐를 상품화해서 안 되는 이유는 무엇인가? 자본주의는 자본이 모든 것을 생산하는 사회이다. 하지만 자본이 소유할 수는 있지만 자본이 생산할 수는 없는 상품이 세 가지 있다. 바로 인간, 토지, 그리고 화폐이다. 자신이 생산할 수 없는 것을 소유하고자 하는 탐욕이 자본주의를 만든 것이다.

돈의 철학

미국의 보호령인 남태평양의 얍(Yap)이라는 섬의 원주민들은 달러와 돌을 함께 화폐로 사용한다고 한다. 일상생활에서는 달러를 사용하지만 집처럼 단위가 크고 중요한 거래에서는 선조들이 그랬던 것처럼 돌을 사용한다는 것이다. 물론 아무 돌이나 화폐로 사용되는 것은 아니고 특별한 종류의 석회석만 화폐로 사용된다. 이 석회석은 얍 섬에서 제법 떨어진 무인도에서만 채취된다. 당연히 돌이 클수록 그만큼 가치도 높다. 큰 것은 무게가 몇 톤이나 나가기도 한다. 얍 섬의 돌 돈은 돈의 본질이 무엇인가에 대한 질문을 던진다. 오늘날 우리가 사용하는 법화처럼 돈이란 겉으로 보기에는 단지 사회적 약속에 불과하다고 생각된다. 한낱 종잇조각에 불과한 지폐조각이 사람들을 웃고 울게 만드니 말이다. 얍 섬의 돌 돈에 대해서도 마찬가지다. 어떤 경제학자들은 이를 화폐가 사회적 약속에 불과하다는 증거로 생각한다. 하지만 그렇다면 왜 얍 섬의 원주민들은 주변에서 좀 더 쉽게 얻을 수 있는 평범한 돌이나 차라리 나뭇가지를 돈으로 사용하지 않을까? 얍 섬의 돌 돈은 화폐의 본질이 바로 노동의 산물임을 보여주고 있다. 돌이 클수록 그만큼 더 큰 액면을 나타내는 것은 바로 화폐가 다른 상품들과 마찬가지로 그 속에 투하된 노동량만큼의 가치를 가진다는 것을 의미한다. 원시사회의 조개껍데기도 마찬가지고 쌀이나 베, 금화와 은화도 모두 마찬가지이다. 얍 섬의 돌 돈은 화폐가 인간노동과 무관하다는 증거가 아니라 반대로 화폐의 본질이 원래는 노동생산물이었음을 보여 준다. 그렇다면 얍 섬의 원주민들은 그 무거운 돌 화폐를 어떻게 주고받을까? 실은 돌은 늘 그 자리에 있다. 가령 어떤 사람이 이웃에게서 집을 산 대가로 그 돌을 주기로 했다면 "이제부터 그 돌은 네 것이다."라고 말하면 그만이다. 어차피 너무 무거워서 아무도 훔쳐가지 못하기 때문이다.

최초의 교환 형태는 물물교환이었다. 최초의 화폐 또한 물물교환이 반복되는 과정에서 나타났다. 원시시대에는 가장 주요한 먹을 거리였던 조개껍데기가 화폐로 사용되었고 농경사회로 들어오면서 곡물이나 옷감이 화폐로 사용되었다. 이런 화폐를 상품화폐라고 부른다. 경제규모가 커지고 교환의 규모나 빈도가 늘어나면서 상품화폐를 사용하는 일이 불편해지면서 금이나 은 같은 금속화폐가 등장한다. 화폐의 형태는 가르지만 상품화폐나 금속화폐는 모두 노동의 산물이며 그 자체로서 화폐의 명목가치와 동일한 실질가치를 가지고 있다는 공통점이 있다. 경제에 대한 국가의 역할이 커지면서 실질가치는 가지지 않지만 국가가 화폐의 명목가치를 보증하는 은행화폐가 등장하게 된다. 국가가 가치를 법으로 정했다고 해서 법화라고 부르기도 한다. 또 짐멜의 시대에는 아직 오늘날 우리가 사용하는 다양한 형태의 신용화폐들이 들어오기 이전이므로 당시에는 은행화폐를 신용화폐라고 부르기도 했다. 게오르그 짐멜은 "화폐경제와 이성의 지배는 아주 깊이 연관되어 있다."고 말한다(짐멜, 김덕영·윤미애 옮김, 『짐멜의 모더니티 읽기』, 새물결, 2006). 이 둘은 사람과 물건을 다룸에 있어서 순수한 객관성이라는 공통점을 가지기 때문이다. 짐멜 스스로 그렇게 말하지는 않지만, 짐멜의 추상화는 마르크스가 이야기한 소외를 떠올리게 한다. 짐멜은 현대의 삶은 수단과 목적의 분리 위에 서 있다고 말한다. 수단이 그 본래의 목적을 상실하고 스스로 목적이 되는 '물신화(fetishism)'가 바로 현대사회의 가장 주요한 특징이라는 뜻이다. 원시인들의 종교적 태도를 보면 사물에 초자연적인 힘이 있다고 믿는 물신숭배가 흔히 나타난다. 마르크스는 자본주의 사회에서도 그와 유사한 현상이 있음을 지적했다. 생산수단의 사유화로 인해 사람과 사람의 관계가 사물과 사물의 관계로 나타나면서 인간의 사회관계가 은폐되는 현상이 바로 물신화다. 화폐가 그 본래의 목적을 상실하고 스스로 목적이 되면서 화폐의 물신화가 나타난다.

화폐는 로크의 소유권 개념에서도 중요한 의미를 가진다. 앞에서 이야기한 것처럼 로크는 소유권이 존중받아야 하는 이유를 자신의 노동의 산물이기 때문이라고 주장했다. 그런데 로크의 노동 개념은 우리가 흔히 이해하는 것과 많이 다르다. 로크의 노동 개념은 얼마만큼 땀 흘려 일했는가 하는 과정의 의미보다 쓸모없는 것을 쓸모 있는 것으로 전환시킨다는 결과의 의미에 더 가깝다. 신대륙에서 죄나 짓고 살던 원주민들을 쓸모 있는 노예로 만드는 일이 좋은 예다. 아마 이런 주장은 아메리카의 식민지에서 근무했던 로크 개인의 경험에도 영향을 받았을 듯싶다. 로크 자신을 정당화하는 동시에 영국의 식민지 정책을 철학적으로 정당화하고자 하는 의도가 있었으리라는 이야기다. 아무튼 인간노동의 산물 가운데는 곡물처럼 시간이 지나면 못 쓰는 것이 많다. 따라서 곡물이 상하기 전에 그것을 필요로 하는 다른 사람에게 주고 그 대가로 자신이 필요할 때 다른 물건을 받을 수 있는 증서로서 화폐가 발명되었다는 것이 로크의 주장이다. 따라서 화폐의 축적은 자신의 노동생산물을 축적하는 것과 마찬가지로 정당하다. 그러나 실제로는 화폐가 자신의 노동의 대가이기보다는 타인의 노동의 대가인 경우가 더 많다. 아무튼 자본주의적 생산의 가장 중요한 특징을 흔히 사용을 위한 생산과 대비되는 이윤을 위한 생산이라고 말한다. 마찬가지로 이제 화폐는 더 이상 교환을 위한 수단이 아니라 축적을 위한 수단이 되었다. 수단이 목적으로 물신화되고 만 것이다. 화폐에 대한 로크의 주장은 이런 물신화를 정당화하려는 시도이다.

애덤 스미스는 국부의 원천을 생산에서 찾았으면서도 자신이 살던 시대를 상업사회라고 불렀다. 그 시대를 표상하는 정신이 바로 상업적 이익과 화폐적 부에 대한 추구에 있음을 꿰뚫어 본 것이다. 그러면서 스미스는 상인들의 탐욕은 반드시 규제되어야 한다고 주장했다. 앞에서 본 것처럼 짐멜은 화폐경제와 이성의 지배를 동일시했다. 자칫 오해하면 짐멜의 주장은 마치 그가 화폐경제를 긍정하고 더 나아가 찬양한 것처럼 들린다. 그러나 짐멜의 의도는 화폐의 이성의 공통점은 추상화라는 것이다(짐멜, 김덕영 옮김, 『돈의 철학』, 길, 2013). 이성은 현실을 추상화한다. 화폐는 경제활동을 추상화한다. 짐멜은 화폐의 추상화와 더불어 경제활동이 추상화되고 더 나아가 인간의 경제적 심성의 추상화가 함께 진행되어 왔다고 주장한다. 경제활동은 인간과 그 대상인 자연 또는 물질 사이의 관계가 아니라 인간과 인간 사이의 관계이다. 화폐는 인간과 인간의 관계를 추상화시키고 마치 그 관계의 본질이 물질에 있는 것처럼 호도한다. 화폐가 추상화시킨 우리 삶의 구체성을 회복하는 일이 시장에서의 윤리를 회복하는 일이다. 막스 베버도 마찬가지다. 베버의 『프로테스탄티즘 윤리와 자본주의 정신』은 물질적 삶보다 정신을 더 중요시했다고, 좀 더 노골적으로 말하면 현실이 정신을 낳는 것이 아니라 거꾸로 정신이 현실을 만든다고 주장했다는 비판을 받는다. 그런데 정작 베버가 『프로테스탄티즘 윤리와 자본주의 정신』에서 고민한 것은 정신이 결여된 물질이 과연 인간을 진정한 의미에서 더 풍요롭고 행복하게 해 줄 수 있는가 하는 문제였다.

윤리가 결여된 자본주의의 미래는 무엇인가? 스미스는 "정의야말로 사회라는 거대한 건축물을 떠받치는 대들보"라고 말한다(스미스, 박세일·민경국 옮김, 『도덕감정론』, 비봉출판사, 2009). 상업사회에서는 생산력이 높기 때문에 모든 사회구성원들을 충분히 부양할 수 있다. 하지만 그럼에도 불구하고 현실에서는 불평등이 존재한다. 스미스가 말하는 정의는 사회구성원의 대부분을 차지하면서 국민 전체의 의식주를 제공하는 노동자들이 자신의 생산물 가운데 필요한 만큼을 가져갈 수 있는 사회다(스미스, 김수행 옮김, 『국부론』, 동아출판사, 1992).

존 메이너드 케인스도 「우리 손자 세대의 경제적 가능성(Economic possibilities for our grandchildren, 1930)」이라는 글에서 생산력이 지금과 같은 속도로 증대한다면 100년 후에는 인류가 빈곤의 문제를 완전히 극복할 것이라고 예상했다(케인스, 정명진 옮김, 『설득의 경제학』, 부글북스, 2009). 케인스가 예언한 100년 후의 미래는 이제 불과 10여 년밖에 남지 않았다. 현대 자본주의의 생산력은 케인스의 시대보다 훨씬 더 빠르게 증대하고 있다. 하지만 가까운 미래에 케인스의 예언이 실현될 것 같지는 않다. 자본주의에 윤리가 결여되어 있기 때문이다. 그렇다면 자본주의가 어디로 갈는지 모르는 채로서 우리는 과연 우리들 자신의 운명을 시장에 맡길 것인가? 그렇지 않다면 과연 우리는 어떻게 시장에 윤리를 부여할 수 있는가? 자본주의가 윤리를 상실하지 않기 위해 경제학은 무엇을 할 수 있는가?

루카치 죄르지(왼쪽)와 칼 폴라니(오른쪽)는 한 해 차이로 오스트리아-헝가리 제국에서 태어났다. 합스부르크왕가가 해체된 이후 루카치는 헝가리 시민이 되었고 폴라니는 오스트리아 시민이 되었다. 루카치는 전투적인 마르크스주의자였고 폴라니는 온건

한 기독교 사회주의자였다. 파시즘의 억압을 피해 오스트리아를 떠난 폴라니는 미국과 캐나다에서 생의 많은 시간을 보냈지만, 루카치는 짧은 망명 기간을 제외하면 평생을 헝가리에서 보냈다. 두 사람의 사상에서 공통된 문제의식은 바로 자본주의 사회에서 인간의 존재는 왜 불안정할 수밖에 없는가 하는 것이다.

제7장

시장은 어디까지 윤리적인가?

―윤리학으로서의 경제학―

제7장

시장은 어디까지 윤리적인가?

—윤리학으로서의 경제학—

악은 어디서 오는가?

독일의 극작가 베르톨트 브레히트(Bertolt Brecht, 1898~1956)의 희곡 〈사천의 착한 사람〉에서 지상에 내려가 착한 사람을 찾으라는 조물주의 명령을 받은 세 명의 신은 셴테라는 착한 여자를 만난다. 그녀의 소원은 작은 담배 가게를 열어 불우한 이웃을 돕는 것이다. 신들은 그녀에게 담배 가게를 차려 준다. 그러나 셴테의 착한 마음을 이용하려는 이웃들 때문에 그녀는 제대로 가게를 운영할 수가 없다. 결국 그녀는 남장을 하고 사촌인 슈이타인 척한다. 슈이타는 어려운 이웃들을 못 본 척하고 가게에서 일하는 노동자들을 착취한다. 그러나 셴테가 오랫동안 나타나지 않자 슈이타는 사촌을 죽였다는 혐의를 받고 재판에 불려간다. 신들이 재판관으로 나온 법정에서 슈이타는 자신이 셴테라는 사실을 고백한다. 그녀는 신들에게, 신들이 바라는 것처럼 다른 사람들에게 착하게 대하면서 그녀 자신도 행복하게 살아갈 수는 없었다고 말한다. 신들은 아무 대답 없이 돌아가 버린다. 연극의 마지막에서 셴테는 관객들을 향해 직접 묻는다. "어떻게 저 착한 사람을 도와 좋은 결말에 이르게 할 수 있을지 여러분 자신이 생각해 보세요." 하지만 과연 누가 이 질문에 대답할 수 있을 것인지?

인간의 본성은 무엇인가? 인간의 본성은 과연 선(善)한가 악(惡)한가라는 문제는 동서양을 막론하고 오래전부터 철학자들의 주요한 논쟁 주제 가운데 하나였다. 잘 알려진 것처럼 중국에서는 일찍이 유가의 맹자(孟子, BC372~BC289)에 의해 인간의 본성은 선하다는 성선설이 주장되었다. 맹자는 인간의 본성이 선한다는 증거로 "어린아이가 우물에 들어가려 하는 것을 본다면 사람은 누구나 놀라며 측은히 여기는 마음을 가진다."고 말한다. 아이가 잘못해서 우물에 빠지려는 상황을 발견한 사람은 누구나 다 가슴이 덜컥 내려앉으며 놀라서 어쩔 줄을 모른다. 그래서 앞뒤 돌아볼 겨를 없이 달려가 우물에 빠지려는 아이를 붙들어 구하게 마련이다. 이런 행동은 그 아이의 부모와 친하게 사귀기 위해서도 아니고, 마을 사람이나 친구들로부터 칭찬을 듣기 위해서도 아니다. 죽어가는 어린아이를 보고도 구하지 않고 그대로 내버려두었다는 원망을 듣지 않기 위해서는 더더욱 아니다. 이와 같은 사실로 미루어 본다면, 남을 불쌍히 여기는 측은한 마음이 없으면 사람이라 할 수 없고(惻隱之心), 자기의 잘못을 부끄럽게 여기고 남의 옳지 않은 것을 미워하는 마음이 없으면 사람이라 할 수 없다(羞惡之心). 또 남에게 양보하고 사양하는 마음이 없으면 사람이라 할 수 없으며(辭讓之心), 옳고 그른 것을 가려내는 시비의 마음이 없으면 사람이라 할 수 없다(是非之心). 맹자의 측은지심은 칸트의 정언명령과 같은 절대적인 마음이다. 하지만 맹자의 성선설에 대해 역시 유가의 사상가이면서 맹자와는 다른 견해를 주장했던 순자(荀子, BC298~BC238)는 인간의 본성은 악하다면서, 세 가지 증거를 든다. 그 가운데 첫 번째가 바로 "사람은 태어나면서부터 이익을 추구한다."는 것이다.

중국 고대의 정치서적 가운데 하나인 『삼략(三略)』에는 "사람들이 허리 굽혀 복종하게 하려면 예(禮)로써 다스리고, 가람들이 마음으로부터 복종하게 하려면 악(樂)으로 다스려라."는 말이 나온다. 『삼략』의 출처에는 주(周) 나라의 전설적인 정치가인 강태공(姜太公, ?~?)부터 한(漢)나라를 건설한 장량(張良, ?~BC186)까지 여러 가지 설이 있으나 모두 믿을 만하지 않다. 다만 『논어(論語)』에서 공자(孔子, BC551~BC479)가 백성들을 교화하는 수단으로써 가장 강조하는 것도 예와 악이다. 공자가 예를 얼마나 중시했는지는 굳이 말할 필요가 없지만, 음악에 대한 공자의 사랑도 때로는 지나치지 않은가 싶을 정도이다. 맹자와 순자도 마찬가지다. 예와 악의 관점에서 보면 맹자의 성선설과 순자의 성악설은 서로 반드시 대립하는 것만도 아니다. 왜냐하면 맹자는 사람의 본성은 선하지만 올바로 교육받지 못하면 악해진다고 주장했고, 반대로 순자는 사람의 본성은 악하지만 올바로 교육받으면 선해질 수 있다고 주장했기 때문이다. 그러나 순자의 영향을 받은 법가의 한비자(韓非子, BC280~BC233)는 순자로부터 더 나아가 인간의 본성은 교육으로 교정될 수 없으므로 반드시 법에 의해 규제되어야 한다고 주장했다.

성선설과 성악설의 가운데서 인간의 본성은 선하지도 악하지도 않다는 성무선악설을 주장한 사상가도 있다. 맹자와 같은 시기를 살았던 고자(告子, ?~?)의 주장으로, "사람의 본성은 물과 같은 것이다. 동쪽으로 터놓으면 동쪽으로 흐르고, 서쪽으로 터놓으면 서쪽으로 흐른다."는 것이다. 이에 맹자는 "물은 물론 동서의 분별이 없지만, 위아래의 분별은 있다. 물이 위에서 아래로 흐르는 것은 인간이 선한 것과 같다. 사람은 누구나 선하고 물은 항상 위에서 아래로 흐르는 것이다."라는 말로 인간의 본성은 언제나 선한 것을 향하는 경향이 있다고 주장했다. 또 고자는 "사람의 본성은 버드나무와 같다. 의로움은 버드나무로 만든 그릇과 같은 것이다."라면서 도덕적인 인이나 의는 후천적인 교육이나 학습을 통해 이루어지는 것이지 원래 타고 나는 것이 아니라고 주장했다. 이에 대해서도 맹자는 "버드나무의 휘어지는 본성을 무시하고 꺾어버린다면 바구니와 같은 그릇을 어떻게 만들겠는가? 버드나무의 본성을 해쳐서 그릇을 만들려 한다면, 그것은 바로 사람의 본성을 해쳐 인과 의의 재앙을 가져오게 하는 것과 같다."라는 말로 반박했다. 그러나 고자는 맹자의 저서에서만 등장할 뿐 어떤 인물인지에 대해서는 전해지는 기록이 없다.

서양철학의 역사에서 인간의 본성을 탐구하고 그것에 철학적 근거를 제시하고자 한 이들은 계몽주의 사상가들이다. 계몽사상가들이 인간의 본성에 관심을 둔 이유는 자연과 인간 또는 자연과 사회의 관계가 그 시대의 가장 중요한 쟁점 가운데 하나였기 때문이다. 인간의 본성이 당연히 자연으로부터 부여받은 것이라는 데 대해서는 대부분의 계몽사상가들이 일치한다. 하지만 바로 그 자연의 질서가 어떤 것인가를 두고 이들의 견해는 서로 달라진다. 인간의 본성을 악하다고 주장하는 대표적인 철학자는 토머스 홉스이다. 유명한 『리바이어던』에 앞서 발표한 『철학의 요소들: 시민에 대하여(*De Cive*, 1642)』라는 책에서 홉스는 자연상태를 "만인에 대한 만인의 투쟁(Bellum omnium contra omnes)" 상태라고 말했다. 자연상태는 전쟁과 같은 혼란 상태이며, 그 속에서 인간은 고독하고 빈곤하며 불결하고 야수적이다. "사람은 사람에게 서로 늑대(homo homni lupus)"인 것이다. 이런 혼란 상태에서 개인들은 안전을 보장받기 위해 모든 권리를 국가에 양도한다는 것이 홉스의 사회계약론이다. 홉스는 사람들이 사회계약을 맺는 이유는 "모든 사람은 평화를 얻을 수 있는 희망이 있는 한 그것을 추구해야만 한다."는 자연법의 명령을 따르기로 결정했기 때문이다. 홉스는 이를 제1 자연법 또는 기본 자연법이라고 불렀다(홉스, 최공웅·최진원 옮김, 『리바이어던』, 동서문화사, 2009). 그런데 제1 자연법은 전쟁상태로부터 벗어나기 위해 평화를 추구할 것을 명령하고 있을 뿐 어떻게 평화를 구축할 것인가에 대해서는 말하지 않는다. 그래서 보다 구체적인 평화 구축의 방법을 제시한 것이 제2 자연법이다. 제2 자연법에서 홉스는 자연권의 상호 동등한 양도를 주장한다. "평화를 위해, 또한 자신의 방위를 위해 필요하다고 생각되는 한에 있어서, 사람은 여타 모든 사람이 동의한다면 만물에 대한 즉 자연권을 기꺼이 포기해야만 한다. 그리고 자신이 다른 사람에게 허용한 만큼의 자유에 자신도 만족해야만 한다." 마지막으로 제3 자연법은 상호 계약을 통해 형성한 사회를 유지하기 위한 의무, 즉 신의계약 준수의 의무를 규정하고 있다. 사회계약을 준수하지 않으면 사회는 사회로서 존립할 수 없기 때문이다. 이상의 세 가지 자연법적 명령은 모두 이성의 명령이므로 이들은 '내면의 법정'에서 구속력을 가진다. 인간의 본성은 악하다고 주장하면서도 홉스는 이성이 개인들로 하여금 그러한 자연상태를 스스로 극복할 수 있도록 만든다고 설득하고 있는 것이다.

인간의 본성에 대해 홉스와 전혀 대립적인 견해를 주장한 이는 장 자크 루소이다. 루소는 인간의 본성은 선하지만 문명과 사회제도의 영향으로 악해졌다고 주장한다. "자연이 만든 사물은 모두 선하지만 인위를 거치면 악해진다."는 것이다(루소, 최석기 옮김, 『인간불평등기원론/사회계약론』, 동서문화사, 2016). 루소가 생각하는 자연상태는 모든 개인이 자유롭고 평등한 상태이다. 그러나 사유재산제도의 출현으로 부유한 자들과 빈곤한 자들이 나타나고 부자의 횡령과 빈자의 약탈이 시작되면서 자연상태는 홉스가 주장한 것과 같은 전쟁상태로 들어간다. 이런 상태에 가장 불편함을 느낀 것은 빈자와 약자가 아니라 부자와 강자들이다. 부자들이 빈자들을 회유해 법률과 제도를 만들고 국가권력을 구축함으로써 지연상태는 사회상태로 들어서게 된다. 이 사회상태는 모든 인민의 주체적 의지에 의해서 만들어진 것이 아니라 소수의 기득권계급에 의해 사유재산제도를 보호하기 위해 만들어진 것이어서 불평등을 심화시키고 구조화할 뿐이다. 따라서 인민들은 이렇게 불평등한 사회에서 자신을 보호하고 생존하기 위해 자신들이 가진 힘과 의지를 하나로 모으는 사회계약을 맺게 된다.

인간의 본성은 과연 선한가 악한가? 또 다른 계몽사상가인 존 로크는 인간의 본성은 백지 상태(tabula rasa)와 같아서 선하지도 악하지도 않다고 주장한다(로크, 김현욱 옮김, 『통치론』, 동서문화사, 2008). 로크가 생각하는 자연상태는 모든 개인이 타인의 허락을 구하거나 그의 의지에 구애받지 않고 자연법의 테두리 안에서 스스로 적당하다고 판단하는 바에 따라 자신의 행동을 규율하고 자신의 소유물과 인신을 처분할 수 있는 자유의 상태다. 자연법은 도덕과 의무의 총체이므로 개인들이 자연법을 따르는 한에서는 서로 평화롭게 공존할 수 있다. 여기서 보면 로크가 생각하는 인간의 본성은 근본적으로 선하다고 할 수 있을 듯싶다. 그러나 이런 자연상태가 인간의 본성 이외의 여러 요소들에 의해 언제든지 전쟁상태로 변할 수 있다고 주장하는 점에서 로크는 또 홉스의 견해와 유사하기도 하다. 로크가 홉스의 자연권 사상으로부터 영향을 받은 점은 분명하다. 그러나 로크는 자연권에 자기보존의 욕구 이외에 재산권을 포함시켰다. 자연상태에서 이미 개인들은 재산권을 가지고 있으며, 따라서 재산권의 보존을 위해 서로 충돌하는 전쟁상태가 벌어질 수 있다. 자연상태에서 개인들은 자유롭지만 자신의 재산권에 불안을 느낀다. 그래서 개인들은 재산권을 보호하기 위해 주권을 국가에 양도하는 사회계약을 맺는 것이다.

인간의 본성에 대한 홉스나 루소의 주장은 다분히 극단적이다. 그래서 로크의 절충적인 태도가 조금 더 편안하게 다가오기도 한다. 고대에서 현대에까지 다양한 사상가들이 비슷한 주장을 내놓은 이유도 마찬가지일 터이다. 가령 미국의 철학자이자 교육학자인 존 듀이(John Dewey, 1859~1952)는 인성의 본질에는 선악이 없으며, 환경의 영향으로 선해질 수도 악해질 수도 있다고 주장했다. 로크 이전에 이미 르네상스 시대의 가장 위대한 사상가인 에라스무스도 인간이 태어났을 때에는 완성되지 않은 밀랍과 같다고 말했다. 임마누엘 칸트 또한 인간의 본성에는 선에 대한 자질과 악에 대한 자질이 동시에 공존한다고 말한다. 아마 자신들의 주장이 다분히 극단적이라는 점은 홉스나 루소라고 모르지 않을 터이다. 다만 철학자이든 경제학자이든 자신의 견해를 명확하게 설명하기 위해서 어느 정도 극단적인 논리를 전개하는 경우가 많다. 모든 위대한 사상가들은 쉽게 길을 알려 주지 않는다. 스스로 길을 찾지 못하는 이들에게는 아무리 길을 알려 주더라도 혼자 가지 못하기 때문이다.

홉스(왼쪽)와 로크(오른쪽)는 모두 주권은 인민에게 있으나 인민들 스스로 주권을 양도함으로써 국가가 출현했다고 주장한다. 두 사람의 차이는 국가가 주권을 인민의 의지와 다르게 사용할 경우 인민들은 그런 국가를 전복시키고 주권을 회수할 권리가 있는가 아닌가 하는 데 있다. 홉스는 일단 주권을 양도한 이후에는 그 주권을 어떻게 사용할 것인가는 국가의 권리라고 주장한 반면에 로크는 주권의 원래 주인인 인민이 국가로부터 주권을 회수할 권리가 있다고 주장했다. 물론 동일한 주제에 대해 철학자들이 서로 다른 대답을 내놓는 일은 전혀 어색하지 않다. 다만 홉스와 로크의 경우에는 두 사람이 활동한 시기 사이에 이루어진 영국 시민계급의 성장과 민주주의의 발전의 차이가 있음직도 하다.

인간의 본성은 무엇인가?

교회가 지배하던 중세 사회에서는 당연히 인간의 본성은 선하다는 생각이 지배적이었다. 신의 피조물인 인간의 본성은 악할 수 없다. 다만 원죄를 저지름으로써 인간들이 신이 부여한 본성으로부터 타락했을 뿐이다. 이런 견해를 대표하는 철학자가 바로 교부철학의 완성자인 아우구스티누스이다. 그런데 중세 신학에서 교부철학과 함께 또 하나의 중요한 조류를 형성한 스콜라 철학의 대부인 토마스 아퀴나스의 생각은 조금 다르다. 아퀴나스는 원죄 이전의 인간은 비록 죄를 짓고 타락한 존재는 아니지만 이성적으로 미성숙한 존재이기 때문에 원죄 이후의 인간과 마찬가지로 신의 본질을 알 수 없는 상태였다고 주장한다. 만약 인간이 미성숙한 존재가 아니었다면 원죄를 저지르지도 않았을 것이다. 아담과 하와가 선악과를 먹은 것은 그들이 잠재적으로 원죄를 저지를 가능성을 가지고 있기 때문이다. 물론 미성숙하다는 말이 합리적이지 않다는 의미는 아니다. 오히려 그와 반대로 인간은 미성숙하나마 합리적인 존재이기 때문에 신의 은총과 구원을 갈구한다. 인간이 오직 신이 은총에 의해서만 원죄로부터 구원받을 수 있다는 점에서는 아퀴나스와 아우구스투스의 견해가 다르지 않다. 그런데 『성경』을 읽다 보면 문득 의문이 든다. 아담과 하와가 선악과를 먹는 이야기는 『성경』의 「창세기」 제3장에 나온다. 그런데 『성경』에서는 아담과 하와가 선악과를 먹고 자신들의 벗은 몸을 보고는 부끄러움을 느꼈다고 이야기한다. 정확하게 말하자면 선악과를 먹기 전에는 두 사람이 벌거벗었으면서도 부끄러워하지 않았으나, 선악과를 먹고 나서 비로소 무화과나무 잎을 엮어 옷을 입었다고 한다. 선악과를 먹고 나서 벌거벗은 자신들의 몸을 보고 부끄러움을 느꼈다는 뜻이다. 그리고 하나님이 자신을 부르자 아담은 두려워 동산 나무 사이에 숨는다. 이처럼 『성경』에는 아담과 하와가 부끄러움을 느꼈다거나 두려움을 느꼈다는 이야기는 나오지만 죄책감을 느꼈다는 이야기는 없다. 우리가 흔히 원죄라고 부르지만 죄라거나 악이라는 표현도 나오지 않는다. 그렇다면 도대체 원죄는 무엇인가? 선악과를 먹었지만 아담과 하와는 죄를 지었다는 자책감은 느끼지 않는다. 다만 부끄러워하고 두려워할 뿐이다.

나에게 원죄는 비행기와 함께 자신의 별나라로 돌아간 프랑스 작가 생텍쥐

베리(Antoine Marie Roger De Saint Exupery, 1900~1944)의 『어린 왕자(*Le Petit Prince*, 1943)』에 나오는 술꾼을 생각나게 한다. 어린 왕자가 왜 술을 마시느냐고 묻자 술꾼은 부끄러움을 잊기 위해서라고 말한다. 다시 어린 왕자가 무엇이 그렇게 부끄러우냐고 묻자 술꾼은 술을 마시는 것이 부끄럽다고 말한다. 인간은 누구든 원죄의 부끄러움 속에서 사는 것이 맞다. 미국의 인류학자인 루스 베네딕트 여사(Ruth Benedict, 1887~1948)는 『국화와 칼: 일본 문화의 틀(*The Chrysanthemum and the Sword: Patterns of Japanese Culture*, 1946)』이라는 책에서 서구 문화와 일본 문화의 차이를 죄의식의 문화와 수치심의 문화로 설명한 바 있다. 서구인들은 범죄를 저질러 공중 앞에 나섰을 때 죄에 대한 죄책감을 느끼지만 일본인들은 범죄를 들켜 공중 앞에 부끄러운 모습을 보인 데 대해 수치심을 느낀다는 것이다(베네딕트, 김윤식 옮김, 『국화와 칼』, 을유문화사, 2008). 『성경』의 원죄에서도 나는 베네딕트 여사가 일본인들의 문화에서 받았던 인상과 유사한 혼란감을 느낀다. 도대체 아담과 하와가 느낀 것은 죄의식인가 수치심인가 두려움인가? 만약 그것이 죄의식이 아니라면 과연 아담과 하와는 죄를 저지른 것인가 아닌가? 브레히트의 작품들은 악이 어디에서 오는가를 묻는다. 악은 선이 떠난 바로 그 자리에서 온다. 다시 말해 악은 선의 부재를 의미한다. 『성경』에서 원죄 또는 악이라고 부르는 인간의 타락은 바로 신앙의 부재를 의미한다. 어떤 철학자들은 악을 도덕의 부재, 의무의 부재로 해석한다. 다른 이들은 그것을 양심의 부재 또는 이성의 부재로 해석하기도 한다. 그렇다면 과연 도덕이나 양심의 기준은 과연 무엇인가?

종교적 도그마를 벗어나 인간의 본성을 탐구하기 시작한 것은 르네상스 이후의 일이다. 르네상스인들은 신앙의 문제를 직접 언급하는 일에 대해서는 회피적인 태도를 취했다. 여전히 교회는 현실을 지배하는 권력이었기 때문이다. 그 대신 인문주의, 즉 휴머니즘(humanism)이라는 이름에서 알 수 있듯이 르네상스인들은 인간의 본성에 대한 탐구라는 방식으로 중세적 질서와 낡은 세계관을 비판했다. 그런데 르네상스 사대의 사상가들 가운데서 인간의 본성을 가장 솔직한 눈으로 들여다본 이는 바로 마키아벨리다. 사적 소유가 모든 인간 사회의 죄악의 근원이라고 주장한 토머스 모어처럼, 다른 르네상스인들이 대부분 인간의 본성은 선하지만 불평등하고 억압적인 사회질서가 그들을 속박하고 있다고 주장한 반면에 마키아벨리는 인간의 본성을 사악하고 이기적이라고 주장했다. 더 정확하게 말하면 인간의 본성이 악하다기보다는 이익을 좇는다는 것이 마키아벨리의 주장이다. 이는 선과 악으로 평가할 문제가 아니다. 사람들은 상대방이 나에게 이익이 될 때만 다른 사람에게 호혜를 베푼다. 하인이 주인을 위해 열심히 일하는 이유는 그의 본성이 충실하기 때문이 아니라 주인으로부터 보수를 받기 때문이다. 마찬가지로 주인이 하인에게 친절하게 대하는 이유는 그의 본성이 자비롭기 때문이 아니라 하인이 더 열심히 일하기를 원하기 때문이다. 수레를 만드는 장인은 사람들이 더 부유해지기를 바라지만 관을 짜는 장인은 사람들이 더 빨리 죽기를 바란다. 하지만 그렇다고 수레 만드는 장인이 관을 짜는 장인보다 더 선하다고 할 수 있는가? 그렇지 않다면 과연 선과 악의 판단은 어떤 근거와 기준에서 가능한가? 마키아벨리가 우리에게 던지는 질문이다.

인간의 본성이 선한가 아니면 악한가라는 질문에 대답하기 위해서는 과연 무엇이 선이고 무엇이 악한지 정의되어야 한다. 오랫동안 윤리학의 근본 문제가 되어 온 것도 바로 이런 질문이다.[1] 윤리학은 크게 두 가지 문제를 고민한다. 하나는 목적론으로서의 윤리학인데, 인간이 추구해야 할 궁극의 목적을 제시함으로써 도덕적 판단의 기준을 제시하자는 것이다. 다른 하나는 법칙론으로서의 윤리학으로, 인간이면 누구나 지켜야 할 도리 즉 행위의 법칙을 밝힘으로써 윤리적 평가의 기준을 제시하려는 것이다. 조금 더 풀어서 이야기하면 목적론적 윤리학은 인간 행위의 목적이 선한가 아닌가를 판단하려 하는 반면에, 법칙론적 윤리학은 인간의 행위 그 자체가 윤리적인가 아닌가를 판단하

1 윤리학(ethics) : 일반적으로 인간의 행위에 관한 여러 가지 문제와 규범을 연구하는 학문. 도덕철학(moralphilosophy)이라고도 불린다. 애덤 스미스는 아직 경제학이라는 학문이 독립적으로 존재하지 않았을 때, 글래스고대학의 도덕철학 교수였다.

고자 한다. 인간의 본성은 과연 선한가 악한가? 그런데 이 질문 앞에서 문득 드는 의문은 인간의 본성을 선과 악이라는 두 가지 답 가운데 하나를 찾는 것이 옳은가라는 것이다. 인간의 본성은 과연 선과 악으로만 설명할 수 있는가? 선과 악이라는 이분법은 지나치게 단정적이어서 쉽게 답하기 어렵다. 그러므로 올바른 질문은 인간의 본성은 선한가 악한가가 아니라, 인간이 말을 포함해서 어떤 행동을 할 때 과연 우리는 그를 선하다거나 또는 악하다고 판단할 수 있는가라는 질문이어야 옳다.

서양철학의 역사를 조금 더 거슬러 올라가 보면, 인간의 행위를 어떻게 윤리적으로 판단할 것인가라는 질문을 가장 먼저 던진 철학자들은 그리스의 소피스트들이다.[2] 최초의 소피스트라고 불리는 프로타고라스(Protagoras, BC485~BC414)는 "인간은 만물의 척도이다."라는 말로 유명한데, 여기에는 두 가지 중요한 의미가 담겨 있다. 하나는 인간 중심의 사고이며 또 하나는 상대주의적 기준이다. 소피스트들은 인간은 자신의 욕구를 위해 행동한다고 주장했다. 애덤 스미스 식으로 표현하면 인간은 자신의 이기적 동기를 위해서 행동한다는 뜻이다. 그래서 인간의 이기적인 행동은 자연스러운 일이고 도덕이나 법률이 인간의 본성에 따른 행위를 억제한다고 주장했다. 프로타고라스 이후 가장 유명한 소피스트 가운데 한 사람인 칼리클레스(Callicles, BC484~?)는 플라톤의 『대화』 가운데 「고르기아스(Gorgias)」편에 등장하는 인물이다. 칼리클레스는 인간은 이기적인 본성에 따라 자신의 이익을 추구하는 행위를 한다고 주장했다. 칼리클레스는 노모스(nomos) 즉 법적 질서와 피지스(physis) 즉 자연적 질서를 구분한 다음 노모스를 비판하고 피지스를 옹호하는 자연주의적 입장을 취했다. 칼리클레스에 따르면 정의는 더 나은 사람이 더 못한 사람보다, 더 유능한 사람이 더 무능한 사람보다 많이 갖는 것이다. 그는 자연의 동물과 인간들 그리고

2 소피스트(Sophist) : '지혜로운 자' 혹은 '현명하고 신중한 자'를 뜻하는 그리스어에서 유래했다. 본래는 현인이나 시인, 장인, 철학자들에게 존중하는 의미로 사용되었던 말이었으나 5세기 말부터는 교육자를 뜻하는 말로 고착되었다. 소피스트들은 설득을 목적으로 하는 논변술을 강조했으며, 진리와 정의를 상대적인 기준으로 바라보았다.

국가들 사이의 관계에서 더 강한 자가 더 약한 자를 지배한다는 점에 근거해, 더 강한 사람이 더 약한 사람들을 다스리며 더 많은 몫을 갖는 것이 자연을 따르는 것이라고 주장했다. 여기서 칼리클레스가 말하는 강한 사람은 욕구를 최대한 충족시킬 수 있는 사람을 의미하는데, 이러한 견해는 자신의 욕구를 최대한 충족시키는 삶이 올바른 삶이라고 보는 쾌락주의적 입장을 반영한다.

소피스트들과 가장 대립한 이는 소크라테스와 그 제자들이다. 소크라테스는 모든 악은 무지 때문이며, 철학은 덕(arete)을 목표로 한다는 지덕동일설을 주장했다. 또한 소크라테스는 유덕한 자만이 행복을 누릴 수 있다는 의미에서 복덕동일설을 주장하기도 했다. 말하자면 소크라테스에게는 지혜와 행복과 덕이 삼위일체였던 것이다. 소크라테스의 사상을 이어 소피스트들에게 가장 직접적인 비판을 한 이는 플라톤이다. 앞에서도 본 것처럼 플라톤은 인간에게 세 가지 본성 즉 이성, 기개, 욕구가 있는 것처럼 사회에도 세 가지 계급이 있다고 주장했다. 생산자와 수호자와 통치자가 바로 그들이다. 플라톤은 생산자계급에만 사유재산을 인정했는데, 이는 생산자들이 욕구의 표현이기 때문이다. 마찬가지로 플라톤은 생산자계급만 이기적인 욕구를 가진다고 생각했다. 통치자계급은 그런 이기적 욕구를 가지지 않으며, 따라서 통치자들에 의해서 생산자들의 욕구가 적절하게 통제되어야 한다는 것이다. 이처럼 플라톤은 인간에게 이기적 본능이 있다는 점을 인정하기는 했으나 그것을 자연스러운 현상으로 수긍한 것이 아니라 통제되어야 할 악덕으로 간주했다. 여기서 특별한 역할을 담당하는 것이 수호자계급이다. 플라톤은 정의로운 사회에서는 기개로 넘치는 자들이 이성적인 자들과 연합해 욕망으로 가득한 민중의 이기심에 영합하지 않지만, 만일 기개로 넘치는 자들이 욕망으로 가득한 민중들과 연계하면 그 사회는 '아포리아(aporia)' 상태로 전락한다고 주장했다. 아포리아란 희망이 없는, 그래서 더 앞으로 나아갈 수 없는 상태다. 자기 스스로가 미래를 위한 자신만의 비전을 만들 능력을 상실한 절망적인 상태를 플라톤은 아포리아라고 불렀다.

소피스트들 특히 인간이 만물의 척도라는 프로타고라스의 주장에 대해 플라톤은 "만물의 척도는 신이다."라는 말로 비판했다. 소피스트들의 상대주의에 대해 플라톤은 진리와 선악의 절대적인 기준이 필요하다는 것이다. 소피스트들은 흔히 궤변론자라고 불리기도 한다. 어감에서 느껴지듯이 궤변론자라는 이름에는 비판 또는 비야냥의 의미가 있다. 이는 소피스트들이 그리스 철학의 주류를 형성한 소크라테스와 플라톤의 철학에 대해 비판적이었던 데 대한 반발로 아리스토텔레스가 붙인 이름이기 때문이다. 그런데 달리 보면 소피스트들이 궤변 논리를 사용한 이유는 소크라테스가 문답법을 통해 상대방이 자신의 무지를 스스로 깨닫도록 유도한 것과 마찬가지로 상대방의 논리에 포함된 모순을 밝히고자 한 이유가 있다. 소크라테스와 소피스트들의 방법이 그다지 다르지 않았다는 뜻이다. 더 중요하게 양자는 모두 기존의 전통적인 관념이나 권위에 대항해 인간 중시의 사고를 확립하고자 했다. 그런데도 양자가 대립한 이유는 소피스트들이 인간의 본성인 욕구를 더 강조한 반면에 소크라테스는 그런 욕구를 억제하는 인간의 이성적 능력을 더 중시했기 때문이다. 나중의 일이지만 욕망이냐 이성이냐 하는 플라톤적인 딜레마는 근대에 와서 스피노자에 의해 극복된다. 스피노자는 플라톤의 질문을 욕망이냐 자유의지냐 하는 질문으로 재구성한다. 스피노자에게 인간은 자신의 욕망에 따라 행동한다. 따라서 인간의 자유의지는 환상에 불과하다. 그러나 이성의 힘, 즉 대상의 인과관계에 대한 파악은 새로운 욕망을 만든다. 따라서 이성과 욕망은 대립적이지 않다.

플라톤과 소피스트들에 의해 제기된 인간의 본성에 대한 두 가지 견해는 서구 문명의 기초를 만든 헬레니즘 시대에 오면서 에피쿠로스학파(Epicurean school)와 스토아학파(Stoicism)에 의해 다시 나타난다.[3] 스토아학파는 플라

---

3 헬레니즘(Hellenism) : 그리스 문화와 오리엔트 문화가 서로 영향을 주고받으면서 새롭게 태어난 문화. 유대교에서 나와 기독교 문명을 만든 헤브라이즘(Hebraism)과 함께 서양 문명의 두 기원으로 평가된다. 헬레니즘 문화의 본질에 대해서는 그리스 문화의 확대와 발전으로 보는 견해와, 반대로 오리엔트 문화를 통한 그리스 문화의 퇴보로 보는 견해가 있다. 알렉산드로스(Alexandros the Great, BC356~BC323)의 페르시아 정복에서 로마가 이집트를 병합하기까

톤과 아리스토텔레스의 사상을 이어받아 인간의 이성을 통한 엄격한 금욕주의적 태도를 중시했다. 스토아학파의 시조는 키티온의 제논(Zeno of Citium, BC335~BC263)이다. 그런데 스토아학파라고 통칭하기는 하지만 이들의 사상은 사람에 따라 또 시대에 따라 상당한 차이가 있고 내용도 다양하다. 그래도 이들에게 공통된 점을 찾는다면 바로 금욕과 절제를 중시하는 윤리적 태도이다. 스토아학파에게 행복은 인간에게 주어진 도덕적 의무를 준수하고 자칫 정념에 사로잡히기 쉬운 자신을 이겨내며 욕정을 단념하는 데서 온다. 아리스토텔레스가 말했던 대로 인간의 본성은 이성이기 때문에 그 이성에 따라 사는 것이 덕이며, 그것으로 인해 인간은 얼마든지 행복해질 수 있다는 것이다. 스토아학파는 이러한 평정 상태를 아파테이아(apatheia)라고 불렀다. 스토아학파의 아파테이아는 쇼펜하우어가 이야기한 무(Nichts)와 같은 상태이다. 쇼펜하우어는 무를 맹목적인 삶에의 의지를 제거한 상태라고 정의하고, 무의 인식이야말로 우리가 추구해야 할 최고의 가치라고 주장했다.

그리스의 철학자들이 대부분 그랬듯이 스토아학파의 윤리학은 이들의 자연학 및 논리학과 연결된다. 스토아학파는 세계의 근본을 물질로 보는 유물론적 태도를 취한다. 인간의 육체와 영혼, 덕과 정욕은 물론 신도 물질이라는 것이다. 그런데 이 세계의 물질에 질서를 부여하는 것은 바로 로고스(logos)이다. 우주(Cosmos)는 로고스에 의해 질서와 조화를 이룬다. 가령 지구가 태양의 주위를 규칙적으로 돌고 또 달이 지구의 주위를 정확하게 도는 것, 별들이 각각 자기의 위치를 지키며 우주 전체가 조화를 이루도록 하는 것 등은 모두 우주 안에 로고스가 존재하기 때문이다. 마찬가지로 인간의 이성에도 로고스가 들어 있기 때문에, 인간은 정념과 욕망에 따라 함부로 행동하지 않고 절제하면서 자기자신을 지켜 나간다. 로고스가 우주를 지배하는 법칙이라면, 이성은 인간을 지배하는 법칙이다. 우주가 로고스에 따를 때 질서를 이루는 것처럼, 인간은 이성에 충실한 생활을 할 때 그것이 바로 자연에 순응하는 삶이 된다.

지의 300여 년을 헬레니즘 시대로 본다.

"자연에 순응하여 살라."고 하는 스토아학파의 윤리관도 여기서 나타난다.

스토아학파와 대립되는 윤리관을 주장한 에피쿠로스학파는 이름처럼 헬레니즘 시대의 유물론 철학자인 에피쿠로스(Epikuros, BC341~BC270)에 의해 시작된다. 존재론에서 에피쿠로스는 원자론을 주장한 데모크리토스(Democritos, BC460~BC380?)의 철학을 계승했다. 데모크리토스는 모든 물질은 원자(atmos)로 구성되어 있으며, 세계는 무수한 원자와 원자가 운동하는 빈 공간(khaos)으로 이루어진다고 주장했다. 이 원자들이 서로 충돌하거나 분리되면서 자연의 모든 변화가 일어난다. 에피쿠로스는 데모크리토스처럼 세상은 더 이상 쪼갤 수 없는 작은 원자들이 빈 공간을 떠다니는 것이라고 주장했다. 자연계에서 일어나는 모든 현상과 변화는 원자들이 아무런 계획이나 목적 없이 서로 충돌하거나 결합함으로써 일어난다. 그러나 원자들의 운동은 한 가지 방향으로 결정되어 있지 않으며, 따라서 세계는 불확정적이다.

윤리학에서 에피쿠로스는 모든 선과 악은 쾌락과 고통의 지각에서 온다고 주장했다. 선한 것은 기쁜 것이고, 악한 것은 고통스러운 것이다. 쾌락과 고통은 선함과 악함의 궁극적인 도덕적 기준이다. 이처럼 행복은 쾌락에서 오며, 쾌락이야말로 인간이 추구해야 할 최고선(summum bonum)이라고 주장했기 때문에 에피쿠로스는 그 시대의 사람들로부터나 후대의 사람들로부터나 도덕적 방탕과 향락을 찬양한 철학자로 비난받기도 한다. 그런데 실은 에피쿠로스가 그런 의미에서의 쾌락도 행복의 한 가지 형태로 긍정한 것은 사실이다. 다만 에피쿠로스와 그 제자들이 궁극적으로 추구한 것은 육체적 향락이나 방임이 아니라 고통의 부재, 즉 무지나 미신으로 인한 죽음의 공포와 신의 응보로부터 자유로운 만족감과 고요함의 상태였다. 고통으로 괴로워하지 않게 되면 더 이상 쾌락도 필요 없고, 완벽한 마음의 평화의 상태가 된다. 에피쿠로스에게 행복이란 신이나 죽음에 대한 공포에서 벗어난 평정하고 자율적인 심신의 평정 상태를 '아타락시아(ataraxia)'라고 불렀다. 에피쿠로스가 쾌락이라고 부른 아타락시스는 정신적이고 궁극적인 만족으로서, 육체적 쾌락이나 일시적 쾌락과 대비된다. 다만 정신적인 만족, 즉 쾌락이 행복을 준다는 점은 플라톤도 긍정했다. 에피쿠로스학파의 사상은 훗날 사회계약론의 시초가 되었고, 영국 경험론과 공리주의 윤리관의 형성에도 중요한 영향을 미친다. 애덤 스미스가 푸줏간 주인의 이기심을 이야기할 때 의식적이든 아니든 그가 생각했던 인간의 본성도 아마 에피쿠로스가 생각한 것과 그리 다르지는 않았을 것이다.

마사치오 디 산 죠반니의 <에덴동산에서의 추방(Expulsion from the Garden of Eden, 1428)>(왼쪽)을 보면 에덴동산에서 추방된 아담과 하와의 표정이 수치심인지 원죄에 대한 죄책감인지 낙원에서 쫓겨난 후회감인지 단순히 불확실한 미래에 대한 불안감인지 알 수 없다. 그리스 문화에서 출발한 헬레니즘과 유대교와 기독교 문화에서 출발한 헤브라이즘은 서양 문명의 두 기원을 이룬다. 다분히 도식적이기는 하지만 헤브라이즘이 신의 뜻을 통해 인간을 바라보았다면, 헬레니즘은 있는 그대로의 인간을 바라보고자 한다. 보는 관점에 따라 알렉산드로스(오른쪽)는 침략자이고 따라서 파괴자에 불과할지도 모르겠다. 그러나 수많은 정복자들 가운데 알렉산드로스만큼 다른 민족의 문화를 존중하고 새로운 문화를 진흥한 이는 없다.

일용할 양식

톨스토이(Leo Nikolayevich Tolstoy)의 단편 「사람은 무엇으로 사는가?(What Men Live By?, 1885)」에는 사람은 사랑으로 산다는 말이 나온다. 그런데 경제학의 아버지로 불리는 애덤 스미스의 대답은 조금 다르다. 너무 당연한 이야기지만, 사람은 일용할 양식으로 산다는 것이다. 문제는 사람들이 어떻게 일용할 양식을 얻는가 하는 데 있다. 스미스는 우리는 빵집 주인의 자비심 즉 이타심이 아니라 그의 이기심 덕에 일용할 양식을 얻는다고 말한다. 인간은 이기적인가 이타적인가? 그런데 애덤 스미스의 『국부론』을 보면 "빵집 주인의 이기심 덕분"이라고 흔히 번역되는 이 문장에는 정작 '이기심'이라는 표현이 없다. "그들 자신의 관심사에 대한 고려에 따라서(from their regard to their own interest)"라는 내용을 번역자들이 뜻을 살려 이기심이라고 번역했을 뿐이다. 물론 그렇다고 『국부론』에 이기심이라는 말이 나오지 않는다는 뜻은 아니다. 다만 스미스 자신은 이기심이라는 표현보다 '자기애'라는 표현을 더 선호했다. 자애심은 말 그대로 자기를 사랑하는 마음이다. 자기를 사랑하지 않는 사람이 어디 있을까? 더러 타인을 위한 봉사에서 행복을 찾는 사람들도 있고, 더러는 극심한 육체적 고통을 일부러 인내함으로써 자신이 추구하는 궁극의 경지에 도달하고자 하는 사람들도 있다. 하지만 그렇다고 이들이 자기를 사랑하지 않는다고 말할 수는 없다. 타인을 위한 봉사를 통해 내가 행복하다면 그것 또한 자기에 대한 사랑이기 때문이다. 신앙을 증명하기 위하여 일부러 두 손바닥에 못을 박고 십자가를 매고 가는 행위는 그다지 찬성하고 싶지 않지만, 그 또한 그 사람 나름의 방식으로 자기를 사랑하는 것이라면 굳이 뭐라고 말할 일은 아니다.

애덤 스미스는 우리가 오늘 저녁 식사를 걱정하지 않는 것은 빵집 주인의 자비심이 아니라 그의 이기심 덕분이라고 말했다. 스미스에 따르면 사람들이 필요한 물자를 얻는 방법은 두 가지다. 하나는 다른 사람의 자비이고 다른 하나는 교환이다. 그런데 우리가 자비를 구할 수 있는 사람은 많지 않다. 따라서 다른 사람의 자비에 기대서는 만족스러운 생활을 할 수 없다. 교환은 모든 사람들이 "내가 원하는 것을 나에게 주면 나는 너에게 네가 원하는 것을 가지도록 하겠다."고 생각하고 행동할 때 성립된다. 스미스가 사람은 이기적이라고 말할 때 그의 진정한 의미는 바로 인간은 경제적인 또는 물질적인 유인(incentive)에 반응한다는 것이다. 빵집 주인은 빵을 만들고 팔아서 생기는 이익에 반응한다. 그것이 바로 빵집 주인의 이기심이며, 그 덕분에 우리는 저녁 식탁에 빵이 없을 것을 걱정하지 않는다는 뜻이다. 경제적 유인이라는 표현이 덜 철학적이라고 여겨진다면 욕구라는 표현으로 바꾸어도 좋다. 잠시 근대란 무엇인가라는 질문으로 돌아가 보자. 이미 이야기한 것처럼 근대정신이란 "나의 삶에 대한 자각"과 "욕망에 대한 추구"로 요약할 수 있다. 교회의 도그마와 신분제의 질서에 속한 인간으로서가 아니라 개인으로서, 자신의 고유한 목표와 가치를 실현하기 위한 수단으로서 삶을 자각하는 일이다. 개인들은 욕망에 대한 추구를 통해 자신이 설정한 삶의 목표를 더 구체적으로 지향하며, 이를 달성하기 위해 현실의 삶에 더 성실해진다. 헤겔은 우리가 지금 살고 있는 근대 자본주의 사회를 가리켜 '욕구의 체계'라고 불렀다. 애덤 스미스에게 욕구는 이기심이며, 그것을 실현하기 위한 제도는 시장이다.

그런데 인간 행위의 동기를 이기심에서 찾으면서 그동안 우리는 정작 스미스의 동기에 대해서는 한 번도 생각해 보지 않은 듯싶다. 애덤 스미스는 과연 어떻게 해서 인간의 이기심에 관심을 가지게 되었을까? 바로 그가 살았던 시대가 이기심의 시대였기 때문이다. 스미스가 살았던 시대는 이른바 중상주의라고 불리는 시대다. 이 시대의 사람들이 열광적으로 추구했던 것은 바로 상업적 이익이다. 중상주의 시대의 작가이자 언론인이었던 대니얼 디포(Daniel Defoe, 1660~1731)가 『요크의 선원 로빈슨 크루소의 일생과 이상하고 놀라운 모험(*The Life and Strange Surprising Adventures of Robinson Crusoe, of York, Mariner*, 1719)』에서 잘 묘사했듯이 사람들은 일확천금을 찾아 항해에 나서거나, 『국부론』의 첫머리에 나오는 분업 이야기처럼 매뉴팩처를 설립해 이윤을 얻고자 했다. 이기심은 스미스뿐 아니라 이 시대 사람들의 공통된 관심이었고, 당연히 많은 사상가들과 철학자들이 탐구했던 주제였던 것이다. 그런데 중상주의 시대의 여러 사상가들 가운데서도 이기심에 관해서 가장 독창적인 주장을 제안한 이가 있다. 바로 네덜란드 출신의 의사이자 경제학자이기도 했던 버나드 맨더빌(Bernard de Mandeville, 1670~1733)이다. 경제학자로서 맨더빌은 국가가 부유해지기 위해서는 수출이 수입을 초과해야 하며, 이를 위해서는 정부가 무역을 규제해야 한다고 주장했다. 그러나 맨더빌을 유명하게 한 것은 경제이론이 아니라 〈투덜거리는 벌집(The Grumbling Hive, or Knaves Turn'd Honest, 1705)〉이라는 풍자시였다. 이 시가 큰 화제를 불러일으키자 맨더빌은 내용을 더 보충하여 『꿀벌의 우화: 또는 개인의 악덕과 공공의 이익(*The Fable of the Bees: or, Private Vices, Public Benefits*, 1714)』이라는 우화집을 발표했다(맨더빌, 최윤재 옮김, 『꿀벌의 우화』, 문예출판사, 2010). 이 책에서 맨더빌은 인간의 탐욕과 악덕이 오히려 국부를 증대시키고 실업을 해소한다고 주장함으로써 동시대인들은 물론 후대에서까지도 많은 비난을 받았다.

스미스가 맨더빌의 풍자시로부터 어떤 의미에서건 깊은 인상을 받은 것은 분명하다. 『국부론』과 『도덕감정론』에서 스미스는 맨더빌을 여러 번 인용하고 있다. 그러나 스미스가 『꿀벌의 우화』를 비판하기 위해 『도덕감정론』을 썼다는 주장이나, 반대로 이 책을 읽고 감동을 받아 『국부론』을 썼다는 이야기는 모두 터무니없는 주장이다. 이는 강물이 바다를 향해 달리지 바다가 강을 향해 흐르지 않는 것과 같은 이치이다. 스미스가 『도덕감정론』의 여러 곳에서 맨더빌을 비판한 가장 중요한 이유는 그가 미덕과 악덕을 올바로 구분하지 않았기 때문이다. 맨더빌은 개인이 자신의 행복을 추구하는 감정을 모두 악덕으로 불렀다. 반면에 스미스는 행복해지고자 하는 욕구를 악덕이 아니라 존중받아야 할 인간의 천성이라고 주장했다. 또한 맨더빌은 인간이 타인을 존중하고 그를 연민하거나 동정하는 행위조차도 모두 이기적인 동기에서 나오는 것이라고 간주했다. 그러나 스미스는 동감과 이기심은 전혀 다른 감정이라고 생각했다. 이제 자세히 이야기하겠지만, 스미스가 보기에 인간이 다른 사람을 존중하는 이유는 그런 행위를 통해 만족감을 느끼기 때문이 아니라 자신도 타인으로부터 그렇게 대접받고 싶어 하기 때문이다. 스미스는 이기심을 악덕이라고 주장한 낡은 사고에 사로잡히지도 않았지만, 맨더빌처럼 이기심을 무조건적으로 긍정하지도 않았다.

『국부론』으로 유명해지기 전에 이미 스미스는 『도덕감정론』의 저자로서 상당한 명성을 누리고 있었다. 무엇보다도 스미스 자신이 이 책을 『국부론』보다 더 중요한 업적으로 여겼다는 사실이다. 도덕철학자가 어떻게 경제학의 아버지가 되었을까 생각하면 조금 의아한 생각도 들지만, 그 당시의 도덕철학은 오늘날의 윤리학보다는 훨씬 광범한 내용을 다루었다. 경제학은 물론 아직 사회과학이라는 말도 제대로 정립되지 않은 시절에, 스미스의 학문은 심리학에서 법학에 이르는 사회과학의 거의 모든 영역에 걸쳐 있었다. 『도덕감정론』에서 스미스는 인간의 윤리적 판단뿐 아니라 경제행위를 포함한 다양한 선택과 의사결정의 문제를 분석하고자 했다. 스미스에게 도덕이란 인간 행동의 근원에 놓인 동기를 의미했다. 스미스가 특별히 관심을 가진 것은 사람들의 의사결정이 '어떻게' 이루어지는가가 아니라 '왜' 이루어지는가 하는 문제였다. 사람들은 어떻게 교환하느냐가 아니라 왜 교환하느냐, 다시 말해서 사람들의 의사결정의 배후에 있는 동기의 문제가 스미스의 가장 중요한 관심이었다는 뜻이다.

사람들이 어떤 선택을 할 때 그 배후에서 작동하는 동기를 스미스는 '도덕감정'이라고 불렀다. 스미스는 이기심이 인간 행동의 주요한 동기임을 인정하면서도 사회를 구성하는 원리가 오직 인간의 이기적 본성에 있다는 홉스의 철학은 비판했다. 인간의 본성에는 이기심과 함께 이기심의 무제한적인 발동에 일정한 제약과 조절을 가하는 방어력이 있기 때문이다. 스미스는 그것을 '동감의 원리'로 설명하고 있다(스미스, 박세일·민경국 옮김, 『도덕감정론』, 비봉출판사,

2009). 스미스에 따르면 인간은 누구나 동감이라는 특수한 도덕감정을 가지고 태어났으며, 이러한 감정에 근거해 도덕적 판단을 수행한다. 여기서 동감은 단순한 연민이나 동정심을 가리키는 것이 아니라, 선이든 악이든 간에 어떤 행위를 하는 행위자에 대해 관찰자가 느끼는 '동료감정(fellow feeling)'이다. 달리 말하면 자신이 타인과 동일한 처지에 놓였을 때 타인이 느끼는 것과 동일하게 느끼는 것이 동감이다. 관찰자는 다른 개인의 행위를 보면서 "만일 내가 행위자라면" 하고 상상함으로써 동감을 지각하고, 반대로 행위자는 "만일 내가 관찰자라면" 하고 상상함으로써 자신의 본능적인 감정을 억제하게 된다. 이때 관찰자가 느끼는 동감감정과 당사자의 본능적인 감정이 일치하면 그 행위는 도덕적으로 적절하며, 그렇지 않으면 부적절한 것으로 판정된다. 이처럼 모든 사람의 마음속에는 자신의 행위를 타인의 관점에서 평가할 수 있도록 하는 '공정한 감시자(impartial spectator)'가 있기 때문에 사람은 도덕적이다.

동감의 원리에 주목한 철학자는 스미스만이 아니다. 서로 논쟁했던 신고전학파의 멩거나 역사학파의 베버에게서도 스미스의 공감과 같은 원리를 볼 수 있다. 뿐만 아니라 경제학과는 전혀 다른 관심사를 가졌던 염세주의 철학자 쇼펜하우어도 동감을 "세계의 근원과 본질에 대한 성찰"이라고 불렀다. 그런데 애덤 스미스의 도덕감정에서 한 가지 모호한 점은 과연 내 마음속에 존재하는 '공정한 감시자'는 조건적인가 무조건적인가 하는 문제다. 인간의 본성은 선한가 악한가라는 다분히 도식적이고 단정적인 질문을 넘어 인간이 어떤 행동을 할 때 과연 우리는 그를 선하다거나 또는 악하다고 판단할 수 있는가라는 질문에 가장 심오한 답변을 주는 철학자는 밤하늘에는 별이 빛나고 내 마음에는 도덕률이 빛난다고 말한 임마누엘 칸트다. 칸트와 그 시대의 철학자들이 가장 고민한 주제는 신을 배제하고 인간과 자연을 어떻게 인식하고 이해할 것인가 하는 문제다. 칸트는 인간이 이성적 존재라는 사실은 너무 당연한 전제라고 생각했다. 칸트가 고민한 것은 이성적 삶을 넘어 인간은 어떻게 살아야 하는가 하는 문제였다(칸트, 백종현 옮김, 『실천이성비판』, 아카넷, 2009). 칸트는 도덕의 원천을 '자율' 즉 의지의 자기 입법성에 두고, 스스로 규칙을 세워서 지켜나가는 자율적인 인간성을 주장했다. 칸트에게 있어 자유의지를 가진 도덕적 인간은 선천적으로 가능한 존재이다. 이성을 가진 인간이 법칙에 따라 행위할 수 있는 도덕성이 인간에게 의무로서 주어져 있다는 뜻이다. 칸트는 "너의 의지의 준칙이 언제나 보편적 법칙의 원리로서 타당할 수 있도록 행동하라."고 말한다. 스스로 생각해낸 도덕적 준칙을 지키려는 행동을 통해서, 유일하게 그 자체로 선한 '선의지'를 가진 인간의 자율적인 행위를 통해서 인간은 도덕적 실천의 주체가 될 수 있다. 칸트의 유명한 정언명령은 이런 도덕원리로부터 나온다.

칸트는 인간의 의지에 주어지는 명령, 즉 인간이 행동하는 동기를 정언명령(Kategorischer Imperativ)과 가언명령(Hypothetischer Imperativ)으로 구분했다. 칸트의 정의에 따르면 가언명령은 가능한 행위의 실천적 필연성을 사람들이 원하는 어떤 다른 것에 도달하기 위한 수단으로 표상하는 것이며, 정언명령은 한 행위를 그 자체로서, 어떤 다른 목적과 관계없이 필연적인 것으로 표상하는 그런 명령을 의미한다. 간단히 풀어 보면 가언명령은 조건부 명령이고 정언명령은 무조건적이고 절대적인 명령이다. 가령 어려운 사람을 도와주면서 어떤 물질적 대가는 물론 그 행위에 대한 칭찬이나 감사의 표현을 기대한다면 그것은 가언명령이다. 칸트는 인간이 선한 행위를 해야 하는 이유는 다른 어떤 이유도 아닌 오직 그 행위가 선하기 때문이라고 주장한다. 진정으로 도덕적인 인간은 어떤 행위를 하기 전에 아무런 고려도 판단도 하지 않고 오직 자신의 선한 의지에 따라 행동한다. 너의 의지의 준칙이 언제나 보편적 법칙의 원리가 된다는 말은 바로 이런 뜻이다. 아무런 고려 없이 의지대로 행동하는데도 언제나 선하다는 것이다. 아리스토텔레스는 인생의 목적을 '행복(eudaimonia)'이라고 말한다(아리스토텔레스, 손명현 옮김, 『니코마코스 윤리학/정치학/시학』, 동서문화사, 2013). 물론 여기서의 행복은 물질적 풍요나, 세속적인 명예나 권력 등에 있지 않다. 아리스토텔레스는 행복을 "인간의 고유한 기능이 덕에 따라 탁월하게 발휘되는 영혼의 활동"이라고 정의한다. 간단히 말하면 덕 있는 행동을 할 때 인간은 스스로 행복을 느낀다는 뜻이다. 사람은 왜 정언명령에 따르는가? 또는 따라야 하는가? 선한 행동을 함으로써 스스로 행복을 느끼기 때문이다. 아리스토텔레스에 따르면 이 행복은 누구든 성취할 수 있으며 완전히 자족적이다.

이제 다시 스미스로 돌아가 보자. 스미스가 인간의 도덕감정의 근원이라고 본 동감은 타인의 관점에서 내 행동을 판단한다는 뜻이다. 바꿔 말하면 내가 도덕적으로 행동하는 이유는 타인도 나에게 똑같이 행동해 주기를 바라기 때문이다. 이것은 칸트가 말하는 가언명령에 가깝다. 그런데 우리가 타인의 행동을 보면서 도덕적이라거나 아니라는 판단은 어떻게 가능한가? 우리들의 마음속에 공정한 감시자가 있기 때문이다. 하지만 그 공정한 감시자는 어떻게 도덕적 판단이 가능한가? 스미스는 타인의 동감을 얻으려는 욕망과 내적인 도덕감정을 구분했다. 인간의 도덕성이 선험적으로 주어지지는 않는다는 뜻이다. 하지만 어린아이가 우물에 들어가려 하는 모습을 본다면 대부분의 사람들은 본능적으로 몸을 던져 아이를 구하려고 할 것이다. 이 마음은 당연히 정언적이다. 그것은 아무런 대가도 고려하지 않은 행동이기 때문이다. 스미스가 말한 바와 달리 인간의 내면에는 선험적인 도덕감각이 존재하는 것이다. 그런데 아이의 부모가 고마운 마음으로 인사를 하고, 거기에 비싼 선물로 사례한다면 아마 우리는 더 흡족해질 터이다. 그렇다면 이 마음은 가언적인가 정언적인가? 스미스에게 묻는다면 과연 무어라고 대답할는지 궁금하다. 그런데 맹자를 읽었는지 어떤지는 모르겠지만 존 스튜어트 밀도 『공리주의(*Utilitarianism*, 1861)』라는 책에서 비슷한 이야기를 한 적이 있다. 물에 빠진 동료를 구하는 행위는 그 동기가 의무감에서 나왔든 보상을 바라는 마음에서 나왔든 간에 둘 다 도덕적이라는 것이다(밀, 서병훈 옮김, 『공리주의』, 책세상, 2010). 그러므로 설령 스미스의 공정한 감시자가 가언적이라고 하더라도 굳이 잘못되었다고 말할 수는 없다. 칸트는 정언명령은 도덕적이고 가언명령은 도덕적이지 않다고 주장하지 않는다. 다만 더 열심히 도덕적인 삶을 삶으로써 내 삶이 정언적이도록 노력하라는 뜻일 뿐이기 때문이다. 평범한 인간은 정언명령으로 사는 것이 아니라 그저 일용할 양식으로 산다.

보이지 않는 손

애덤 스미스가 한 말 가운데 가장 유명한 말이 '보이지 않는 손'이라는 사실은 누구나 아는데, 왜 이 책에서는 보이지 않는 손에 대한 이야기가 나오지 않는지 의아한 분들도 있을 터이다. 이제 드디어 보이지 않는 손의 이야기를 해 보자. 스미스가 자신의 경제사상을 형성해 가던 18세기 중반의 지식인들에게 가장 주요한 철학적 과제 가운데 하나는 공익과 사익의 관계, 즉 이기심을 가진 개인과 그 집합체인 사회의 조화를 어떻게 설명할 것인가 하는 문제였다. 스미스 이전의 사상가들은 인간의 이기심을 전면적으로 허용하게 되면 사람들은 서로 타인의 이익을 침범함으로써 사회적 결합 그 자체가 위협받게 될 것이라고 생각했다. 따라서 국가는 실정법을 만들어 개인들에게 정의로운 덕의 실천을 강요해야 하며, 사회 전체의 이익을 유지하고 증진시키기 위해서는 개인의 영리추구 행위에 대해 적절한 경제적 규제를 만들어 통제해야 할 필요가 있다는 것이다. 그러나 이에 대해 스미스는 사익의 추구가 공익을 창출한다는 유명한 명제를 내놓았다. 본능에 충실한 세속적인 개인들로 구성된 사회에서 이루어지는 구성원들의 이기적인 행위는 그들이 의도하지 않아도 보이지 않는 손에 의해 사회 전체의 이익을 만들어 낸다는 것이다. 그리고 『국부론』에서 보이지 않는 손이라는 표현은 바로 여기에 꼭 한 번 나온다.

그런데 시장에서는 사익과 공익이 조화를 이룬다는 생각은 스미스에게서만 보이는 것이 아니라 그 시대의 계몽사상가들이 어느 정도는 공유하고 있었던 듯싶다. 가령 볼테르도 보이지 않는 손이라는 표현을 직접 쓰지는 않았지만

『철학서한』에서 "영국인을 부유하게 만든 상업이 영국인들을 자유롭게도 만들었다."고 말한다. 개인들의 부의 추구가 사회의 진보를 가져온다는 뜻이다. 그러나 공익과 사익에 대한 스미스의 사상에 가장 중요한 영향을 미친 것은 역시 그의 스승인 허치슨 교수를 비롯한 스코틀랜드 계몽주의(Scottish Enlightenment) 운동이다. 글래스고대학에서 스미스는 자신의 인생과 학문에서 가장 중요한 두 사람과 만나는데, 스승인 프랜시스 허치슨 교수와 이미 여러 번 언급한 바 있는 평생의 친우이자 선배인 데이빗 흄이다. 18세기 전반기의 스코틀랜드는 정치경제적으로나 사상과 학문의 측면에서나 후진적이고 폐쇄적인 지역 가운데 하나였다. 당시의 스코틀랜드를 지배한 것은 지극히 보수적인 교회와 정치가들이었다. 이 때문에 스코틀랜드의 지식인들 사이에서는 이런 현실을 개혁하고 주민들을 계몽하자는 사상운동이 일어났는데, 이를 스코틀랜드 계몽주의 운동이라고 부른다. 그런데 스코틀랜드 계몽주의의 배경으로 흔히 설명되는 18세기 이 지역의 후진성에 대해서는 다른 주장도 있다. 전체적으로 보면 그 당시 스코틀랜드의 경제력은 잉글랜드보다 낙후되어 있었고 정치적으로도 잉글랜드의 간섭을 받았지만, '북쪽의 아테네'라 불린 에딘버러를 비롯한 일부 도시들은 경제적으로 매우 융성했으며 문화적으로도 잉글랜드와 비교해 결코 후진적이지 않았다는 것이다. 실제로 스코틀랜드의 문맹률은 영국의 다른 지역보다 훨씬 낮았으며, 특히 스코틀랜드의 대학들은 잉글랜드의 옥스퍼드나 캠브리지대학보다 오히려 교육환경이 우월했다고 한다. 스미스도 옥스퍼드에 유학하는 동안 대학의 보수적인 분위기와 강의에 나태한 교수들에게 실망했다고 말한 바 있다. 어느 쪽으로 단언하기는 어렵지만 사회 전반적인 후진성과 문화와 교육에서의 진보성이 동시에 스코틀랜드 계몽운동의 배경이 되었다고 이해할 수도 있다.

스코틀랜드 계몽주의 운동이 유럽 대륙의 다른 지역들에서 일어난 계몽운동과 가장 크게 구분되는 점은 이들이 프랜시스 베이컨에서 시작하여 홉스와 존 로크로 이어지는 영국 경험론의 전통 위에서 출발했다는 점이다. 그러면서도 동시에 스코틀랜드 계몽주의 운동은 잉글랜드와의 합병 이후 잉글랜드적 가치관으로부터 스코틀랜드의 정체성을 지키고자 하는 이중적인 성격을 가지고 있기도 하다. 스코틀랜드 계몽주의 운동의 가장 주요한 특징 가운데 하나는 이 운동을 주도한 이들의 구성이다. 이 운동을 주도한 것은 전통적인 철학자나 사상가들이 아니라 자기 분야에서 전문적인 식견을 갖춘 전문직업인들 즉 소지주와 변호사, 상인, 문필가, 의사, 교사, 목사들이었다. 이들은 다양한 토론모임을 중심으로 인간과 세계에 관한 인식을 넓혀 나갔다(이영석, 『지식인과 사회: 스코틀랜드 계몽운동의 역사』, 아카넷, 2016). 말하자면 볼테르가 지식인이라고 불렀던 새로운 지적 집단들이 사회문화운동의 전면에 나서기 시작한 계기가 바로 스코틀랜드 계몽주의 운동이다. 잉글랜드에서 이런 변화가 나타나는 것은 오히려 훨씬 뒤의 일이다. 스코틀랜드 계몽주의 운동의 절정기는 1740년대에서 1790년대 사이인데, 바로 이 시기에 데이빗 흄의 『인간본성론』과 애덤 스미스의 『도덕감정론』과 『국부론』 등이 출판되었다. 스코틀랜드 계몽주의는 지역적 차원을 넘어 근대 자유주의 사상의 확립과 발전에 큰 영향을 미쳤다. 먼 나중의 일이지만 신자유주의 사상의 원조인 프리드리히 하이에크도 자신의 사상은 스코틀랜드 계몽주의에서 나왔다고 말했다.

글래스고대학의 도덕철학 교수였던 프랜시스 허치슨은 스코틀랜드 계몽운동의 선구자이자 후기 중상주의의 이론가이다. 철학사의 위치에서 허치슨은 흔히 도덕감각학파(moral sense school)의 대표자로 불린다. 도덕감각학파란 18세기 영국을 중심으로 보편적 인간 누구에게나 도덕적인 선악의 판단, 행위의 옳고 그름에 대한 판단, 미덕과 악덕의 구분 등을 할 수 있는 도덕감각이 존재한다고 주장한 철학자들을 가리킨다. 인간은 사회적 동물이므로 이기심과 함께 사회적 소속감과 타인에 대한 동정심을 가지고 있다는 생각은 도덕감각학파의 철학자들에게서 공통적으로 나타난다. 유명한 정치가로서 휘그당의 유력한 지도자 가운데 한 사람이었던 섀프츠베리 백작(Anthony Ashley Cooper, 3rd Earl of Shaftesbury, 1671~1713)도 허치슨에 앞서 도덕감각론을 주장한 철학자다.[4] 섀프츠베리는 홉스가 주장한 "만인의 만인에 대한 투쟁"은 인간 본성의 한 측면에 불과하다고 주장했다. 사회라는 제도 안에서 타인들과 공동체를 이루면서 살아가는 이상 개인은 자신의 행복만을 추구하는 것이 아니라 자신의 삶과 공동체와 조화시키지 않을 수 없기 때문이다. 섀프츠베리의 철학적 태도는 그의 정치적 주장과도 연결된다. 섀프츠베리는 도덕이 정치, 종교, 논리 등으로부터 독립하여 고유한 원리를 지녀야 한다고 주장하면서 귀족과 상인 등 귀족계급과 신흥 부르주아지가 서로 타협할 것을 요구했다. 도덕의식의 자율성은 허치슨의 철학에서도 중요한 개념 가운데 하나인데, 그는 주로 이성으로부터 도덕의 자율성을 강조했다. 허치슨과 함께 스코틀랜드 계몽주의 운동의 중심인물이자 애덤 스미스의 사상에도 가장 중요한 영향을 미친 철학자는 데이빗 흄이다. 흄은 도덕적 판단에서 이성의 작용을 배제하고 감정의 역할을 강조했다. 흄에게 도덕감각은 유용하고 자신에게 이익이 되는 것을 받아들이는 경향을 의미한다. 다시 말해 사람들은 어떤 대상이 자신에게 쾌감을 일으키면 이를 도덕적으로 긍정하게 되고, 반대로 불쾌감을 주면 이를 도덕적으로 부정한다는 뜻이다. 그리고 어떤 대상이 나에게 도덕적인 긍정심을 주는 이유는 그것이 나에게 유용하기 때문이다. 그러나 나에게 유용한 대상이 타인이나 사회 전체로는 악덕이 될 수도 있다. 따라서 이런 문제점을 해결하기 위해서는 사람들이 동정심, 즉 동감을 가져야 한다. 개인은 고립해서 생활하는 존재가 아니므로 다른 사람의 경험에 대해서 기쁨과 고통을 함께한다. 따라서 동감은 공동체를 결속시키는 데 가장 중요한 원리다.

스코틀랜드 계몽주의자들의 가장 중요한 관심사는 공익과 사익의 관계였다. 이는 스미스의 『국부론』에서 가장 중요한 주제이기도 하다. 스미스가 이야기한 '보이지 않는 손'이란 바로 사익의 추구가 어떻게 공익의 증진에 기여하는가를 성찰한 것이다. 스코틀랜드 계몽주의자들은 현실의 경험과 실천 속

4 휘그(Whig)당은 영국 최초의 근대적 정당으로서 지금의 자유당의 전신이다. 나중에 보수당이 되는 토리(Tory)당과 함께 그 당시 영국 정치의 유력한 정당 가운데 하나로 활동했다. 주로 신흥 부르주아계급의 이익을 대변했으며, 자유주의적 개혁을 지지했다.

에서 덕을 함양할 때 개인과 사회 모두의 발전이 가능하다고 믿었으며, 이를 상업사회의 도덕철학으로 간주했다. 공익과 사익의 조화가 어떻게 가능한가 하는 질문에 대해 허치슨은 인간의 심성에는 이기적 경향과는 독립된 이타적 경향이 있으며, 미적 감각과 마찬가지로 옳고 그름을 판단하는 자연스럽고 보편적인 도덕감각이 있기 때문이라고 주장했다. 그렇다면 인간의 도덕감각이 어디서 오는가에 대해 허치슨과 스미스는 모두 신의 존재나 이성의 작동이라는 전제를 배제한다. 스미스는 명확하면서도 조금은 풍자적인 언어로 도덕성의 원천은 신의 특정한 계시에 있지 않다고 말한다. 이 문제는 증명이 불가능할 뿐만 아니라 끊임없는 논쟁과 갈등만 낳을 뿐이라는 것이다.

그렇다면 인간에게는 도덕적 본성이 선험적으로 있는가? 허치슨은 그렇다고 말하지만 스미스의 태도는 조금 모호하다. 『도덕감정론』에서 스미스는 인간이 아무리 이기적이라고 가정하더라도 인간의 본성에는 이와 상반되는 몇 가지 요소가 분명히 존재한다고 지적한다. 그래서 인간은 바라보는 즐거움 이외에는 얻는 것이 없다 해도 타인의 운명에 관심을 가지고 타인이 행복해지기를 바란다는 것이다. 그런데 같은 책의 다른 곳에서는 도덕성이 인간에 내재한 도덕감각에서 나오는 것이 아니라 다른 사람에게 인정받고자 하는 욕구에서 나온다고 말한다. 인간의 도덕감각은 선험적인 것이 아니라 사회적이라는 뜻이다. 허치슨도 그런 점을 전혀 부정하는 것은 아니지만, 허치슨과 흄의 도덕관에는 쾌락주의적인 측면이 더 짙다. 스미스 이전의 공리주의자들뿐 아니라 더 나아가 스미스 이후의 공리주의자인 벤담과 밀을 포함해 대부분의 공리주의자들에게 공통된 가치관은 쾌락주의적이고 결과주의적이라는 것이다. 물론 반대로 이야기하면 스미스의 도덕관에서도 쾌락주의적인 측면을 배제할 수는 없다. 그러나 다른 한편 스미스에게서는 극기와 절제를 강조한 스토아학파의 영향이 짙게 나타난다. 스미스가 공리주의자들과 진정으로 구분되는 점은 쾌락주의에 대한 태도보다는 인간행위의 규범과 동기를 명확히 구분했다는 데 있다. 스미스가 보기에 허치슨이나 흄은 인간이 어떻게 행동하는가와 어떻게 행동해야 하는가를 올바로 구분하지 못했다. 인간이 쾌락을 위해 행동한다는 것과 인간이 쾌락을 위해 행동해야 한다는 것은 명확하게 다른 문제라는 뜻이다.

허치슨과 스미스의 차이점은 자기애에 대한 태도에서도 나타난다. 스미스는 자애심을 도덕적으로 긍정하지만 허치슨은 자애심을 인간에게 유용한 미덕으로 인정하지 않는다. 스미스는 자애심은 자기보존을 위한 수단으로 자연이 인간에게 부여한 의무로 생각한다. 그러나 허치슨은 오직 이타심만이 인간에게 유용한 덕목이라고 주장한다. 물론 스미스도 이타심을 권장할 만한 덕목으로 생각하지만 그것이 개인과 사회에 얼마나 유용한가에 대해서는 회의적이다. 허치슨의 도덕관에 대해 스미스는 이렇게 평가한다. 절약, 근면, 신중함, 사려 깊음 등과 같은 덕목들은 허치슨이 강조하는 이타심보다는 하급의 덕목이지만 인간사회에 반드시 필요한 덕목들이다. 이런 덕목들은 이타심이 아니라 자애심에서 나온다. 이런 덕목들을 배양하는 데 상업과 시장보다 좋은 제도가 없다는 것이 스미스의 생각이다. 스미스는 개인의 이기심과 자애심이 주는 진정으로 중요한 미덕은 우리를 더 풍요롭게 하는 것이 아니라 더 바람직하게 하는 데 있다고 생각한 것이다.

여러 번 이야기하듯이 스미스도 이기심을 무조건적으로 긍정하지는 않는다. 사적 이익과 공적 이익의 조화라는 관점에서 볼 때 이기심은 적절한 제도 속에서만 공적 이익을 실현할 수 있다. 바로 시장이 그런 제도이다. 스미스에게 시장의 보이지 않은 손이란 개인들의 사적 이익의 추구가 공익의 증진이라는 자신이 의도하지 않은 결과를 가져온다는 뜻이다. 시장에서는 누구든 자신의 이익을 추구하기 위해서는 먼저 타인의 이익을 고려하지 않으면 안 되기 때문이다. 시장에 대한 스미스의 관점은 사회를 유지하기 위해서는 동감의 원리가 필요하다는 흄의 사상과, 시장이란 개인들이 서로의 이익을 위해 공정한 질서에 합의한 결과라는 볼테르의 사상을 더 발전시킨 것이다. 사익과 공익의 조화라는 스코틀랜드 계몽주의, 특히 허치슨과 흄의 사상은 자연스럽게 개인의 행복을 추구하면서 사회 전체의 공공복리를 증진시기 위해서는 무엇이 필요한가라는 공리주의적 질문으로 나아가게 된다.

글래스고대학에서 스미스는 자신의 인생과 학문에서 가장 중요한 두 사람과 만나는데, 스승인 허치슨(왼쪽) 교수와 평생의 친우인 데이빗 흄(오른쪽)이다. 허치슨은 신을 위한 인간이라는 사고에서 인간을 위한 신이라는 사고, 즉 인간 중심의 도덕철학을 주장했다. 학생 시절 스미스도 허치슨의 도덕철학 강의를 듣고 깊은 감화를 받았다고 한다. 나중에 글래스고대학의 교수로 취임한 스미스는 허치슨으로부터 도덕철학 강의를 이어받게 된다. 허치슨에 대해 스미스는 "결코 잊을 수 없는 사람(never to be forgotten)"이라고 술회했다. 흄에 대해서도 스미스는 "우리 시대의 가장 중요한 인물"이라고 평가했다.

최대 다수의 최대 행복

기관사가 고장난 열차를 운전하고 있다. 기관사는 열차를 멈출 수는 없고,

단지 교차로에서 열차가 갈 방향만 결정할 수 있다. 기관사는 철로에 사람들이 서 있는 것을 본다. 한쪽 철로에는 1명이, 다른 쪽 철로에는 10명이 있다. 만약 내가 기관사라면 무엇을 선택할 것인가? 허치슨의 도덕감각론은 그의 제자인 애덤 스미스에게도 중요한 영향을 미쳤지만 더 나아가 공리주의 철학의 성립에도 중요한 역할을 한다.[5] 공리주의를 창안한 철학자인 제러미 벤담(Jeremy Bentham, 1748~1832)의 말로 알려진 "최대 다수의 최대 행복(the greatest happiness of the greatest number)"이라는 말을 처음 한 사람은 실은 애덤 스미스의 스승인 허치슨이다. 『도덕과 입법의 원리 서설(*Introduction to the Principles of Morals and Legislation*, 1789)』에서 벤담은 "사람은 자연의 섭리에 의해 고통과 쾌락이라는 절대군주와도 같은 힘의 지배를 받는다."라고 말한다(벤담, 강준호 옮김, 『도덕과 입법의 원칙에 대한 서론』, 아카넷, 2013). 인간의 삶은 고통을 줄이고 쾌락을 증가시키는 데 목적이 있다는 뜻이다. 벤담의 사상을 계승한 존 스튜어트 밀도 "어떤 행동이든 행복을 증가시킬수록 올바른 것이 되고, 행복과 반대되는 것을 낳을수록 옳지 못한 것이 된다."고 주장한다. 여기서 행복이란 바로 쾌락, 즉 고통이 없는 상태를 의미한다.

그런데 벤담이 주장한 최대 행복의 원리 — 효용의 원리(principle of utility) 또는 공리의 원리라고도 부른다 — 는 곧잘 오해받기도 한다. 공리주의는 개인의 행복을 무시하고 사회 전체의 총합으로서의 행복만 증진되면 선이라고 주장한다는 것이다. 이런 의미에서의 공리에 가장 좋은 예가 바로 국민소득이다. 1인당 국민소득이 3만 달러인 나라는 1만 달러인 나라보다 부유하다. 하지만 그렇다고 3만 달러 소득인 나라의 국민들이 모두가 1만 달러 소득인 나라의 국민들보다 반드시 더 행복하지는 않다. 국민소득이 3만 달러인 나라에도 소득이 1만 달러에 못 미치는 사람이 있을 수 있기 때문이다. 그러므로 공

---

5 'utilitarianism'의 번역어인 공리주의에서 공리의 한자어는 '功利'이다. 그런데 어떤 이들은 공리의 한자어를 '公利'로 써야 옳다고 주장하기도 한다. '功利'는 개인에게 유용하고 이익이 된다는 의미다. 반면에 '公利'는 공공의 이익에 부합한다는 의미다. 사적 이익과 공익의 조화라는 관점에서 보면 '公利'가 더 옳은 듯싶기도 하다. 하지만 오랫동안 사용해 온 용어를 굳이 바꾸어야 할 필요가 있는지는 모르겠다.

리주의를 비판하는 이들은 다수가 행복하다고 해서 반드시 소수가 행복하지는 않다고 주장한다. 그러나 이는 벤담의 의도에 대한 오해에서 비롯된 비판이다. 다만 그런 오해를 받을 만한 여지가 벤담과 그의 제자들에게 없지 않기는 하다. 최대 다수라는 표현에서 벤담이 주장하고자 했던 진정한 의미는 개인들이 한 사람이라도 더 행복할 때 사회도 그만큼 더 행복해진다는 것이다. 벤담은 "모든 사람은 하나로 계산되며 하나 이상으로 계산되지 않는다."고 말한다. 전체가 아니라 모든 개인의 행복이 똑같이 중요하다는 뜻이다. 그리고 윤리와 도덕의 판단을 개인에 두는 이런 태도는 대부분의 경제학자들에게 보편적인 사고방식이다. 가령 '20 대 80의 법칙'으로 유명한 이탈리아의 경제학자 파레토는 사회 전체적으로 효용의 합계가 증가하더라도 그 가운데 한 명의 구성원의 효용이라도 감소한다면 이는 공정하지 않다고 주장한다.

공익과 사익의 조화라는 질문에 대해 벤담은 개인의 이기심 추구는 자연스러운 것이므로 모든 사회구성원이 이기심을 추구할 때 선은 사회 전체적으로 최대화될 수 있다고 주장했다. 애덤 스미스와 그의 스승이 개인의 이기심이 사회 전체의 공익을 증진시킨다고 생각했던 것도 같은 의미에서다. 벤담에게 사회적 행복이란 개인들의 행복의 합이다. 그런데 개인들의 행복을 더함으로써 사회적 행복을 계산할 수 있기 위해서는 모든 개인들의 행복이 동일해야 한다. 다시 말해 나의 행복을 추구하는 이기적 행위와 타인들이 자신의 행복을 추구하는 이기적 행위가 동일한 공감을 가져야 한다. 개인의 합리적 선택의 원칙이 사회에 동일하게 적용됨으로써 개인은 타인이나 사회 전체에 대해 '공감적 동일시(sympathetic identification)'를 얻게 된다. 이는 애덤 스미스가 주장한 공정한 관찰자가 개인의 마음 속에 존재한다는 것과 같은 발상이다. 공리주의를 스코틀랜드 계몽주의의 연장선에서 이해하는 이유이기도 하다. 하지만 현실에서 개인마다 행복의 기준은 다를 수 있으며, 내가 나의 행복을 추구하는 행위가 타인에게는 자신의 행복을 침해하는 행위일 수도 있다. 이기적인 개인의 자신의 행복을 위해 타인의 행복이나 사회 전체의 공익에 반대되는 행위를 할 때 과연 이는 선인가 아닌가? 이에 벤담은 타인의 행복을 저해하지 않기 위한 네 가지 제재의 수단을 제시한다. 먼저 벤담은 개인의 행위에는 세 가지 도덕적 의무가 있다고 전제한다. 신중(prudence), 성실(probity), 자선(beneficience)이 바로 그것이다. 신중은 자기자신에 대한 의무로서 자신의 쾌락을 증가시키고 고통을 감소시키도록 행위하는 것을 말한다. 성실은 타인에 대한 소극적 의무로서 타인의 쾌락이 가소되지 않도록 하거나 타인에게 고통을 주지 않는 행위를 의미한다. 마지막으로 자선은 타인에 대한 적극적 의무로서 타인의 쾌락을 증진시키는 행위를 말한다. 만약 개인의 행위가 이런 의무를 위반할 때는 제재(sanction)가 필요한데, 육체적·물리적 제재, 정치적·법적 제재, 도덕적·사회적 제재, 그리고 종교적 제재가 바로 그것이다. 하지만 벤담의 주장에는 모순이 있다. 만약 개인의 행복 추구에 제재가 필요하다면 이는 개인의 행복과 사회적 공익 사이에 충돌이 있다는 의미다. 따라서 개인의 행복의 합은 사회 전체의 행복과 다르다. 그래서 벤담의 공리주의는 그 자신의 의도와는 따로 다시 국민소득 이야기로 되돌아가고 만다.

나의 행복과 타인의 행복이 다르다면 어떤 근거나 기준으로 행복을 비교할 수 있는가? 이런 비판에 대응해서 나온 것이 바로 존 스튜어트 밀의 질적 공리주의다. 스튜어트 밀은 그 시대의 대표적인 경제학자이자 사회학자이던 제임스 밀의 아들이다. 벤담주의자이자 리카도 경제학의 신봉자였던 부친의 영향으로 20세 이전까지 밀은 주로 벤담의 사회사상과 리카도의 경제이론을 연구했다. 밀은 사회과학적 의미에서 '공리주의'라는 용어를 처음 사용한 사람은 바로 자신이라고 주장하기도 했다. 그러나 20세가 되면서 밀은 정신병원에 입원하는 등 정서적인 위기에 마주쳤고, 벤담의 사상에 대해서도 회의를 품게 되었다. "벤담에게는 철학이 없다."는 밀의 비판도 이런 고민에서 나온 말이다. 밀은 가장 중요한 업적으로 평가받는 『자유론(*On Liberty*, 1859)』에서 흔히 민주주의의 기본원리라고 간주되는 다수결 원칙에 대해 비판한다(밀, 박홍규 옮김, 『자유론』, 문예출판사, 2009). 밀은 "가령 한 사람만을 제외한 전 인류가 동일한 의견을 가지고 있고, 단지 한 사람만이 그것에 반대의 의견을 갖고 있는 경우가 있다 하더라도, 인류가 그 한 사람에게 마음대로 말 못하도록 입을 다물게 하는 것이 부당한 것은, 그 한 사람이 권력을 장악했을 때 모든 인류를 말 못하도록 침묵하게 하는 것이 부당한 것과 조금도 다를 바 없다."고 말한다. 이는 밀의 철학이 기본적으로는 벤담과 같은 개인주의에 기초하고 있음을 의미한다. 개인이 행복하지 않으면 사회가 행복할 수 없기 때문이다.

그러나 밀은 벤담의 양적 공리주의를 넘어, 공리주의의 원칙에 사회성과 역사성을 담은 자신의 사회경제사상을 고민했다. 밀은 인간을 그 본성상 반드시 이기적이고 자기중심적인 존재가 아니라 동시에 동정심과 이타심을 가진 존재라고 규정했다. 벤담이 쾌락을 감각적이고 물질적인 것으로 일원화시킨 데 반해, 밀은 인간의 내적 교양이나 예술 등의 다양한 정신적 쾌락을 중시했다. 행복과 복지를 물질적, 감각적인 기준에 의하여 양적으로 환산하고 비교한다는 것은 매우 어려운 일이기 때문에 그 종류에 따라서 다양한 질적 차이를 보다 풍부하게 고려하여 평가해야 한다는 것이다. 벤담은 쾌락이 개인의 행위의 결과에 대한 자기만족이라고 생각했으나, 밀은 오히려 행복을 인류의 향상이라든가 학문의 발전과 같은 보다 고상한 목적들을 위한 행위에서 결정된다고 생각했다. 밀은 벤담이 주장한 네 개의 외적 제재 이외에 '선의에 의한 내적 제재(internal sanction of goodwill)'를 포함시켜 내면적인 교양을 강조했다. 흔히 "배부른 돼지보다 배고픈 소크라테스"라는 말로 잘못 알려져 있는, "만족해하는 돼지보다 불만족한 인간이 되는 편이 더 낫고, 만족해하는 바보보다 불만을 느끼는 소크라테스가 더 낫다."는 유명한 명제도 이러한 맥락에서 나온 것이다. 물론 우리는 돼지이기보다는 인간이기를 바라고, 바보이기보다는 현자이기를 바란다. 하지만 돼지가 되어 보지 않고서 어떻게 소크라테스가 돼지보다 더 행복하다고 말할 수 있는가? 달리 말하면 돼지에게는 소크라테스에게처럼 자기자신을 알고자 하는 실존적 고뇌가 없다고 누가 말할 수 있는가 하는 뜻이다. 소크라테스와 돼지의 비유는 인간은 살기 위해서 먹느냐 먹기 위해 사느냐는 우스개소리를 떠올리게 한다. 너무 조악해서 대답하기 민망한 질문이기는 하지만, 우리는 흔히 먹기 위해 사는 삶보다 살기 위해 먹는 삶은 더 고상하고 가치 있다고 생각한다. 하지만 먹기 위해 사는 삶에는 분명한 삶의 목적이 있다. 반대로 우리가 살기 위해 먹는다면 그 삶의 목적은 도대체 무엇일까?

밀의 공리주의는 행복의 객관적, 사회적 평가의 문제를 개인적, 심리적 쾌락의 문제로 환원시킨다. 그럼으로써 더 이상 우리는 사회 전체의 행복에 대해 이야기할 필요도 이유도 없어지고 만다. 굳이 말하자면 밀은 공리주의가 부닥친 딜레마를 해결한 것이 아니라 회피해 버린다. 그런데 밀의 이런 절충주의적인 태도는 그의 경제이론에서만이 아니라 다른 분야의 사상과 이론에서도 자주 나타나고는 한다. 밀은 사상과 학문의 영역에서 철학자이자 정치학자이고 또 경제학자였다. 그러면서 동시에 밀은 실천적인 사회개혁가이기도 했다. 밀은 사회주의를 동경했고, 스스로 사회주의자를 자처하기도 했다. 현실의 불공정한 분배를 시정하기 위해 사회제도를 근본적으로 고칠 것을 역설했다는 점에서 그는 어떤 사회주의자 못지않은 분명한 소신을 가지고 있었다. 밀의 진보적 자유주의는 최대 다수의 최대 행복을 가치판단의 기준으로 삼는 공리주의의 자연스러운 귀결이다. 자본주의 사회에서 다수는 노동자들이기 때문이다. 밀은 노동자계급의 삶을 개선하기 위해 사회운동에도 적극적으로 헌신했다. 하지만 그의 사상에는 너무 다양한 요소들이 절충적으로 혼재되어 있어서 과연 그의 선의가 그의 사상에 올바로 표현되었는지는 의문스럽다. 사회운동가로서 사상가로서 밀의 면모 가운데 가장 특징적인 것은 그가 그 시대에는 그리 만나기 어려운 적극적인 여성해방주의자였다는 사실이다. 여기에는 그의 부인인 해리엇 테일러 밀(Harriet Taylor Mill, 1807~1858)의 영향이 크다. 『자유론』의 서문에서 밀은 이 책이 몇 달 전 세상을 떠난 부인과의 공저라고 밝히기도 했다. 여성문제를 다룬 『여성의 종속(*The Subjection of Women*, 1869)』은 부인이 세상을 떠난 지 한참 뒤에 발표되었지만 이 역시 밀은 부인의 아이디어에서 이 책이 나왔다고 말했다(밀, 서병훈 옮김, 『여성의 종속』, 책세상, 2006). 밀의 부인인 해리엇 밀 자신도 『여성해방론(*The Enfranchisement of Women*, 1851)』을 비롯해 여성문제에 대해 많은 글을 발표한 사회운동가이자 저술가였다. 또 노동운동에도 관심이 많아 사회경제적 진보를 위해서는 국가가 노동자계급에도 기초교육을 제공해야 한다고 주장하기도 했다.

공리주의에 대한 가장 근본적인 비판은 흔히 개인과 사회의 갈등에 있다고 이야기한다. 개인이 행복해야 사회가 행복하다고 주장하면서 정작 개인의 행복은 어떻게 측정될 수 있는가에 대해서는 벤담도 밀도 대답하지 못한다. 나아가 서로 다른 개인들의 행복을 어떻게 합산할 수 있는가에 대해서도 마찬가지다. 앞에서 지적한 것처럼 그래서 공리주의는 사회의 행복과 공익이라는 이름으로 개인의 행복을 평균화시키는 결론에 이르고 만다. 그런데 나는 공리주의의 더 근본적인 한계는 그보다 더 위에 있다고 생각한다. 공리주의는 개인의 행복이 사회 전체의 행복에 어떤 의미인가를 묻는다. 그런데 공리주의의 질문에는 사회 전체의 행복이 개인의 행복에 어떤 의미를 가지는가에 대한 성찰이 결여되어 있다. 개인의 행복이 어떻게 경제적 풍요나 사회적 진보와 같은 공공의 이익을 만들어 낼 것인가도 중요하지만, 그런 풍요와 진보가 사회 구성원들을 어떻게 더 행복하게 만들 것인가가 훨씬 더 중요한 질문이지 않은가 말이다.

개인의 행복과 사회적 선에 대한 벤담(왼쪽)의 사상은 개인적 합리주의가 사회적 합리주의와 일치한다는 고전학파 경제학자들의 기본 사상을 형성하는 데 중요한 영향을 미친다. 밀(오른쪽)의 생애를 관통하는 주제는 진보와 사회개혁이다. 밀은 인간의 부단한 노력을 통해 사회가 진보할 수 있다고 믿었다.

제8장

경제학은 무엇을 해야 하는가?

제8장

경제학은 무엇을 해야 하는가?

다시 경제학이란 무엇인가?

1931년의 어느 날 오스트리아에서 재능있는 젊은 경제학자가 런던정치경제대학에 신임 교수로 왔다는 이야기를 들은 런던 여러 대학의 저명한 경제학자들이 모여 그의 강연을 들게 되었다. 젊은 교수가 한참 자신의 화폐이론을 설명하는데, 맨 뒷자리에 앉아 있던 중년의 교수 한 사람이 허허허 하고 너털웃음을 터뜨리면서 자리에서 일어섰다. "젊은 양반, 그런 식으로 설명하면 안 되지요." 당황한 젊은 교수가 옆 사람에게 저이가 누구냐고 묻자 옆 사람은 이렇게 대답했다. "케인스요." 케인스와 하이에크의 첫 만남은 이랬다고 한다. 하이에크가 32세, 케인스가 48세이던 때의 일이다. 먼 나중의 일이지만 하이에크가 노벨경제학상을 받게 된 공식적인 업적은 그의 화폐이론이다. 하이에크의 화폐이론이 발표된 지 무려 40년도 더 지나서의 일이다. 그리고 실은 하이에크를 존경하는 신자유주의 경제학자들 가운데서도 그의 화폐이론이 과연 그만한 업적인지 궁금해 하는 이들이 적지 않다. 재미있는 일은 케인스도 화페이론이 자신의 가장 중요한 업적 가운데 하나라고 자부했다는 사실이다. 그런데 또 적지 않은 경제학자들은 심지어 케인스주의자들조차도 그의 화폐이론을 도대체 무슨 말인지 알아들을 수 없는 혼란 그 자체라고 여기기도 한다.

경제학이란 무엇인가? 이제 우리가 처음 시작했던 질문으로 다시 돌아가 보자. 오스트리아의 이름 없는 젊은 경제학자이던 하이에크를 영국으로 불러 오늘날 신자유주의가 주류 경제학의 사상이 되는 계기를 만든 이는 런던정치경제대학의 라이오널 로빈스(Lionel Charles Robbins, 1898~1984)이다. 로빈스는 "경제학이란 인간행동의 과학"이라고 정의했다. 그런데 굳이 로빈스가 아니더라도 경제학이 인간행동의 과학이라는 데 대해서는 대부분의 경제학자들이 동의한다. 하이에크가 자신의 인생과 사상에 가장 중요한 영향을 미친 인물로 꼽은 루드비히 미제스도 "인간은 행동하는 동물(homo agens)"이라고 말했다. 경제학은 인간행동을 연구한다는 말과 같은 뜻이다. 그런데도 경제학자들이 서로 논쟁하는 이유는 바로 과학의 정의가 서로 다르기 때문이다. 경제학은 과학인가 아니면 철학인가? 경제학이 과학이라거나 과학이어야 한다고 주장하는 경제학자들에게 과학이란 윤리나 규범을 배제하고 과학적 방법에 의해 이론을 도출하는 학문을 의미한다. 미제스는 경제학에는 세 가지 요소가 있다고 말한다. 목적, 수단, 실천이 바로 그것이다. 미제스가 인간은 행동하는 동물이라고 말할 때 그 의미는 목적과 수단을 연결하는 행위가 인간의 실천이며, 경제학은 바로 그런 의미에서 인간행동의 과학이라는 뜻이다. 다시 말해 경제학은 주어진 목적을 가장 효과적으로 달성해줄 수단들을 찾아내는 합리적 선택의 학문이며, 그런 의미에서 인간행위의 인과관계를 규명하는 과학이다. 여기서는 목적에 대한 가치판단은 배제된다. 경제학이 문제 삼는 것은 목적의 정당함이 아니라 수단의 합리성과 효율성만이기 때문이다.

그런데 주류 경제학자라거나 더 나아가 신자유주의자라고 불리는 이들의 처지에서는 다분히 억울한 점도 없지 않다. 경제학을 도구과학으로 생각한 것이 주류 경제학자들만은 아니기 때문이다. 오늘날 주류 경제학의 출발점이 된 신고전학파와 논쟁했던 역사학파의 마지막 대가인 막스 베버도 경제학을 포함한 사회과학은 가치판단을 배제한 도구과학이 되어야 한다고 주장했기 때문이다. 베버는 자본주의를 인류가 경제활동을 시작한 이후로 가장 합리적인 경제체제라고 믿었다. 그런데 여기서 베버가 이야기하는 합리성은 수단과 목적의 일치를 의미한다. 수단과 목적의 일치란 수단이 얼마나 목적에 부합하느냐에 있다. 그러나 목적의 정당성 여부는 수단의 효율성을 고려하는 데 포함되지 않는다. 목적의 선택은 가치판단을 수반한다. 그러나 수단의 선택은 합리성을 요구할 뿐이다. 결국 베버가 주장하는 도구적 합리성은 가장 효율적인 수단을 가장 정확하게 계산해내고 그 수단들을 방법론적으로 적용해 나가는 것을 의미한다. 전혀 반대되는 용어를 사용하지만 베버가 수단과 목적의 일치라고 부른 도구적 합리성은 마르크스가 물신화, 즉 수단과 목적의 분리라고 부른 자본주의적 삶의 퇴폐성과 동일한 현상을 가리킨다. 마르크스는 목적의 정당성을 도외시한 채 수단의 효율성을 추구하는 행위를 수단의 목적으로부터의 분리라고 생각했다. 그러나 베버는 반대로 목적의 정당성과 독립적으로 수단이 효율적일 때 합리적이라고 생각했던 것이다. 무엇이라고 부르든 결국 이 두 가지는 모두 수단을 절대화시키는 도구주의에 불과하다.

한 시대를 풍미했던 역사학파의 영향력이 갑작스럽게 쇠퇴하게 된 결정적인 두 개의 계기는 슈몰러와 멩거 사이에 벌어진 방법론 논쟁과 함께, 역시 슈몰러를 비롯한 역사학파의 선배 경제학자들과 막스 베버와 좀바르트 등의 소장 경제학자들 사이에서 벌어진 '가치판단논쟁(Werturteilsstreit)'이다. 슈몰러는 경제현상을 사회적, 도덕적, 목적론적 관점에서 파악함으로써 국민경제 조직을 인간의 윤리관의 산물로 보았다. 이러한 윤리적 진화주의의 관점에서 보면 사회과학은 국민 전체의 복지와 이익에 대한 가치판단을 항상 내포하고 있지 않으면 안 된다. 그러나 이에 대해 베버는 그것이 행정관리의 처지에서 경제현실을 대하는 태도에 불과하며, 정책의 기준을 현실에 두기 때문에 무의식적으로 현실을 옹호하고 국가를 대변하게 된다고 비판했다. 또한 베버는 객관적이고 중간자적인 입장에서 현존의 이해관계를 조정하는 것이 국가의 임무라는 슈몰러의 주장에 대해서도 이러한 객관적 절충주의는 과학적 객관성과는 전혀 무관한 당파적인 이론에 불과하다고 비판했다. 베버의 주장은 과학과 신앙, 이론과 정책은 분리되어야 하며 사회과학은 단지 사실들의 관련만 밝힐 뿐이므로 여기서 더 나아가 가치판단을 할 수는 없다는 것이다. 베버는 사회과학자가 개인의 신념이나 신앙, 주관 등을 이론에 주입해 자신의 주관적 이상을 과학이라고 주장하는 데서 오류가 나타난다고 생각했다. 일반적으로 규범이나 이상은 주관적인 것이어서 과학적으로 객관화할 수 없으며, 따라서 정책에 대해 어떤 방법을 제공하는 일은 경험적 과학의 과제가 아니라는 뜻이다. 이런 관점에서 베버는 과학적 진리의 이름으로 자신의 세계관을 주장하고 이에 따른 가치판단을 타인에게 강요하는 것을 적극적으로 배척했다. 이것이 베버의 '몰가치성(Wertfreiheit)' 또는 '가치중립성(Wertneutralität)'인데, 이로써 사회정책의 과학성이 부정되고 역사학파가 근거하던 가장 중요한 토대도 무너지게 된다.

그런데 사회과학의 몰가치성에 대한 막스 베버의 주장을 들으면 당연히 이런 의문이 일어난다. 자연과학이 일반적으로 몰가치적인 데 비해 사회과학의 가장 주요한 특징 가운데 하나가 바로 가치판단이지 않은가? 사회과학이라는 개념부터가 가치판단을 배제할 수 없지 않은가 하는 의문이 바로 그것이다. 경제학을 포함하여 사회과학은 인간의 행동을 분석하는 학문이며, 인간의 행동에는 당연히 그 주체인 개인들의 가치관이 작용하기 때문이다. 논리적 측면에서만 보면 과학적 탐구는 가치중립적이다. 그러나 탐구의 목적이나 결과의 가치판단 문제를 배제할 수는 없다. 실은 자연과학이 가치중립적인가에 대해서조차 의문스럽다. 이차대전 당시 미국의 원자폭탄 개발계획인 맨해튼계획의 책임자였던 미국의 물리학자 오펜하이머(John Robert Oppenheimer, 1904~1967)는 핵폭탄의 실험이 성공적으로 끝난 뒤에 "나는 이제 세계의 파괴자, 죽음의 신이 되었다."고 말했다. 힌두교의 경전인 『바가바드 기타(*Bhagavad Gītā*)』에 나오는 말이다. 핵무기의 가공할 파괴력 앞에서 과연 물리학자들은 "나는 가치중립적이다."라고 말할 수 있을까? 어쩌면 그것은 가치중립적이라는 핑계 뒤로 숨고자 하는 자기변명이 아닐까? 정치가들의 권력에 대한 탐욕이나 자본가들의 이윤에 대한 탐욕과는 다를지라도, 물리학자들에게도 어쩌면 인류의 파멸을 가져올지도 모르는 위험에도 불구하고 연구업적에 대한 탐욕이 더 강하게 내재하고 있었던 것은 아닐까? 자연과학이 그럴진대 하물며 사회과학이 가치중립적일 수도 있는가 하는 의문은 당연하다. 물론 경제학자들은 물리학자들만큼 위험하지는 않다. 적어도 경제학자들이 인류를 파멸시킬 가능성은 전혀 없다. 하지만 반대로 우리가 신문기사나 방송에서 물리학자들을 만나는 것은 아주 가끔인 반면에 경제학자들은 하루에도 수십 번씩 마주친다. 경제학자들은 끊임없이 온갖 전망들과 정책들을 내놓는다. 과연 물리학자들과 경제학자들 가운데 누가 더 인류에게 해로운지는 모르겠다.

아무튼 그래서 이제 베버를 위해 변명해 보자면, 사실 베버가 비판하고자 했던 진정한 문제의식은 가치판단 그 자체가 아니라 가치판단의 방식이라고 해야 옳다. 오히려 베버는 사회과학에서 관점의 중요성을 강조했다. 사회과학은 바로 관점, 즉 주관적 가치에 의해 조건이 지어진다는 점에서 역학을 모델로 하는 자연과학과는 구별된다는 것이다. 베버가 비판하고자 했던 것은 바로 특정의 가치판단을 사실 인식인 것처럼 제출하거나, 그로부터 사실 인식을 도출해 내는 태도에 대해서다. 존재(Sein)와 당위(Sollen)를 엄격히 구분하고, 과학의 세계는 존재의 탐구에 한정되어야지 당위에 의한 가치판단이 과학의 영역에 침투하는 것은 철저히 배격되어야 한다는 것이 베버의 주장이다. 다시 말해 베버는 사실의 세계와 가치의 세계를 엄밀히 구별하고, 과학자는 어디까지나 사실과 현상의 인과관계를 분석하고 목적과 수단의 적합성을 추구하는 데 그쳐야 한다고 주장했던 것이다. 그렇다면 베버에게 경제학은 과연 도구과학인가 목적과학인가?

라이오넬 로빈스가 제시한 도구과학으로서의 경제학의 정의에 대해 케인스는 경제학은 단순화와 추상화에 기초한 모델에 힘입어 복잡한 현실의 핵심을 포착하고 예측한다는 점에서는 경제'과학'이지만, 가치판단의 문제를 명시적으로 다루고 인간의 본성에 대한 성찰에 의지해야 한다는 점에서는 '도덕'과학이라고 주장했다. 경제학을 도덕과학으로 간주한다면, 경제현상은 자연에서처럼 인간의 동기나 목적과는 독립적으로 존재하는 객관적 현상이 아니라 반대로 주체적인 개인들이 자신의 목적을 달성하기 위해 행동하는 과정이 된다. 현대의 주류 경제학은 케인스가 주장한 도덕과학이 아니라 로빈스가 주장한 경제과학의 길로 나아갔다. 이미 여러 번 이야기한 것처럼 그럼으로써 경제학은 형식적 엄밀성에 기초한 견고한 학문이 되었지만 현실에서 우리의 일상적인 삶으로부터는 더욱 멀어지고 말았다. 어떤 이들은 개인의 효용극대화를 주장하는 신고전학파 경제학조차도 어떤 목적을 달성하기 위한 학문이라는 점에서 목적과학이라고 불러야 한다고 말하기도 한다. 이런 주장에는 상당히 공감할 만한 점이 없지 않지만, 자칫 의미 없는 동어반복에 빠지기 쉽다. 목적이 없는 학문은 없기 때문이다. 다만 우리가 어떤 학문을 도구과학이라고 부르느냐 목적과학이라고 부르느냐 하는 문제는, 그 학문이 목적의 가치판단 즉 인간행동의 동기를 파악하는 과제를 더 중시하느냐 아니면 목적을 달성하기 위한 수단을 제시하는 과제를 더 중시하느냐에 있다. 과학으로서의 경제학은, 경제학이 무엇을 할 수 있는가 하는 질문을 던져 왔다. 이제 철학으로서의 경제학은, 경제학이 무엇을 해야 하는가라는 질문을 던져야 할 때이다.

경제학을 도덕과학이나 목적과학으로 파악한다는 말은 경제학이 윤리적 문제를 배제하거나 그로부터 독립적일 수 없다는 뜻이다. 경제학은 당연히 그것을 자본주의라고 부르든 시민사회나 상업사회라고 부르든 또는 시장경제하고 부르든 간에, 우리가 살고 있는 경제적 현실이 애덤 스미스와 스코틀랜드 계몽주의자들이 주장한 공감의 원리나 칸트가 주장한 정언명령처럼 사회구성원 대다수가 보편적으로 수용할 만한 가치를 결여한 채 오직 물질적 효용의 극대화만을 추구하는 합리성에 매몰된다면 과연 우리는 진정으로 행복할 수 있는가 하는 윤리적 질문을 언제나 던져야 한다. 물질적 부를 추구하는 사회에서 이기심과 도구적 합리성은 분리할 수 없는 하나의 조합이다. 그러나 이런 현실에서 동정심은 과연 어디에서 가능한가? 마셜은 "런던의 빈민가에 가 보지 않은 이는 내 강의실에 들어오지 말라."고 말했다. 마셜이 오늘도 우리에게 감동을 주는 이유는 그의 경제이론이 아니라 경제학은 윤리적이어야 한다는 그의 믿음 때문이다. 쇼펜하우어도 말한 것처럼 윤리학의 진정한 토대는 형식적 원리가 아니라 맹목적인 삶에의 의지에 이끌려 고통스러운 삶을 살아가는 모든 존재에 대한 동정심에 있기 때문이다.

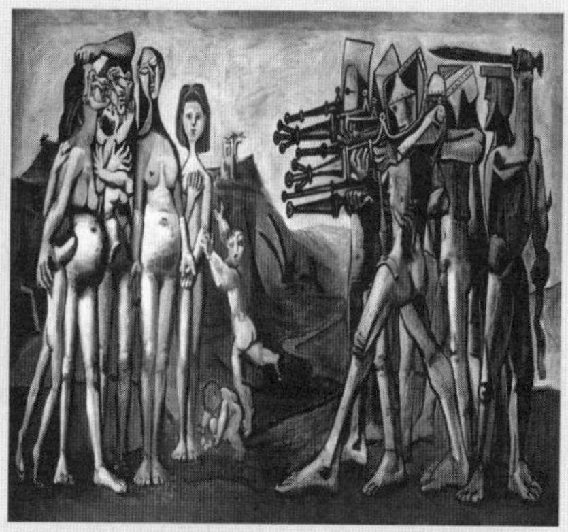

왼쪽 그림은 프란시스코 고야(Francisco Goya, 1746~1828)의 <마드리드 1808년 5월 3일(1814)>이고, 오른쪽 그림은 파블로 피카소(Pablo Picasso, 1881~1973)의 <한국에서의 학살(Massacre in Korea, 1951)이다. 에스파냐 출신이라는 사실 이외에는 별다른 공통점이 없는 두 화가의 작품은 인간의 미적 행위에도 가치판단이 있다는 것을 보여 준다. 하물며 이성적 행위에 어떻게 가치판단이 없을 수 있는가 하는 뜻이다.

필연과 자유

인간이 정언명령에 따라 행동한다는 칸트의 주장은 자칫 인간이 외적인 도덕률에 구속된다는 의미로 이해되기 쉽다. 그러나 칸트가 도덕적 인간에게서 가장 중요하게 여기는 것은 바로 자유의지이다. 인간은 반드시 선한 행동을 해야 할 이유가 없다. 그럼에도 그가 선한 행동을 하는 이유는 바로 그의 자유의지에 의해서다. 그런데 여기서 문득 떠오르는 것이 바로 그리스 비극의 인물들이다. 오이디푸스는 왜 비극적인 파국을 맞았는가? 아버지를 죽이고 어머니와 결혼하리라는 신탁, 즉 신이 준 운명을 거부하고자 했기 때문이다. 트로이는 왜 멸망했는가? 이 아이가 장차 트로이를 멸망시킬 것이라는 신탁을 거부하고자 했기 때문이다. 신탁을 회피하려고 선택한 행동이 반대로 신탁을 실현시키는 아이러니를 정보경제학에서는 '역선택'이라고 부른다.[1] 비극의 주인공들이 운명을 거부한 이유는 그들이 자유의지를 가지고 있기 때문이다. 자유의지를 가진 인간이 자신의 자유의지에 따라 운명과 투쟁하다가 파멸하는 이야기가 그리스 비극이다. 그래서 우리는 비극의 인물들과 그들의 투쟁에 공감하고 그들의 파멸에서 카타르시스(katharsis)를 느끼는 것이다. 위대한 존재의 몰락에서 느끼는 우리들의 이런 감정을 칸트는 『판단력비판』에서 '숭고함(das Erhabebe)'이라고 불렀다(칸트, 백종현 옮김, 『판단력비판』, 아카넷, 2009). 칸트의 직접적인 정의에 따르면 숭고함은 절대적으로 크다는 의미다. 동양권에서 쓰는 한자의 아름답다(美)는 말도 양(羊)이 크다(大)는 의미에서 왔다. 큰 양—아마 양 대가리를 의미하는 듯—이 보기에도 아름답다는 뜻이다. 칸트는 아름다움과 숭고함의 공통적인 감정과 차이점에 대해서 설명하지만, 거대한 자연을 만나면 우리는 아름다움을 넘어 숭고함을 느낀다. 달리 표현하면 동양적 관점에서 아름다움은 숭고함에서 온다고 말할 수도 있다. 자연에서 절대적으

1 역선택(adverse selection) : 정보의 비대칭성으로 인해 나타나는 비합리적인 의사결정. 예를 들면 보험가입자의 건강상태나 사고 확률에 대한 정보를 가지고 있지 않은 보험회사가 질병이나 사고 확률이 높은 사람을 보험에 가입시킴으로써 보험재정을 악화시키는 경우를 가리킨다.

로 큰 대상을 인간에 대입하면 바로 위대한 인물을 의미한다. 물론 여기서 위대한 인물은 단순히 지위가 높거나 자산이 많다는 의미가 아니라 존경할 만한 덕목을 가졌다는 의미다. 신이 부여한 운명을 거부할 만한 자기의지를 가진 인물이 몰락하는 과정을 보면서 우리는 숭고함을 느낀다는 의미다. 그래서 비극의 본질은 바로 숭고함에 있다.

자연에 일정한 자연법칙이 존재하듯이 경제에도 일정한 법칙이 존재한다는 믿음에서 경제학은 출발한다. 경제학의 목적은 바로 그런 경제법칙을 발견하고 정립하는 데 있다. 그렇다면 역사에도 일정한 법칙이 존재하는가? 헤겔과 마르크스를 반대하는 이들은 역사법칙을 주장함으로써 이들이 인간의 자유의지를 부정했다고 비판한다. 물이 높은 곳에서 낮은 곳으로 흐른다는 자연법칙을 우리가 자의로 바꾸지 못하는 것처럼, 역사발전에 인간의 의지로부터 독립된 법칙이 존재한다면 인간이 할 수 있는 일이 아무것도 없다는 뜻이다. 시장에 대해서도 마찬가지다. 시장에는 수많은 경제법칙들이 작용한다. 가령 수요와 공급에 의해 가격이 결정된다는 수요와 공급의 법칙이 그 예이다. 우리는 시장의 경제법칙들을 자의로 거슬리지 못한다. 정부가 가격을 제한하려 시도하면 대개의 경우 그 결과는 정부의 의도와 정반대로 나타난다. 정부가 가난한 사람들을 위해 빵의 가격을 제한하면 시장에서 빵의 수요는 늘어나는 반면에 빵의 공급이 줄어들어 오히려 가난한 사람들이 더 빵을 구하기 어려워지는 현상이 그런 예이다. 경제학 교과서는 이런 현상을 두고 '시장의 역습'이라고 부른다. 신자유주의자들이 무조건적인 시장방임주의를 주장하는 이유도 여기에 있다.

인간의 의지와 인간의 의지로부터 독립된 외적 필연성의 관계에 대해 스피노자는 인간은 자연에 반하는 자유의지를 가지고 있지 않다고 말한다. 여기까지 보면 스피노자는 신자유주의자들의 편에 서 있는 듯이 보인다. 그런데 스피노자는 또 필연과 자유는 서로 대립하지 않는다고 말하기도 한다. 필연성을 자신의 본성으로 가질 때 비로소 인간은 자유로워질 수 있기 때문이다. 자연에는 분명히 자연법칙이 존재하며, 우리는 자연법칙을 자의로 바꾸지 못한다.

하지만 인류의 지식이 진보하면서 자연법칙에 대해 더 많이 이해하면 할수록 우리는 자연법칙을 우리 자신의 편익을 위해 더 많이 이용할 수 있게 된다. 물이 높은 곳에서 낮은 곳으로 흐른다는 법칙을 바꾸지는 못하지만 자연법칙을 이용해서 수력발전을 할 수도 있고 수자원을 더 다양하게 이용할 수 있다. 마찬가지로 수요와 공급의 법칙을 바꾸지는 못하지만 모든 정부는 경제법칙을 이용해 수요와 공급을 조정하는 정책들을 실천한다.

인간의 의지로부터 독립된 역사법칙이 존재한다는 말이 인간의 실천을 무의미하게 만들까? 역사법칙에 대해 무지하다면 우리는 역사의 진보에 아무런 역할도 하지 못한다. 그러나 역사법칙을 더 많이 이해하면 할수록 우리는 역사의 진보에 더 많은 역할을 할 수 있다. 역사법칙이 존재하기 때문에 인간이 법칙의 노예가 되는 것이 아니라, 역사법칙에 무지하기 때문에 법칙의 노예가 되는 것이다. 마르크스는 '필연의 왕국(Reich der Notwendigiheit)'이 '자유의 왕국(Reich der Freiheit)'을 부정하는 것이 아니라 오히려 필연의 왕국을 토대로 할 때만 가능하다고 말했다. 역사법칙을 올바로 이해함으로써 비로소 우리는 자유로울 수 있다. 그래서 역사법칙에 대한 믿음은 바로 역사의 진보에 대한 믿음이며, 역사를 진보하게 하는 인간의 주체적 실천에 대한 믿음이다.

헤겔(왼쪽)은 흔히 변증법적 논리학을 체계화한 철학자로 불린다. 마르크스(오른쪽)가 헤겔로부터 물려받은 가장 중요한 유산도 변증법이라고 생각하는 이들이 많다. 그러나 논리학은 철학의 방법론일 뿐 철학 그 자체는 될 수 없다. 헤겔과 마르크스의 진정한 위대함은 그때까지 철학자들이 관심을 두지 않았던 실천(praxis)의 윤리적 의의를 정립했다는 데 있다.

참고문헌

경제교육연구회, 『근대사회경제사상의 이해』, 시그마프레스, 2016.

경제교육연구회, 『사람의 역사, 경제의 역사』, 시그마프레스, 2016.

고메스-로보, 강두호 옮김, 『도덕과 인간의 선: 자연법 윤리학 개론』, 인간사랑, 2008.

그린블랫, 이혜원 옮김, 『1417년, 근대의 탄생』, 까치글방, 2013.

김광수, 『고전학파』, 아세아문화사, 1992.

김광수, 『애덤 스미스의 학문과 사상』, 해남, 2005.

김광수, 『중상주의』, 민음사, 1984.

김명섭, 『대서양문명사』, 한길사, 2001.

노스, 이병기 옮김, 『제도·제도변화·경제적 성과』, 자유기업센터, 1997.

뉴턴, 이무현 옮김, 『프린키피아』, 교우사, 2009.

니체, 강두식 옮김, 『인간적인 너무나 인간적인』, 동서문화사, 2016.

니체, 백승영 옮김, 『바그너의 경우/우상의 황혼/안티크리스트/이 사람을 보라/디오니소스 송가/니체 대 바그너』, 책세상, 2002.

데카르트, 소두영 옮김, 『방법서설/성찰/철학의 원리』, 동서문화사, 2016.

뒤메닐·레비, 이강국·장시복 옮김, 『자본의 반격: 신자유주의 혁명의 기원』, 필맥2006.

듀란트, 이정선 옮김, 『철학의 즐거움』, 홍신문화사, 2013.

디포, 윤해준 옮김, 『로빈슨 크루소』, 을유문화사, 2008.

랜즈버그, 김세진 옮김, 『경제학자 철학에 답하다』, 부키, 2012.

로드릭, 이강국 옮김, 『그래도 경제학이다』, 생각의힘, 2015.

로크, 추영현 옮김, 『인간지성론』, 동서문화사, 2016.

롤, 정윤형 옮김, 『경제사상사』, 까치, 1977.

루빈, 함상호 옮김, 『마르크스의 가치론』, 이론과실천, 1989.

루소, 정병희 옮김, 『에밀』, 동서문화사, 2016.

루소, 최석기 옮김, 『인간불평등기원론/사회계약론』, 동서문화사, 2016.

루카치, 박정호 옮김, 『역사와 계급의식: 마르크스주의 변증법연구』, 거름, 1999.

루카치, 반성완 옮김, 『소설의 이론』, 심설당, 1998.

루크레티우스, 강대진 옮김, 『사물의 본성에 관하여』, 아카넷, 2012.
리스트, F., 이주성 옮김, 『국민경제학』, 단국대학교 출판부, 1979.
리스트, G., 최세진 옮김, 『경제학은 과학적일 것이라는 환상』, 봄날의책, 2015.
리카도, 정윤형 옮김, 『정치경제학 및 과세의 원리』, 비봉출판사, 1991.
리케르트, 이상엽 옮김, 『문화과학과 자연과학』, 책세상, 2004.
마르크스, 강민철·김진영 옮김, 『철학의 빈곤: 프루동의 '빈곤의 철학'에 대한 응답』, 아침, 1988
마르크스, 강신준 옮김, 『자본』, 이론과실천, 1987.
마르크스, 김문수 옮김, 『철학의 빈곤』, 동서문화사, 2016.
마르크스, 김태경 옮김, 『경제학-철학 수고』, 이론과실천, 1987.
마르크스, 김호균 옮김, 『정치경제학비판을 위하여』, 중원문화, 2007.
마르크스, 김호균 옮김, 『정치경제학비판요강』, 그린비, 2007.
마르크스, 성낙선 옮김, 『자본주의적 생산에 선행하는 제형태: 자본관계 또는 본원적 축적의 형성에 선행하는 과정에 대하여』, 지평, 1988
마르크스, 편집부 옮김, 『잉여가치학설사』, 아침, 1989.
마르크스, 홍영두 옮김, 『헤겔 법철학 비판』, 백산서당, 1988.
마르크스·엥겔스, 남상일 옮김, 『공산당선언』, 백산서당, 1989.
마르크스·엥겔스, 박재희 옮김, 『독일 이데올로기』, 청년사, 1988.
마르크스·엥겔스, 편집부 옮김, 『신성가족 또는 비판적 비판주의에 대한 비판: 브루노 바우어와 그 일파를 논박한다』, 이웃, 1990.
마셜, 백영현 옮김, 『경제학원리』, 한길사, 2010.
마키아벨리, 강정인 옮김, 『군주론』, 까치글방, 2001.
맥밀런, 이진수 옮김, 『시장의 탄생』, 민음사, 2007.
맨더빌, 최윤재 옮김, 『꿀벌의 우화』, 문예출판사, 2010.
맬서스, 이서행 옮김, 『인구론』, 동서문화사, 2012.
멀러, 서찬주·김청환 옮김, 『자본주의의 매혹: 돈과 시장의 경제사상사』, 휴먼앤북스, 2006.
멩거, 민경국·이상헌·김이석 옮김, 『국민경제학의 기본원리』, 자유기업원, 2002.
모어 외, 김현욱 옮김, 『유토피아/자유론/통치론』, 동서문화사, 2008.

모키르, 김민주·이엽 옮김, 『성장의 문화—현대 경제의 지적 기원』, 에코리브르, 2018.
미제스, 안재욱·이은영 옮김, 『자유를 위한 계획』, 자유기업센터, 1998.
미제스, 윤용준 옮김, 『경제적 자유와 간섭주의』, 자유기업센터, 1998.
밀, 박동찬 옮김, 『정치경제학원리』, 나남, 2010.
밀, 박홍규 옮김, 『자유론』, 문예출판사, 2009.
밀, 배영훈 옮김, 『존 스튜어트 밀 자서전』, 범우사, 2008.
밀, 서병훈 옮김, 『공리주의』, 책세상, 2010.
밀, 서병훈 옮김, 『여성의 종속』, 책세상, 2006.
박상렬, 『스피노자의 〈윤리학〉 연구』, 선학사, 2012.
박은정, 『자연법의 문제들』, 세창출판사, 2007.
백하우스, 김현구 옮김, 『경제학의 역사』, 시아출판사, 2005.
버컨, 이경남 옮김, 『애덤 스미스 경제학의 탄생』, 청람출판, 2008.
베네딕트, 김윤식 옮김, 『국화와 칼』, 을유문화사, 2008.
베버, 김현욱 옮김, 『프로테스탄티즘 윤리와 자본주의 정신/직업으로서의 학문/직업으로서의 정치/사회학 근본개념』, 동서문화사, 2016.
베버, 조기준 옮김, 『사회경제사』, 삼성출판사, 1983.
베블런, 김성균 옮김, 『유한계급론』, 우물이있는집, 2012.
베이컨, 진석용 옮김, 『신기관』, 한길사, 2016.
벤담, 강준호 옮김, 『도덕과 입법의 원칙에 대한 서론』, 아카넷, 2013.
보드리야르, 이상률 옮김, 『소비의 사회—그 신화와 구조』, 문예출판사, 1992.
보카치오, 한형곤 옮김, 『데카메론』, 동서문화사, 2007.
부르크하르트, 권기철 옮김, 『혁명 시대의 역사』, 책세상, 2002.
부르크하르트, 안인희 옮김, 『세계 역사의 관찰』, 휴머니스트, 2008.
부르크하르트, 이기숙 옮김, 『이탈리아 르네상스의 문화』, 한길사, 2003.
뷰캐넌, 이필우 옮김, 『윤리와 경제진보』, 자유기업센터, 1997.
브레이버만, 이한주·강남훈 옮김, 『노동과 독점자본: 20세기에서 노동의 쇠퇴』, 까치, 1987.
블로그, 연태훈·옥우석 옮김, 『위대한 경제학자들』, 동인, 1994.
사르트르, 방곤 옮김, 『실존주의는 휴머니즘이다』, 문예출판사, 2013.

살린스, 박충환 옮김, 『석기시대 경제학—인간의 경제를 향한 인류학적 상상력』,한울아카데미, 2014.

세르반테스, 박철 옮김, 『돈키호테』, 시공사, 2005.

송현호, 『신제도이론』, 민음사, 1998.

쇼펜하우어, 권기철 옮김, 『세상을 보는 지혜』, 동서문화사, 2008.

쇼펜하우어, 권기철 옮김, 『의지와 표상으로서의 세계』, 동서문화사, 2008.

슈타르바티 외, 정진상 외 옮김, 『경제학의 거장들』, 한길사, 2007.

슘페터, 김균 외 옮김, 『경제분석의 역사』, 한길사, 2013.

슘페터, 박영호 옮김, 『경제발전의 이론』, 지만지, 2012.

슘페터, 변상진 옮김, 『자본주의, 사회주의, 민주주의』, 한길사, 2011.

슘페터, 성낙선 옮김, 『경제학의 역사와 방법』, 한신대학교 출판부, 2007.

슘페터, 정도영 옮김, 『10대 경제학자』, 한길사, 1998.

스라파, 박찬일 옮김, 『상품에 의한 상품생산』, 비봉출판사, 1986.

스미스, 김수행 옮김, 『국부론』, 동아출판사, 1992.

스미스, 미크 외 엮음, 서진수 옮김, 『법학강의』, 자유기업원, 2002.

스미스, 미크·라파엘·스테인 엮음, 서진수 옮김, 자유기업원, 2002.

스미스, 박세일·민경국 옮김, 『도덕감정론』, 비봉출판사, 2009.

스키델스키, 고세훈 옮김, 『존 메이너드 케인스』, 후마니타스, 2009.

스피노자, 양진호 옮김, 『데카르트 철학의 원리』, 책세상, 2010.

스피노자, 추영현 옮김, 『에티카/정치론』, 동서문화사, 2008.

심강현, 『스피노자 인문학』, 을유문화사, 2016.

아두키에비츠, 송병욱 옮김, 『철학 그 문제와 이론들』, 서광사, 1996.

아리스토텔레스, 손명현 옮김, 『니코마코스 윤리학/정치학/시학』, 동서문화사, 2013.

아리스토텔레스, 조대호 옮김, 『형이상학』, 길, 2017.

아우어바흐, 김우창·유종호 옮김, 『미메시스』, 민음사, 2012.

에거트슨, 장현준 옮김, 『경제행위와 제도』, 자유기업센터, 1999.

에라스뮈스 외, 장병희 옮김, 『바보예찬/잠언과 성찰/인간성격론』, 동서문화사, 2008.

엥겔스, 강유원 옮김, 『루드비히 포이어바흐와 독일 고전철학의 종말』, 이론과실천, 2008.

엥겔스, 김대웅 옮김, 『가족, 사유재산, 국가의 기원』, 두레, 2012.
엥겔스, 김민석 옮김, 『반듀링론』, 새길, 1987.
엥겔스, 나상민 옮김, 『공상에서 과학으로』, 새날, 2006.
엥겔스, 박준식·전병유·조효래 옮김, 『영국 노동자계급의 상태』, 세계, 1988.
엥겔스, 한승완·이재영·윤형식 옮김, 『자연변증법』, 중원문화, 2012.
鹽野谷祐一, 박영일 옮김, 『경제와 윤리』, 필맥, 2008.
왈라, 심상필 옮김, 『순수경제학: 사회적 부에 관한 이론』, 민음사, 1996.
이근식, 『밀의 진보적 자유주의』, 기파랑, 2006.
이근식, 『서독의 질서자유주의: 오위켄과 뢰프케』, 기파랑, 2007.
이근식, 『신자유주의: 하이에크·프리드먼·뷰캐넌』, 에크리, 2008.
이근식, 『애덤 스미스의 고전적 자유주의』, 기파랑, 2006.
이서규, 『쇼펜하우어 철학 이야기』, 서광사 2014.
이순성, 『오늘을 읽는 철학』, 마리서사, 2018.
이영석, 『지식인과 사회: 스코틀랜드 계몽운동의 역사』, 아카넷, 2016.
이태언, 『법철학 강의』, 부산외국어대학교 출판부, 2009.
이필우, 『경제학과 철학의 만남』, 건국대학교 출판부, 2007.
자유주의경제학연구회, 『시카고학파의 경제학』, 민음사, 1997.
제번스, 김진방 옮김, 『정치경제학이론』, 나남, 2013.
조준현, 『고전으로 읽는 자본주의』, 다시봄, 2014.
조준현, 『누구나 말하지만 아무도 모르는 자본주의』, 카르페디엠, 2011.
조준현, 『동양 고전으로 읽는 경제』, 다시봄, 2016.
조준현, 『사람은 왜 대충 합리적인가』, 을유문화사, 2013.
조지, 김윤상 옮김, 『진보와 빈곤』, 비봉출판사, 1997.
존스턴, 변학수 외 옮김, 『제국의 종말 지성의 탄생: 합스부르크 제국의 정신사와 문화사의 재발견』, 글항아리, 2008.
좀바르트, 이필우 옮김, 『사랑과 사치의 자본주의』, 까치, 1977.
짐멜, 김덕영 옮김, 『돈의 철학』, 길, 2013.
짐멜, 김덕영·윤미애 옮김, 『짐멜의 모더니티 읽기』, 새물결, 2006.
참사회경제교육연구소, 『교양인을 위한 경제사』, 다시봄, 2014.

철학문화연구소, 『철학강의』, 철학과현실사, 1998.
칸트, 백종현 옮김, 『실천이성비판』, 아카넷, 2009.
칸트, 백종현 옮김, 『판단력비판』, 아카넷, 2009.
칸트, 이한구 옮김, 『칸트의 역사철학』, 서광사, 2009.
칸트, 정명오 옮김, 『순수이성비판』, 동서문화사, 2016.
케네, 김재훈 옮김, 『경제표』, 지만지, 2010.
케인스, 신태환 옮김, 『화폐론』, 비봉출판사, 1992.
케인스, 정명진 옮김, 『설득의 경제학』, 부글북스, 2009.
케인스, 정병휴 옮김, 『경제학자의 시대』, 삼성문화문고, 1974.
케인스, 조순 옮김, 『고용, 이자 및 화폐에 관한 일반이론』, 비봉출판사, 1995.
코저, 신용하·박명규 옮김, 『사회사상사』, 시그마프레스, 2006.
쿤, 김명자 옮김, 『과학혁명의 구조』, 까치, 2004.
토크빌, 신범식 옮김, 『미국 민주주의』, 형설출판사, 1992.
포이어바흐, 강대석 옮김, 『기독교의 본질』, 한길사, 2008.
포퍼, 이한구 옮김, 『열린 사회와 그 적들』, 민음사, 2006.
폴라니, 박현수 옮김, 『거대한 변환: 우리 시대의 정치적·경제적 기원』, 민음사, 1997.
폴라니, 이종욱 옮김, 『초기 제국에 있어서의 교역과 시장』, 민음사, 1994.
프롬, 김석희 옮김, 『자유로부터의 도피』, 휴머니스트, 2012.
프리드먼, 심준보·변동렬 옮김, 『자본주의와 자유』, 청어람미디어, 2009.
프리드먼, 장경적 옮김, 『렉서스와 올리브 나무』, 생각의나무, 2009.
플라톤, 왕학수 옮김, 『소크라테스의 변명/국가/향연』, 동서문화사, 2017.
하비, 최병두 옮김, 『신자유주의: 간략한 역사』, 한울, 2007.
하이에크, 김균 옮김, 『자유헌정론』, 자유기업센터, 1998.
하이에크, 김이석 옮김, 『노예의 길: 사회주의 계획경제의 진실』, 나남, 2006.
하이에크, 민경국 옮김, 『법, 입법 그리고 자유』, 자유기업센터, 1997.
하이에크, 박상수 옮김, 『개인주의와 경제질서』, 자유기업센터, 1998.
하이에크, 신중섭 옮김, 『치명적 자만: 사회주의의 오류들』, 자유기업원, 2005.
하일브로너, 장상환 옮김, 『세속의 철학자들』, 이마고, 2005.
한국철학사상연구회, 『철학자의 서재』, 알렙, 2011.

해즐릿, 강기춘 옮김, 『경제학의 교훈』, 자유기업센터, 1989.
허남결, 『공리주의 윤리문화 연구』, 화남, 2004.
헤겔, 권기철 옮김, 『역사철학강의』, 동서문화사, 2016.
헤겔, 김양순 옮김, 『정신현상학』, 동서문화사, 2016.
헤겔, 김소영 옮김, 『논리학 서론/철학백과 서론』, 책세상, 2015.
헤겔, 임석진 옮김, 『대논리학』, 지학사, 1988.
헤겔, 임석진 옮김, 『법철학』, 한길사, 2008.
호이징하, 김윤수 옮김, 『호모 루덴스』, 까치, 1998.
홀콤, 황수연 옮김, 『경제모형과 방법론』, 리버티, 2013.
홉스, 최공웅·최진원 옮김, 『리바이어던』, 동서문화사, 2009.
홍훈 외, 『경제의 교양을 읽는다』, 더난출판, 2009.
흄, 김성숙 옮김, 『인간이란 무엇인가: 오성·정념·도덕 본성론』, 동서문화사, 2009.
힐퍼딩, 김수행·김진엽 옮김, 『금융자본론』, 비르투, 2011.
Boulding, Kenneth E., Economics as a Science, McGraw Hill, 1970.
Landreth & Colander, History of Economic Thought, Houghton Mifflin, 1994.

찾아보기

[저자 약력]

조 준 현

부산대학교 경제학과 졸업
부산대학교 대학원 수료(경제학 박사)
중국인민대학 초빙연구원
부산대학교 경제학부 교수
참사회경제교육연구소 소장

주요 저서 및 논문
『19금 경제학』(인물과사상사)
『중산층이라는 착각』(위즈덤하우스)
『사람은 왜 대충 합리적인가』(을유문화사)
『고전으로 읽는 자본주의』(다시봄)
『경제이론과 현실경제』(시그마프레스)

철학으로서의 경제학

초판인쇄 2020년 1월 6일
초판발행 2020년 1월 10일

지은이 조준현
펴낸이 박노일

총괄기획 김중용·최준규
편 집 심성보·김인숙

펴낸곳 pnc publishing and culture 피앤씨미디어
경기도 고양시 일산동구 강송로 153 310-1501
등록 제396-2012-000203호
전 화 070)7550-3758 팩 스 02)718-8554
홈페이지 www.pncmedia.co.kr 이메일 pnc@pncmedia.co.kr
ISBN 979-11-5730-704-3 93320

정 가 20,000원